Dieter Schröder

Augstein

Dieter Schröder

AUGSTEIN

Siedler

Schutzumschlag: Rothfos + Gabler, Hamburg
Register: Matthias Weichelt, Berlin
Satz: Ditta Ahmadi, Berlin
Reproduktionen: Mega-Satz-Service, Berlin
Druck und Bindung: GGP Media GmbH, Pößneck
Printed in Germany 2004
ISBN 3-88680-782-7
Erste Auflage

Inhalt

VORWORT

Was bleibt

»Was ich geworden bin, bin ich aus Zufall geworden«, hat Rudolf Augstein einmal auf eine Interview-Frage geantwortet. Er hat es wahrscheinlich so wenig geglaubt wie vieles andere, was er über sich sagte. Immer war an seinen Selbstäußerungen auch sein Hang zur Verstellung und zum Widerspruch erkennbar. Er wollte nicht, dass ihm jemand zu nahe kam; er wollte immer das letzte Wort haben, auch über sich selbst. Nicht einmal den Ruhm oder Nachruhm hätte er sich ohne Widerspruch nachsagen lassen. Auch auf den Denkmalssockel, auf dem er nun steht, hätte er sich nicht ohne Widerrede stellen lassen. Obwohl auch er nicht bestreiten würde, dass er unter den deutschen Journalisten eine Jahrhundertfigur war, die viele Jahrzehnte alle anderen überragt hat.

Aber hätte er hinterlassen wollen, wie er wirklich gesehen werden will, hätte er seine Memoiren geschrieben. Er hatte damit begonnen, ist aber über ein paar Seiten nicht hinausgekommen. Er habe nie Tagebuch geführt, klagte er, nun müsste er alles aus den Akten rekonstruieren. Aus den Akten lässt sich aber ein Journalistenleben nicht zusammensetzen. Das wusste er auch; er hatte nicht einmal den Auftrag gegeben, seine Unterlagen zu ordnen und aufzubereiten. Was Rudolf Augstein wollte, steht in seinen Artikeln. Es gibt keine Geheimnoten oder staatspolitisch wichtigen Briefwechsel, die neues Licht auf bekannte Vorgänge werfen oder unbekannte ans Tageslicht bringen. Er hätte sich wiederholen müssen; vielleicht war es das, was seine Feder hemmte, ebenso wie in den letzten Jahren die Krankheit. Die alten Geschichten langweilten ihn, so wie er sich nach dem Zeugnis seiner Weggefährten oft im Leben »langweilte«, wenn er etwas erreicht hatte. Er brauchte stets den Reiz des Neuen. Er war kein Mann der Phantasie und trotz aller Wortmächtigkeit kein Erzähler, der aus sich heraus lebte. Er wollte auch nie Romane schreiben. Lieber wäre er Stückeschreiber geworden; er liebte das Theater. Aber das einzige Theaterstück, das er je geschrieben hat, ist bei der Uraufführung in Hannover so katastrophal durchgefallen, dass es nie wieder aufgeführt wurde. Auf weitere Versuche hat er danach verzichtet.

Dass ihm nun mit dem Spiegel eine neue Aufgabe zufiel, war sicher ein historischer Zufall. Wären damals, knapp zwei Jahre nach dem Krieg, normale Zeiten gewesen, hätte er wahrscheinlich schon in Göttingen das Studium der Philosophie und der Germanistik aufgenommen und sich auf die Universitätslaufbahn vorbereitet. Er hatte akademischen Ehrgeiz und wäre gerne Professor geworden. Aber die Zeiten waren nicht normal. Dass die Engländer ihn, den 23-Jährigen, zum Lizenzträger und Chefredakteur auswählten, war schon kein Zufall mehr. Spätestens seit diesem Tag gibt es einen roten Faden im Leben Rudolf Augsteins. Ihn zu finden, ist die Aufgabe des Biographen. Gibt es etwas Gemeinsames in den Höhen und Tiefen, gibt es etwas Verbindendes in den Erfolgen und Misserfolgen dieses Lebens? Was ist gelungen, was ist gescheitert? »O Gott, ich habe Großes gewollt«, dichtete er als Primaner. Großes ist ihm mit dem Spiegel gelungen. Er wäre aber auch gerne ein großer Zeitungsherausgeber und Politiker gewesen. In beidem ist er gescheitert. Selten fühlte er sich glücklich, im beruflichen wie im privaten Leben. Er wäre gerne ein *family man* gewesen, war es jedoch nie lange. Er hielt sich für einen »Moralisten«, aber er hatte seine eigene Moral; was gut und was schlecht ist, entschied er selbst und ließ viele im Unklaren über seine Maßstäbe. Er sehnte sich nach Freundschaft, ging Menschen aber scheu aus dem Wege, die meisten interessierten ihn nicht.

Dieses ungewöhnliche Leben lässt sich nicht darstellen, ohne es zu deuten. Es soll vorsichtig geschehen, aus der Nähe und aus der Distanz, ohne Gefühle der Abneigung oder der Bewunderung, ohne moralische Urteile, aber mit einer Grundsympathie. Es sollen außer ihm selbst vor allem auch die zu Wort kommen, die eng und lange mit Rudolf Augstein zu tun hatten. Aus dem Chor der Stimmen muss sich ergeben, worin seine besonderen Leistungen bestanden und was über seinen Tod hinaus seinen Rang ausmacht. Manchmal klingen die Erinnerungen negativ, manchmal positiv oder beides in einem – gleichgültig ließ er niemanden.

Die ersten Jahrzehnte in der Geschichte der Bundesrepublik sind ohne Rudolf Augstein nicht zu erzählen. Er war eine der großen, bewegenden Gestalten dieser Zeit. Aber in welcher Rolle? Die Aufgabe des »Merkers«, die man gemeinhin Journalisten zuschreibt, war nicht die seine. Das Handeln der Politiker mit klugen Analysen zu begleiten, war ihm zu wenig. Er verstand sich lange Zeit auch selber als »Täter«; er wollte auf die Politik Einfluss ausüben, um die Realität im Sinne seiner Überzeugungen zu verändern. Gerne wäre er selber Politiker geworden, hatte für eine politische Karriere aber nicht die Ausdauer. Er glaubte mit dem Machtinstrument des Spiegel schneller erreichen zu können, was er wollte. Das war eine Illusion oder Selbstüberschätzung. Dennoch hatten seine publizistischen Kampagnen, seine Auseinandersetzungen mit Adenauer und Strauß, eine politische Wirkung.

Im Streit mit Adenauer ging es um nicht weniger als um die Zukunft des geschlagenen und geteilten Reiches, um die Bewahrung der Nation. Im Kampf gegen Strauß um Rechtsstaatlichkeit und um die Frage der nuklearen Bewaffnung. Ohne

Rücksicht auf Parteitaktik und Staatsräson konnte Augstein fragen, mahnen und anklagen und eine weit verbreitete Stimmung in der Bevölkerung artikulieren. Die Auseinandersetzung mit Adenauer über die Wiedervereinigung musste er verlieren, weil Adenauer, historisch betrachtet, keine andere Wahl gehabt hätte; den Kampf gegen Strauß konnte er gewinnen, weil der machthungrige Bayer und auch Adenauer am Ende die Nerven verloren. Es war eine Folge der Hybris obrigkeitsstaatlichen Denkens, die mit der Spiegel-Affäre zu demokratischen und liberalen Aufbrüchen in Staat und Gesellschaft führte.

Die Auseinandersetzung mit Adenauer und Strauß war die Aktion eines Einzelnen, auch an der Opposition vorbei, aber ihre Legitimität ergab sich aus der Legitimation der politischen Fragen und Probleme. Nach der Entlassung Augsteins aus dem Untersuchungsgefängnis waren daran keine Zweifel mehr erlaubt. Zugleich war damit der Höhepunkt seines politischen Wirkens überschritten. Es gab keine politische oder historische Konstellation mehr, in der eine Wiederholung möglich gewesen wäre. Im öffentlichen Ansehen stand Augstein nun auf einem Piedestal als Retter der Demokratie und Pressefreiheit. Das half ihm aber wenig bei seinem Versuch, als Abgeordneter der FDP noch einmal als direkt Handelnder in die Politik zurückzukehren. Als Parlamentarier und Politiker hatte er nichts hinter sich, was ihm im täglichen Kampf um die Macht eine bessere Chance gegeben hätte als anderen.

Warum er Mitglied der FDP geworden war, konnte Rudolf Augstein nie so recht begründen. Er war liberal seiner Natur nach, aber kein Liberaler, der sich dem Parteiprogramm verpflichtet fühlte; er war ein freier Geist, vielleicht sogar ein Freigeist im Sinne Immanuel Kants, der sich gegen überkommene moralische Wertvorstellungen, gegen Religion und Kirche auflehnte, aber was das liberale Menschen- und Gesellschaftsbild heute bedeutet, hat ihn nie wirklich bewegt. Wenn es überhaupt eine Partei für ihn gab, konnte es aber nur die FDP sein. Sie verlangte am wenigsten Disziplin, sie ließ ihm seine Freiheit, die ihm wichtiger als alles andere war. Es ist schwerer, einen »Liberalen« auf bestimmte Positionen festzunageln, als einen Fisch im Wasser zu orten. Ralf Dahrendorf nannte Augstein den »letzten Nationalliberalen, und dies im besten Sinn der Bismarckzeit«. Das bedeutete: Er war für nationale Einheit, soziale Reformen und bürgerliche Freiheiten. Es bedeutete aber auch: Er tat sich schwer mit Marktwirtschaft und Kapitalismus pur, mit Parteien und Interessengruppen, mit repräsentativem Parlamentarismus und dem freien Spiel der Kräfte im Sinn angelsächsischer Demokratie. Es steckte auch noch ein Stück Hegel in ihm: Der Staat war der Gesellschaft vorgeordnet, auch als moralische Autorität.

Wenn sich Liberale lieber auf das »kreative Chaos der Bürgergesellschaft« als auf den Staat verlassen, wie Dahrendorf meint, dann war Augstein kein großer Liberaler.

»Ich hatte nie Schwierigkeiten, gegen etwas zu sein, ich hatte mehr Schwierigkeiten, für etwas zu sein«, sagte Augstein im Spiegel-Gespräch mit Martin Walser. Er hatte kein zusammenhängendes politisches Konzept und ist der Frage danach immer ausgewichen. Er hat auch keine Zukunftsvisionen und Ideen hinterlassen, die fortwirken und begeistern könnten. Die Nation ist noch zu seinen Lebzeiten zusammengewachsen, aber zugleich geht sie allmählich in ein größeres Europa auf. Seinem Europa-Skeptizismus hat Augstein in seinen letzten Lebensjahren noch einmal Ausdruck gegeben, aber es fehlte ihm die Kraft, das Unvermeidliche, wie die Einführung des Euro, aufzuhalten.

Was bleibt dann außer der Erinnerung an ein ungewöhnliches Leben und ein großes Lebenswerk? Augstein hat es seinen Zeitgenossen nicht leicht gemacht, und auch nachwachsende Generationen werden es mit ihm nicht leicht haben. Es sei denn, er bleibt auf dem Denkmalssockel, auf dem er nun steht, denn dort kann er niemandem unbequem werden. Dies hat er sich aber am wenigsten gewünscht: Er wollte unbequem sein. Und er konnte es nur sein, weil er selber ein Mann mit Abgründen, Gegensätzen und Widersprüchen war, einer, der sich nie angepasst und nach der Mode der *political correctness* gefragt hat. Sein messerscharfer Intellekt sezierte die Wahrheiten der Mächtigen und konnte keine Form des Konformismus akzeptieren; er hat immer nach der Wahrheit dahinter gesucht und sie aufklärerisch verbreiten wollen. Dabei schreckte er auch vor verletzender Unerbittlichkeit und selbstzerstörerischem Mut nicht zurück. Vor Irrtümern war er gewiss nicht gefeit, im Gegenteil, auch er hat oft geirrt, aber jede Gesellschaft braucht Köpfe, die nach ihrem Ziel und ihrem Sinn fragen und sie zwingen, sich diesen Fragen zu stellen. Wenn nichts von Rudolf Augstein bliebe als die Rolle des rastlosen, unermüdlichen Wahrheits- und Sinnsuchenden, dann wäre das genug, seinen Nachruhm zu bewahren und sein Vorbild zu begründen, nicht nur, aber auch für künftige Journalisten-Generationen.

KAPITEL 1

Eine schwierige Kindheit und Jugend

Rudolf Augstein war kein glückliches Kind. Es gibt viele Fotos von ihm aus den ersten Lebensjahren – wie sollte es im Hause eines Fotohändlers anders sein –, aber nur auf sehr wenigen sieht er unbeschwert und fröhlich aus. Fast immer schaut er ernst und nachdenklich in die Kamera. Die meisten Bilder sind außerdem »gestellt«, wie im Fotogeschäft üblich. Der junge Rudolf ist fein herausgeputzt zu sehen – im Kreise der Großfamilie, mit Teddybär im Arm und älterer Schwester im Hintergrund oder selber als »Fotograf« mit Trachtenjacke und Zylinder verkleidet hinter einem Kamerastativ. Er ist das »Nesthäkchen«, das vorletzte von sieben Geschwistern, dem 15 Jahre älteren Stiefbruder Josef und fünf Schwestern. Der Vater hatte zum zweiten Mal geheiratet, die Schwester seiner verstorbenen ersten Frau.

Das Elternhaus steht in Hannover, in der Podbielskistraße 310. Hier kommt Rudolf Karl Augstein am 5. November 1923 kurz nach Mitternacht zur Welt. Der Knabe ist gesund, aber mit knapp fünfzig Zentimetern klein von Wuchs. Er wächst in ein geordnetes, wohlhabendes Elternhaus hinein. Die Eltern sind streng bürgerlich und streng katholisch. Als Katholiken gehören sie im protestantischen Hannover zur Minderheit. Sie sind aus Bingen im Rheinland zugewandert, wo der Großvater väterlicherseits Weinberge und einen gut gehenden Weinhandel besitzt. Mutter Gertrude, klein und fromm, ist die starke Figur in der Familie. Sie hat auch dafür gesorgt, dass es die Familie vom Rhein an die

Als Nesthäkchen »beklucktk«: Rudolf Augstein (2.v.l.) mit Mutter Gertrude (3.v.l.) und Vater Friedrich (5.v.l.) sowie Geschwistern.

Leine verschlagen wurde. Besorgt über die Liebe ihres Mannes zum Wein, hat sie darauf gedrungen, dass Vater Friedrich aus dem Weingeschäft aussteigt und in Hannover eine Fabrik für Fotozubehör erwirbt, die er während der Weltwirtschaftskrise kurz vor dem Bankrott verkauft. Einige Jahre schlägt er sich als Handelsvertreter durch und eröffnet dann ein Fotogeschäft, das der Familie ein einträgliches Auskommen sichert.

Das Familienleben gilt als harmonisch. Die kirchlichen Regeln werden ernst genommen. Die Familie geht sonntags in die Kirche, und vor den Mahlzeiten wird gebetet: »Komm, Herr Jesus, sei unser Gast und segne, was Du uns bescheret hast!« Der Mutter liegt viel daran, dass die Kinder eine gründliche katholische Erziehung erhalten, auch Sohn Rudolf. Er wird nicht auf die evangelische Volksschule geschickt, sondern auf eine katholische Zwergschule, in der es nur eine Klasse mit acht Schülern und zwei frommen Lehrerinnen gibt. Es ist selbstverständlich,

Keine unbeschwerte Kindheit: Rudolf Augstein als Fünfjähriger.

dass der Knabe auch Messdiener in der Kirche der katholischen Gemeinde wird und später der katholischen Jugendorganisation »Neu-Deutschland« angehört. Mutter Gertrude ist eine tüchtige Frau. Sie achtet darauf, dass alles seine Ordnung hat. Jeweils zum Geburtstag und zum Namenstag wünscht sie ihren Kindern »viel Glück und Gottes reichen Segen«. Sohn Rudolf, ein zartes Kind, wird von ihr bemuttert, ebenso von seinen Schwestern. Mit sechs Frauen im Hause hat er es nicht immer leicht.

Das ist die Geschichte der Augsteins, wie sie im Familienalbum stehen könnte. Aber ganz so glatt war sie wohl doch nicht. Wie der Bingener Großvater reich geworden war, verriet Augstein gelegentlich selber – durch das »Panschen« von Weinen. Die Tricks, Weine verschiedener Qualität zu verschneiden, hatte ihm angeblich die französische Großmutter beigebracht. Seine drei Söhne und Erben waren nach damaligen Maßstäben wohlhabend. Die Geschäfte gingen gut. Warum sein Vater seinen Anteil verkaufen musste und mit der Familie nach Hannover zog, wird in der Familien-Saga aber nur in Umrissen deutlich. Seine Frau bestand darauf, heißt es immer wieder, weil der Mann zu tief in die Flasche schaute. Wie sie ihn aus Bingen herausgelöst hat und mit der Familie nach Hannover verpflanzte, wird aber nirgends erklärt. Von Weinen verstand er offensichtlich etwas, von Fotogeräten nichts. Warum er sich dann in Hannover eine kleine Fabrik für solche Geräte kaufte, bleibt offen. Auch über die Mutter wird wenig berichtet. Ihr Einfluss auf den Vater und später auch auf die Kinder zeigt zumindest, dass sie eine unglaublich willensstarke Frau mit festen Grundsätzen gewesen sein muss. Sie war ganz offensichtlich die starke Persönlichkeit in der Familie, deren Charakter vieles erklären könnte, auch im späteren Leben von Rudolf Augstein.

Mit dem Umzug nach Hannover stand die Existenz der Familie nicht mehr auf festem Boden. Die Fabrik ging nicht gut, und als die Weltwirtschaftskrise dazu kam, machte der Vater 1928 Pleite. Da war der kleine Rudolf schon in einem Alter, in dem die Veränderungen in den Lebensverhältnissen der Familie ihm nicht verborgen bleiben konnten und ihn verunsichern mussten. Ab und zu klingt es in seinen Erinnerungen an. »Wir waren nicht arm, wir konnten uns immer noch ein Kindermädchen leisten«, sagte er einmal. Nun bedeutete das nicht viel, denn Kindermädchen bekamen damals einen Hungerlohn. Er empfand es aber als sozial deklassierend, dass sich der Vater vorübergehend als Handelsvertreter durchschlagen musste. Nach dem Erwerb des Fotogeschäfts ging es wieder bergauf. Aber gelegentlich musste der junge Rudolf auch mithelfen, zum Beispiel Pakete für Kunden packen und zur Post bringen. Ein Hinweis auf die wirtschaftliche Lage der Familie findet sich auch bei Uri Avneri, dem nach Israel emigrierten jüdischen Mitschüler, mit dem der Knabe Rudolf 1933 befreundet war. »Wir waren reicher als die Augsteins«, schreibt er vierzig Jahre später und erinnert sich, dass

Rudolf in seinem Elternhaus ein- und ausging, nicht aber, dass er je bei den Augsteins zu Hause war.

Die Erziehung im Hause Augstein war streng. Als Nesthäkchen blieb Rudolf das Schlimmste erspart, er hatte aber noch miterlebt, wie der gestrenge Vater den viel älteren Bruder Josef körperlich züchtigte. Auch die Frömmigkeit der Mutter hatte strenge Züge, die Gefühle manchmal zurückdrängten. Und die frommen Patres, in deren Händen die Erziehung des Knaben in der Kirche lag, waren um sein Seelenheil auch nicht immer sehr sensibel bedacht. Die Geschichten über die Hölle machten ihm Angst, und weil der ältere Bruder das wusste, machte er sich manchmal einen Spaß daraus, den jüngeren damit zu quälen. Dennoch ging er gerne in die Kirche.

Rudolf Augstein hat später nicht viel über seine Kindheit und sein Elternhaus gesprochen. Manche Äußerungen enthüllen aber zwiespältige Gefühle, an die er sich erst in späteren Lebensjahren mit größerer Offenheit erinnert. Er war auch dann kein glücklicher Mensch. Und weil er gelegentlich diesen Eindruck erweckte und danach befragt wurde, sprach er darüber. So sagte er einmal Mitte der siebziger Jahre zu einem seiner Freunde: »Glücklich war ich nur in jungen Jahren, als ich noch in die Kirche ging. Leider läßt sich das nicht mehr zurückholen.« Er war offensichtlich gerne Messdiener. In den sonntäglichen Gottesdiensten empfand er Wärme und Geborgenheit. Er mochte den Klang der Orgel, wenn sie das Lied »Christus, mein König« intonierte, das er mit kräftiger Stimme mitsang. Er liebte die weihnachtliche Christmette um Mitternacht und den – in der Kindheitserinnerung – verschneiten Weg zur Kirche. Er lernte brav die frommen Sprüche, die er auch später noch – dann aber spöttisch – gerne zitierte: »Wo die Not am größten, ist Gottes Hilfe am nächsten.« Oder: »Aber die Lauen pflegt der Herr auszuspeien aus seinem Mund.«

Die Kirche gibt dem Kind Rudolf etwas, was es zu Hause

offensichtlich vermisst. Einige Jahre vor seinem Tode hat Augstein einmal öffentlich darüber gesprochen, in einem Interview mit dem Stern zu seinem siebzigsten Geburtstag im November 1993. Befragt, was der kleine Rudolf von seinem Elternhaus mitbekommen hat, antwortet er: »Familienleben eben. Wir waren sechs Kinder (der Älteste, Josef, war zu der Zeit schon aus dem Haus). Um mich persönlich hat sich kaum jemand gekümmert. Mein Vater besaß das schönste Weingut in Bingen, das ihm sein Großvater hinterlassen hatte, zusammen mit »zusammengepanschtem« Geld. Meine Mutter hatte Angst, weil er mittags und abends eine Flasche Wein trank. Sie hat ihn so lange gepiekst, bis er in Hannover eine Fabrik für fotografische Geräte gekauft hat. Davon hat er nicht soviel verstanden. Für seine Weinzunge war er berühmt. Als Kinder hatten wir noch ein Hausmädchen und ein Kindermädchen.«

Frage: »Und damit waren Sie zufrieden?«

Augstein: »Man ließ mich zufrieden. Ich war sozusagen der Intellektuelle in der Familie. Es war bei uns ganz klar, die Jungs mußten Akademiker werden, und die Mädchen mußten Akademiker heiraten. Ich war viel krank als Kind, und ich weiß auch, warum. Weil meine Mutter sich nur dann um mich kümmerte, wenn ich krank war. Als ich zehn Jahre alt war, habe ich diesen Mechanismus erkannt, habe Fußball gespielt und war auch nicht mehr krank.«

Frage: »Sind Sie mehr von der Mutter oder vom Vater geprägt worden?«

Augstein: »Vom Vater. Mit dem konnte ich mich politisch unterhalten. Er war strikt gegen den Nationalsozialismus. Das erste, was er nach der Machtergreifung der Nazis gesagt hat, war: ›Finis Germaniae‹. Er hatte recht.«

Was Augstein nicht sagte: Er begann auch zu entdecken, dass er unter seinen Mitschülern und Freunden immer der Kleinste war. Er litt darunter, hatte Angst, gehänselt zu werden. Deshalb wollte er sich von seinen Lehrern auch nicht loben lassen, als der »Beste« oder »Intelligenteste«, der er wohl meistens war. Er fürchtete, vor den Kameraden als der »kleine Streber« dazustehen. Dabei wollte er doch nur sein wie sie. Die Kleinwüchsigkeit ist ein Erbe der Mutter, das er ihr ebenso wie die ebenfalls klein geratenen Schwestern beinahe übel nimmt. So erklären sich Familienmitglieder auch sein »gespaltenes Verhältnis« zur Mutter. Er will sie aber auch nicht verletzen. Als Jahrzehnte später der Entschluss in ihm reift, die katholische Kirche zu verlassen, wartet er mit dem Austritt bis nach dem Tod der Mutter im Jahre 1968.

Die Abneigung des Vaters gegen die Nazis stammte aus dem konservativen katholischen Milieu, das in der Hannoveraner Diaspora besonders bewusst gelebt wird, wenn auch preußisch eingefärbt. Politisch stand der Vater wohl dem konservativen Flügel der Deutschen Zentrumspartei nahe, der katholischen Bürger-Partei, der er bis 1933 seine Stimme gab. Sie war gegen Hitler und seine Partei, dachte trotz ihrer antipreußischen Ursprünge aber national. Ein Deutschnationaler war auch Vater Augstein, angekränkelt auch von einer damals noch als harmlos geltenden Form des bürgerlichen Anti-Semitismus. Als er in den dreißiger Jahren gebeten wird, einige Gemälde von Lovis Corinth aus dem Besitz eines jüdischen Bekannten in Verwahrung zu nehmen und vor dem Zugriff der Nazis zu retten, lehnt er entrüstet ab: »Dieser Schweinkram kommt mir nicht ins Haus.« Rudolf Augstein sagt allerdings später, er habe das Verhalten des Vaters für richtig gehalten, weil es gefährlich gewesen wäre, nach dem Ende der Nazi-Zeit mit jüdischem Besitz angetroffen zu werden. Liberaler ging es im Hause des Großvaters in Bingen zu, wo der junge Rudolf oft seine Schulferien verbringt. Als Rheinländer hatte er mit Kaiser Wilhelms Reich nicht allzu viel im Sinn und verbot seinem Sohn sogar, sein Haus in der Reichswehr-Uniform eines Einjährig-Freiwilligen zu betreten. Für seine Weltoffenheit wird oft angeführt, dass er sich eine amerikanische Hausorgel kaufte, als Erster in Bingen einen Tennisplatz anlegte sowie als zeitweiliger Präsident des Weinhändlerverbandes für demokratische Abstimmungen eintrat.

Der familiäre Hintergrund und – in den ersten Jahren des »Tausendjährigen Reiches« – die distanzierte Haltung einiger seiner Lehrer bestimmen auch die kritische Einstellung des heranwachsenden Gymnasiasten Rudolf gegenüber den neuen Machthabern. Er besucht nun das humanistische Kaiserin-Auguste-Viktoria-Gymnasium, in dem die Hälfte der Schüler ebenfalls katholisch ist. Er lernt voller Eifer Deutsch, Geschichte, Latein und Griechisch, Fächer, in denen er stets wenigstens die Note »gut« erhält. 1933, im ersten Jahr am Gymnasium, freundete er sich mit Helmut Ostermann an, dem einzigen jüdischen Mitschüler in der Klasse. »Was dies bedeutete und bedeuten sollte, konnte ich damals ganz sicher nicht wissen«, erinnert er sich Jahrzehnte später. Der jüdische Mitschüler wusste es schon damals genauer: »In meiner Familie stand die Politik während dieser ganzen Zeit im Mittelpunkt des Lebens. Man redete endlos darüber am Mittagstisch. Für uns als Juden war es natürlich die Schicksalsfrage. Aber ich nehme an, daß es auch für eine Familie wie die Augsteins das Hauptgesprächsthema abgab. Wenn man damals neun Jahre alt war, konnte man gar nicht leben, ohne Politik zu atmen. Wir hätten auch keine Freunde sein können, wenn er sich nicht für Politik interessiert hätte.« Jedenfalls gingen die beiden völlig unbefangen miteinander um. Der junge Rudolf wurde in Helmuts Elternhaus eingeladen und labte sich an Mutter Ostermanns vorzüglichem Apfelkuchen. »Rudolf Augstein war ein ernster Schüler, und ich meine, daß wir beide die besten Schüler der Klasse waren«, erinnert sich sein Freund später, auch daran, welchen Einfluss wohl der Klassenlehrer Hesse auf die beiden Sextaner hatte. Als dieser zum ersten Mal morgens weisungsgemäß mit einem »Heil Hitler« in die Klasse kam, bat er Helmut Ostermann nach dem Unterricht zu sich und bot ihm seine Hilfe an, »wenn dich irgendwer anrempelt, weil du jüdisch bist«. Später fragt Helmut sich, wie es kam, »daß Rudolf Augstein und ich im späteren Leben sehr ähnliche Ideale vertreten haben, vielleicht hat Herr Hesse etwas damit zu tun«. Vater Ostermann lässt sich aber nicht täuschen. Im November 1933 reist er mit seiner Familie nach Palästina aus. Rudolf vergisst den Mitschüler, und Helmut beginnt als Uri Avneri in Tel Aviv ein neues Leben. Erst über zwanzig Jahre später hören sie wieder voneinander. Beide sind inzwischen angesehene Journalisten. Uri Avneri ist Chefredakteur eines Magazins, das der Politik der isrealischen Regierung kritisch gegenübersteht.

Die Schülerfreundschaft des Jahres 1933 musste eine Episode bleiben. Dennoch war die Schule noch nicht vom nationalsozialistischen Ungeist durchdrungen. Die meisten von Augsteins Lehrern sind keine Parteigenossen. Sie denken deutschnational, haben für den »böhmischen Gefreiten« aber nicht viel übrig, obwohl sich mit dessen Erfolgen und der Festigung seines Regimes ihre Einstellung zum neuen Deutschland allmählich zu ändern beginnt. Auch die meisten Klasssenkameraden haben mit dem »Führer« keine Probleme. Paul Ziethe, Sohn eines unter den Nazis strafversetzten evangelischen Pfarrers und einige Zeit Banknachbar Rudolf Augsteins, erinnert sich an seinen Mitschüler: »Für uns andere Schüler war das sozusagen homogen, deutschnational und das neue Deutschland. Deshalb wollten auch alle kämpfen. Auch Augstein dachte national, aber er war gegen die Nazis.« Sein »Abgott«, wie er ihn selber nannte, war Bismarck und nicht Hitler, Geschichte neben Deutsch sein Lieblingsfach.

Aber auch in der Geborgenheit der Schule, in die er gerne geht, ist Augstein vor den Zwängen der neuen Zeit nicht sicher. Dem Jungvolk kann er sich noch entziehen, der Hitlerjugend aber nicht mehr. Um dem Marschieren, Geländespielen und der weltanschaulichen Indoktrination zu entgehen, meldet er sich zu einer Spielschar, einer Gruppe von Marionettenspielern, die mit selbst gebastelten Puppen und selbst verfassten Texten im »Ballhof«, einem Theater in der Altstadt Hannovers, öffentlich auftritt.

Rudolf Augstein war offensichtlich ein beliebter Schüler. Bei seinen Lehrern ist er als »Bester«, als Klassenprimus, beliebt; bei den Mitschülern kompensiert er dieses Ansehen durch sein Auftreten als Wortführer, der sich vor den Lehrern nicht fürchtet. Er kann es sich leisten, ihnen zu sagen, »was Sache ist«. So ist er fast während der gesamten Schulzeit auch Klassensprecher. Er ist schon früh der Intellektuelle und Nachdenkliche, der in der Klasse oder auf dem Schulhof scharf und kritisch diskutiert. Zugleich fühlt er sich zur Musik und zum Musischen hingezogen. Er liebt schon als Schüler die Musik Richard Wagners. Vergeblich warnt ihn sein väterlicher Freund, der Jesuitenpater Mertens, vor dieser Musik, die schwül und sinnlich sei. »Eben, deshalb stand ja der Meßdiener vor dem hannoverschen Opernhaus an der Georgenstraße Schlange«, sagte er später dazu. Der Knabe hatte eine schöne Stimme. Er sang gerne, auch später im Leben, und hielt sich für musikalisch begabt. Damals wäre er gerne Dirigent geworden.

Im Kampf mit sich und der Welt schwankt auch der junge Augstein in der Pubertät zwischen Intellekt und Affekt. Die Poesie ist ein Mittel, eigene Gefühle auszudrücken. Als Unterprimaner arbeitet er Conrad Ferdinand Meyers Novelle »Die Versuchung des Pescara« über einen verräterischen Feldherrn Kaiser Karls V. in einen im Versmaß verfassten Operntext um. Er schreibt Gedichte, von denen einige erhalten sind. Sie fassen persönliche Gefühle in Reime wie die Erfahrung der ersten Liebe, aber auch das eigene Wollen und die ersten Zweifel an dem Gott, an den er doch noch glaubt:

»O Gott, ich habe das Große gewollt,
ich wollte den Himmel offenbaren,
der über den dunkelsten Tiefen schwebt,
ich wollte die weite Welt durchfahren
und das Schöne preisen, das darin lebt
wie im Stein das Gold.
Ich wollte Dein glühender Herold sein.
Denn ich weiß, ich bin nur ein Strahl Deines Lichts,
o Gott, und ich soll noch die Schwingen dehnen.
Ich bin die Posaune, aus der Du sprichst,
und Himmel und Erde müssen dröhnen,
ehe Du die Posaune zerbrichst.«

Wie schwer es sein würde, Gottes »glühender Herold« in dieser Zeit zu sein, ahnte der Heranwachsende immer deutlicher. Der Primaner ist hellwach, frühreif und skeptisch. Auch in den Philosophie-Stunden hat er nicht geschlafen. Er denkt mit, erkennt Zusammenhänge. Im Oktober 1940 schickt er einen Leserbrief an die Wochenzeitschrift Das Reich, das von Goebbels gegründete schöngeistige Aushängeschild des Dritten Reiches. Darin polemisiert er gegen die Hauptthese einer soeben erschienenen Nietzsche-Biographie: »Wenn es schon beinahe unmöglich ist, für die Gedankenwelt Nietzsches einen Ausgangspunkt festzulegen, so will mir Kant als solcher unbegründet erscheinen, es sei denn, man ließe die beiden als gemeinsame Größen im Wollen des Unerreichbaren gelten.« Der Brief wird in voller Länge gedruckt, trotz der mit der NS-Ideologie nicht zu vereinbarenden Einleitung Augsteins, »daß es einen endgültigen Wahrheitsmaßstab kraft der Verschiedenheit der Standpunkte nicht geben kann«.

Das war noch ungefährlich. Die Grenze des Erlaubten überschritt der kritische junge Geist aber, als er in einem Schulaufsatz über das Thema »Englands Lage nach der Niederlage Frankreichs« kühl die offiziellen Propagandathesen widerlegte: »Wir wollen uns nicht verhehlen: England ist noch nicht besiegt, ja, es ist noch nicht einmal wirksam geschlagen worden. Nichts wäre verderblicher, als zu glauben, die zähen und tüchtigen Angelsachsen der germanischen Völkerfamilie würden genau so rasch und geschlagen um Frieden bitten wie ... Frankreich. Eine Hoffnung mögen wir getrost zu Grabe tragen, daß das britische Empire in einem längeren Krieg aus sich heraus zusammenfallen würde. Der Riesenapparat des Weltreichs im Verein mit den Industrien und Agrarprodukten des ganzen amerikanischen Kontinents und vermehrt durch die Kolonialgebiete Frankreichs, Belgiens und Hollands reicht vollkommen aus, selbst die angespanntesten Bedürfnisse der Kriegswirtschaft zu befriedigen.« Zwar wird in der vom Schüler Augstein regelmäßig gelesenen Zeitschrift Das Reich Großbritannien wiederholt als ein Gegner beschrieben, der schwerer zu besiegen sei als Frankreich, aber was Goebbels erlaubt ist, darf der kleine Augstein noch lange nicht. Seine Lehrer jedenfalls haben Angst. Sie sehen in dem Aufsatz Zweifel am »Endsieg«, die gefährlich waren. Ohne Note und mit einer Verwarnung gaben sie dem kühnen Gymnasiasten den Aufsatz zurück. Vorsichtshalber verzichten sie auch darauf, ihren Primus – Augstein bestand das Abitur mit der Note 1 – die Abschiedsansprache bei der Abiturfeier am 8. März 1941 halten zu lassen. Die Stimmung ist ernst. Einige Lehrer haben ihre Kriegsauszeichnungen aus dem Ersten Weltkrieg angelegt, und die Abiturienten, auch Rudolf Augstein, haben sich als Kriegsfreiwillige gemeldet. Sie wissen, was jetzt auf sie zukommt: Reichsarbeitsdienst, Wehrdienst und Kriegseinsatz.

Augstein hatte sich zwar freiwillig zur Wehrmacht gemeldet, aber nicht um den Heldentod zu sterben. Vielmehr war es sein Ehrgeiz, »nicht ganz vorn verheizt« zu werden. Als Freiwilliger und als Offiziersaspirant rechnete er sich bessere Chancen aus. Er denkt an die Zeit nach dem Krieg. Wie er sich die vorstellt, schildert er in einer kleinen Glosse, die im November 1941 wieder in der Zeitschrift Das Reich erscheint. Er beschreibt einen eingezogenen Fleischer, der in das Schaufenster seines geschlossenen Ladens das Schild hängt »Bin Soldat – komme bald wieder!« Und dann folgen die vielsagenden Sätze: »Bin Soldat, steht auf dem Schild. Nichts von Einberufung, Einziehung, Gestellungsbefehl oder dergleichen. Die Vorübergehenden lächeln, und neue Kunden werden angelockt. Gibt es eine bessere Werbung für die Zeit nach dem Krieg?« Noch ist es aber nicht soweit. Nach einem kurzen Volontariat beim Hannoverschen Anzeiger muss er die braune Kluft des Arbeitsdienstes anziehen und wird nach Kulm in Westpreußen (im besetzten Polen) abgeordnet. Als einziger Abiturient und Kriegsfreiwilliger seines Trupps erhält er nach der Grundausbildung im Gräbenbuddeln einen angenehmen Posten. »Ich bin Kantinenwirt und Postordonnanz für das 3 km entfernte Kulm und habe es also wieder einmal gedeichselt«, schreibt er fröhlich an seinen ehemaligen Kunstlehrer Haake.

Zurück in Hannover, überbrückt er die kurze Zeit bis zur Einberufung wieder im Hannoverschen Anzeiger. Im Musterungsbescheid wird er wegen seiner eher schwächlichen Konstitution »garnisonverwendungsfähig mot.« geschrieben. Das rettet ihn vor dem Marschbefehl zu einer bespannten Artillerieeinheit in Stalingrad. Er wird zu einer motorisierten Einheit nach Woronesch am Don versetzt und als Artilleriefunker einem vorgeschobenen Beobachter zugeteilt, der das Feuer der Einheit auf den Feind zu leiten hat. Ende 1942 erscheint im Hannoverschen Anzeiger ein »Offener Brief an die alte Klasse, Von Kanonier Rudolf Augstein«. Es ist kein Heldenepos. Mit verkrampfter Lustigkeit berichtet er, was die Klassenkameraden bisher im Krieg erlebt haben: »Einer hat sogar in Nordafrika den Führer der indischen Hockey-Olympia-Elf von 1936 gefangengenommen.« Doch dann wird er ernst:

»Der Krieg macht uns zu anderen, als wir waren. Die wahren Werte des Lebens lernen wir wägen ... Und noch etwas, das zu sagen nicht leichtfällt. Manch einer von uns war ja schon verwundet, aber alle sind wieder gesund geworden, nur einen hat es endgültig ereilt, einen, den ihr alle kennt, den feinen, ruhigen Hans-Dieter. Leutnant und Kompanieführer. 18 Jahre ... Ihr wißt, Kameraden, dasselbe Los kann einen jeden von uns treffen, und das Bewußtsein von dieser gemeinsamen Todesverbundenheit soll uns einmal zusammenhalten, wenn wir längst aus dem großen Krieg heim- und in unseren Lebenskreis zurückgekehrt sind. Ich grüße euch, Kameraden; ich wünsche euch viel Soldatenglück und daß wir alle uns einmal wieder gesund und heil an eichenen Tischen zu löblichem Tun zusammenfinden. Dann wollen wir einen schmettern, der sich sehen lassen kann ...«

Krieg und Sieg reimt sich bei ihm nicht. In einem Gedicht über die »Brunnen in der Ukraine«, das er zwischen den Einsätzen schreibt, klingt die Grausamkeit und die Sinnlosigkeit des Krieges an:

»Sie klagen schweigend, und sie klagen an,
weil Menschenmund sich nicht zur Klage fand.
Als Gottes Finger droh'n sie wolkenan.
Doch die das Land schlug, war's nicht Gottes Hand?
Die Brunnen wissen nicht, wohin wir fahren.
Sie wissen nicht, wie lang und nicht wie weit.
Sie werden schöpfen wie vor tausend Jahren
und werden stumm sein wie die Ewigkeit.«

Die Zeit der Siege ist vorbei. Augstein ist gerade noch rechtzeitig für den Rückzug gekommen. An der ukrainischen Front bricht im Frühjahr 1944 das Chaos aus. Nun hilft Augstein auch

Wollte nicht »vorn verheizt werden«: Augstein als Soldat in der Ukraine.

der Musterungsbescheid »mot.« nicht mehr. Die motorisierte Artillerieeinheit versinkt in Dreck und Schlamm. Für den langen, beschwerlichen Rückweg bleiben über weite Strecken nur noch Panjepferde. Von geordnetem Rückzug kann keine Rede mehr sein. Einmal verliert er den Anschluss an seinen Trupp. Nicht der Feind wird ihm plötzlich gefährlich, sondern die deutsche Feldgendarmerie, die ihn aufgreift. Dass er kein Deserteur ist, wird aber schnell klar, als ihn Kameraden wiederfinden. Wie die Wehrmachtsfeldrichter mit Deserteuren umgingen, hatte er in einem satirischen Gedicht festgehalten:

»Daß er eigentlich sich nur verspätet,
kümmert keinen, der die Unzucht jätet:
Er war ein Deserteur.

Also ward, nachdem ein Bier genossen,
unser Mann noch selben Tags erschossen.
Er war ein Deserteur.

Letzte Ehre noch im letzten Gang:
Eine Kugel fällt ihn, nicht der Strang,
obwohl ein Deserteur.

Heilige Ordnung, immer segensreiche,
die du machst zur mausetoten Leiche
den Deserteur.«

Die Ordnung reicht auch noch aus, ihm das Eiserne Kreuz zweiter Klasse und die Leutnantstressen auszuhändigen. So kommt er heil zurück bis nach Sachsen, wo ihn, weil er wieder einmal seine Einheit verloren hat, die Feldgendarmerie erwischt, aber laufen lässt, »weil ja doch alles keinen Zweck mehr hat«, und bis kurz vor die Elbe, wo ihm ein Schrapnellsplitter den rechten Unterarm aufreißt. Er soll ins Lazarett nach Prag, auf das die Russen ebenfalls vorrücken, und zieht es deshalb vor, sich nach Pilsen durchzuschlagen. Dort nimmt ihn ein Luftwaffenradarzug auf, der aber nur noch bis nach Vöcklabruck in Oberösterreich kommt. Als am 30. April 1945 die Nachricht vom »heldenhaften« Tod des Führers in Berlin eintrifft, befiehlt der Zugkommandant »Alles aussteigen« und lässt den Zug in die Luft sprengen. Gemeinsam mit einer Luftwaffenhelferin macht er sich auf den Weg nach München. In Wasserburg am Inn nehmen ihn die Amerikaner gefangen, lassen ihn aber nach einer Stunde wieder laufen, weil er die Luftwaffenhelferin als seine Verlobte ausgibt. Gegen Zigaretten tauscht der Nichtraucher Zivilklamotten und ein Fahrrad ein und strampelt, unterwegs immer wieder von hilfreichen Amerikanern und Zivilisten bei Kräften gehalten, zu einer Schwester nach Offenbach am Main. Nach einigen Tagen der Ruhe und Erholung radelt er weiter nach Hannover, wo er sechs Wochen nach der Kapitulation im Elternhaus ankommt. Jahrzehnte später antwortet er dem FAZ-Magazin auf die Frage nach der militärischen Leistung, die er am meisten bewundert: »Mein Rückzug aus der Ukraine.«

KAPITEL 2

Sprungbrett Hannover

Dirigent, Psychoanalytiker oder Schriftsteller hatte Rudolf Augstein in seiner Jugend einmal werden wollen. Nach der Rückkehr in das verlorene Reich ging im Sommer 1945 zunächst einmal gar nichts. Das Leben war auf die notwendigsten Bedürfnisse reduziert, an Studium oder Ausbildung nicht zu denken. Die Universitäten waren geschlossen. Das Nächstliegende war es für den Heimkehrer, da wieder anzufangen, wo er vor dem Marsch nach Osten aufgehört hatte – bei der Zeitungsarbeit. Die Engländer gaben inzwischen in Hannover eine Tageszeitung heraus, das Hannoversche Nachrichtenblatt. Bevor er als Hilfsredakteur anfangen konnte, musste er aber das obligate Entnazifizierungsverfahren über sich ergehen lassen. Er hatte zwei unverdächtige Bürgen, die ihn noch aus der Zeit beim Hannoverschen Anzeiger kannten, den Feuilletonchef Dr. Friedrich Rasche, der in der Nazi-Zeit wegen seiner halbjüdischen Frau schikaniert worden war, und die Jugendfreundin Irmgard Born, die inzwischen bei der britischen Militärverwaltung arbeitet. Beide können für Augsteins antifaschistische Vergangenheit garantieren. Da auch die übliche Nachfrage beim Intelligence Service nichts ergibt und der Fragebogen keine Widersprüche aufweist, wird Augstein als »clean« eingestuft.

Vor der Einstellung ist aber noch eine zweite Prüfung nötig, die bei dem für die Zeitung zuständigen britischen Presseoffizier Major John Seymour Chaloner. Sie sollte sich bald als schicksalhaft erweisen. Der junge Deutsche fällt dem um ein Jahr jüngeren Briten zunächst auf, nicht nur weil sie am gleichen Tag Geburtstag haben. Chaloner später: »Augstein saß da in seinem grauen Wehrmachtsmantel, mit Stahlbrille, blass, klein; er machte nicht viel von sich her. Er war zurückhaltend; wenn man ihn fragte, überlegte er eine Weile, ehe er antwortete. Er war nicht im geringsten unterwürfig wie die meisten Deutschen, die ich bis dahin kennengelernt hatte und die sich stets beeilten, ›Jawoll, Herr Major, sehr richtig, Herr Major!‹ zu sagen.« Chaloner weiß nicht so recht, ob er das sympathisch finden soll, aber er ist beeindruckt.

Auch in der Redaktion fällt der junge Mann auf. Die ehemalige Kollegin Uta von Witzleben, später Uta von Kardorff, erinnert sich nach Augsteins Tod in einem Zeit-Artikel an die damaligen Gespräche. Augstein habe die redaktionelle Tätigkeit als Sprungbrett für eine Zukunft als Schriftsteller nutzen wollen: »Sehr bald stellte sich heraus, daß er an einem Theaterstück arbeitete, an dessen Fortschreiten er uns teilnehmen ließ.« Es sollte »Die Zeit ist nahe« heißen und einen religiösen Hintergrund haben. Auch Rasche und der Kritiker Gerhard Schulz-Rehden begeisterten sich für die Absichten des jungen Talentes. »Die ganze Redaktion nahm am Vorankommen dieses Talents Anteil.« Nur Augsteins Eltern, weiß die Kollegin, »fanden die Pläne ihres Sohnes, gelinde gesagt, hochtrabend und abenteuerlich; kein Wunder, daß Dr. Rasche immer mehr Macht über ihn gewann und Augstein sich bei ihm wohler fühlte als zu Hause«.

Augstein war offensichtlich fest davon überzeugt, eine glänzende Zukunft als Schriftsteller und Publizist vor sich zu haben. Er las Heinrich Heine, sein großes Vorbild, aber auch die während der Nazi-Zeit verbotenen Bücher anderer kritischer Köpfe wie die Schriften des streitbaren Joseph von Görres, dessen Rheinischen Merkur Napoleon die »Fünfte Großmacht« genannt hatte, die Aufsätze Maximilian Hardens, der bis zur Majestätsbeleidigung gegen Kaiser Wilhelm II. stritt, oder die kritischen Artikel Carl von Ossietzkys über die Weimarer Republik. Auch Harden und Ossietzky hatten eine eigene publizistische Plattform; Harden Die Zukunft, Ossietzky Die Weltbühne. Erinnerte sich Augstein daran, als sich ihm schon bald die Chance bot, selber Herausgeber zu werden?

Obwohl von Chefredakteur oder Herausgeber noch nicht die Rede war, erkannte Augstein die Chance offensichtlich sofort, als sie sich ihm bot. John Chaloner, der umtriebige, ehrgeizige britische Presseoffizier, ein blonder Playboy-Typ, sah seine Aufgabe nicht nur darin, hübchen blonden »Frauleins« den Hof zu machen und in requirierten Sportwagen durch die britische Zone zu fahren, um Tageszeitungslizenzen zu verteilen. Er wollte mehr; er stammte aus einer Journalistenfamilie in London und träumte von einer Karriere in der Fleet Street nach der Entlassung aus dem Militärdienst. Die Lizenzzeitungen fand er alle langweilig. Weil er auf einer Steiner-Schule in London passabel Deutsch gelernt hatte, konnte er sie sogar lesen. Die Deutschen, fand er, sollten unabhängigen, kritischen, modernen Journalismus kennen lernen. Sie sollten ihn bei einem Wochenblatt lernen, das er auch zum eigenen Ruhme gründen wollte. Als Vorbild diente ihm das Londoner Wochenmagazin News Review, das sich wiederum an das amerikanische Time Magazin anlehnte. Sein Blatt in Hannover soll Diese Woche heißen, ein überregionales Blatt für die britische Zone sein und unter britischer Aufsicht von einer deutschen Redaktion gemacht werden. Die erste Nullnummer bastelt er mit Hilfe zweier deutscher Sekretärinnen selbst. Aus London bekommt er trotz Papierknappheit sogar eine vorläufige Zusage für die Realisierung seines Plans. Als britische Kontrolloffiziere gewinnt er zwei jüdische Emigranten, die in der Army Dienst tun: den Sergeanten Harry Bohrer, der aus Prag stammt, und den Sergeanten Henry Ormond, der vor den Nazis noch rechtzeitig aus Mannheim hatte fliehen können. Bohrer übernimmt das redaktionelle Management, obwohl er nie Journalist war, sondern vor seiner Flucht Manager einer Glasfabrik, und Ormond das geschäftliche, das auch für ihn, der in Mannheim Richter war, etwas Neues ist.

Das Trio sucht sechs deutsche Redakteure. Einer der ersten, der von Harry Bohrer gefragt wird, ist Rudolf Augstein. Das Gespräch fand im Hannoverschen Nachrichtenblatt statt. Uta von Kardorff, die dabeisaß, erinnert sich: »Zu meinem Erstaunen sagte Augstein sofort und fast bedenkenlos zu, vielleicht, weil er sich seiner glänzenden Karriere ohnehin sicher war und ein solches Magazin als zweite Bühne betrachtete.« Augstein war den drei Presseoffizieren schon durch seine Artikel im Nachrichtenblatt aufgefallen. Jahrzehnte später, nach Augsteins Tod, sagte Chaloner in einem Gespräch in seiner Londoner Wohnung: »Augstein schrieb in meinem Sinne. Er hatte ein natürliches Talent, sich selbst in seinem Stil auszudrücken.« Vorbild war für Chaloner der englische und amerikanische Zeitungsstil: »knapper, frischer, schneller, lebhafter, spannender, nicht so seriös und langweilig«. Augstein habe das sofort verstanden.

Die zweite Nullnummer für Diese Woche wird bereits von Augstein gemacht. Nach vierwöchiger Probezeit ist die zur Veröffentlichung bestimmte Ausgabe fertig, aber noch fehlt das Okay aus London. Es müssten noch einige Fragen geklärt werden, finden Chaloners Vorgesetzte. Der ungeduldige Major lässt dennoch die Rotationsmaschinen anlaufen. Am 16. November 1946 erscheint mit einer Auflage von 15 000 Exemplaren die erste Ausgabe von Diese Woche, herausgegeben von der britischen Production Unit Hannover, Preis: eine Reichsmark.

Das Blatt ist im Handumdrehen ausverkauft und wird wenige Tage später schon auf dem schwarzen Markt gehandelt. Auch »frech« hatte sich Chaloner sein deutsches Magazin gewünscht. An Frechheit fehlte es in den ersten Nummern nicht. Augstein befand sich damals – wie wahrscheinlich die meisten

Deutschen – in einer aufsässigen Stimmung gegenüber den Alliierten, wenn man nach dem ironischen Vorwort urteilt, das er rund dreißig Jahre später dem Faksimiledruck des ersten Spiegel-Jahrganges von 1947 voranstellt: »Der Krieg war zu Ende. Entscheidende Zentren der Rüstungsindustrie, wie die Lübecker Marienkirche, der Dresdener Zwinger und die Freiburger Altstadt, waren von den Alliierten ausgeschaltet worden. Der Kölner Dom, er ausgerechnet, stand noch. Was tun? Die Briten gaben im ehemaligen Königreich Hannover die Initialzündung. Jeder freute sich, daß es eine britische Zone gab, nur weil die britische keine russische Zone war.« Die Initialzündung war Diese Woche, der Versuch »dreier britischer Soldaten in Hannover, die besiegten Deutschen für die menschliche Kultur zurückzugewinnen.« Dazu gehörte für Augstein auch »Selbstironie« oder was er dafür hielt. Aber ausgerechnet daran ließen es die Briten fehlen, als sie die ersten Ausgaben von Diese Woche lasen. In der ersten Nummer geht es um das Thema Nummer 1 im besiegten Deutschland, um das Fressen und die Moral.

Und da hat die Regierung in London keine guten Noten verdient. Zur Freude seiner hungernden Leser schreibt Augstein: »Die Schamlosigkeit der Londoner Regierung wird immer größer. Puter und anderes Geflügel, Extrafleisch, Süßigkeiten und Zucker kündigt Mr. Strachey, der britische Ernährungsminister, für Weinachten an. Haben diese christlichen Staatsmänner nicht die geringste Vorstellung von dem, was augenblicklich in Deutschland vorgeht? Augenscheinlich nicht, sonst würden sie nicht solche idiotischen Erklärungen abgeben.« Die Sieger leben also in Saus und Braus; die besiegten Deutschen nagen am Hungertuche. Im selben Artikel steht: »Im Ruhrgebiet haben die Bäcker kein Brot, sie backen nur einmal in der Woche. Wer Brot kaufen will, rennt von Laden zu Laden, bis er sich schließlich, nachdem ihn das Wort ›Ausverkauft‹ zwanzigmal abgeschreckt hat, in eine Schlange einreiht, deren Länge kaum eine Hoffnung läßt. Im Ruhrgebiet gibt es auch keine Kartoffeln.«

Die örtliche britische Militärkommandantur zitiert ihren unbotmäßigen Angestellten verärgert zum Rapport. Aber Augstein kann sich auf die »Reeducation« berufen. Er hat doch nur von der neuen Meinungsfreiheit Gebrauch gemacht, in diesem Fall sogar nur von der Freiheit, einen Engländer zu zitieren, den jüdischen Verleger und Labour-Abgeordneten Victor Gollancz, dessen Kritik an der britischen Regierung er übernommen hat. Sie stand in einem Leserbrief an den News Chronicle, der Augstein wie andere britische Blätter von Bohrer zum Auswerten auf den Tisch gelegt worden war, denn einen eigenen Korrespondenten in London hatte Diese Woche nicht. Außerdem fühlte er sich von Chaloner und Bohrer ermutigt, die der Meinung waren, dass man den Deutschen keine Vorschriften machen dürfe, wenn sie den Gebrauch der Presse- und Meinungsfreiheit lernen sollten. So löckt er munter weiter wider den Stachel, durch neue kritische Zitate von Gollancz, mit Stories über die Deportation deutscher Fachleute durch die Sowjets, der die Amerikaner und Briten in der Alliierten Kontrollkommission nicht widersprochen haben, machen sie doch gelegentlich Ähnliches, durch Kritik an den Franzosen, die Zehntausende deutscher Gefangener unter unmenschlichen Bedingungen zur Arbeit im französischen Kohlebergbau zwingen. Sowjets und Franzosen protestieren im Berliner Kontrollrat. Sie verstehen nicht, wie die Briten derartige Artikel zulassen können. Die bedrängten britischen Vertreter im Kontrollrat schalten das Foreign Office in London und die Public Relations and Information Services Control (PRISC) in der britischen Zone ein. Sie soll die Zensur verschärfen. Was umgehend geschieht. Major Chaloner wird eine Rüge wegen des Überschreitens seiner Befugnisse erteilt, weil er die endgültige Lizenz aus London für die Veröffentlichung der Woche nicht abgewartet hat, und die Verantwortung für das Blatt entzogen. Sein Nachfolger Major Nick Huijsman bei der britischen Kontrollratsvertretung in Berlin soll darauf achten, »daß die Zeitschrift auf die vorsichtigste Weise berichtet, selbst wenn das auf Kosten der Brillanz und Pikanterie geht«, und sich jede Zeile vor der Veröffentlichung per Fernschreiben nach Berlin durchtickern lassen.

Damit wird die Herstellung des Blattes um viele Tage verzögert. Die liberalen Briten sind außerdem schlechte Zensurbeamte. So erscheint vor Weihnachten ein Artikel, der den Briten wegen der Demontage der Kammfabrik »Kolibri« (»wahrlich kein Rüstungsbetrieb«) vorwirft, sich deutsche Konkurrenz vom Halse halten zu wollen; und ein weiterer, der ihnen »Patentdiebstahl« vorhält. Zwar werden die Kamm-Maschinen später nach Deutschland zurückgebracht, aber das Foreign Office ist den ständigen Ärger leid. Das Blatt soll innerhalb von 24 Stunden eingestellt werden. Chaloner und Bohrer haben aber noch immer nicht aufgegeben. Ein missliebiges Blatt durch Verbot abzuwürgen, sei kein gutes Beispiel für die Umerziehung zur Demokratie, geben sie zu bedenken. »Wir werden unser Gesicht verlieren, wenn wir es zumachen«, argumentiert Chaloner, es sei vielmehr notwendig, der deutschen Redaktion so viel Freiheit wie möglich zu geben. Britischer *common sense* siegt in London und Berlin. Statt der Einstellung befehlen die Vorgesetzten nun den »Übergang des Blattes der Militärregierung in deutsche Hände«, ebenfalls in 24 Stunden.

Im Gegensatz zu seinem Brigadier, der ihn »gefeuert« hat, nun vielleicht auch aus Trotz, findet Chaloner nichts dabei, dass Augstein »immer rebellisch« auftritt und die erste Zeitschrift macht, die sich »kritisch gegenüber den Besatzungsmächten« verhält. Es stört ihn auch nicht, dass sein Schützling offensichtlich »stolz ist, ein Deutscher zu sein«, und sich »national« gebärdet. Schließlich ist er kein Nazi. Völlig hat er seine Reserve gegenüber Augstein aber nicht aufgegeben. Er hält ihn einerseits

Augstein 1947

für »kalt und einsam«, andererseits aber für einen »ernsthaften, entschlossenen, die anderen überragenden jungen Mann, für einen geborenen Chefredakteur«. Hätte er die Lizenz für Diese Woche noch an einen Deutschen vergeben können, hätte er sie Augstein ausgehändigt. Nun muss innerhalb von 24 Stunden eine Nachfolgezeitschrift mit neuem Namen ins Leben gerufen werden, und da gibt es bei den Engländern keine Zweifel, dass der deutsche Lizenzträger Rudolf Augstein heißt. Auch für Augstein ist das selbstverständlich. Pro forma müssen ihm nach den Vorschriften der Militärregierung noch zwei Mitlizenzträger beigegeben werden, die aber in dem Bildredakteur der Woche, Roman Stempka, und dem Verlagskaufmann Gerhard Barsch schnell gefunden sind. Beim neuen Namen schwankt Augstein noch einen Moment zwischen Das Echo und Der Spiegel, folgt dann aber dem Rat seines Vaters, der den zweiten Titelvorschlag besser findet.

Die Lizenzübergabe im Hannoverschen »Stirling House«, dem Sitz der britischen Militärregierung, verzögert sich für kurze Zeit. Augstein hat das Dokument im Büro des zuständi-

Das Titelblatt der ersten Spiegel-Nummer vom 4. Januar 1947: Washington und London erklären, dass sie Österreich als befreites Land und nicht als ehemaligen Feindstaat betrachten.

gen Obersten in Empfang genommen, ohne es richtig zu lesen, was bei seinen mangelhaften Englisch-Kenntnissen so schnell auch nicht gegangen wäre. Im Vorzimmer wartet Harry Bohrer, der den Text sofort überfliegt und an dem Passus Anstoß nimmt, nach dem auch die neue Zeitschrift der Zensur unterliegt. Er rät Augstein, zum Colonel zurückzugehen und die Stelle streichen zu lassen – notfalls auch mit Händen und Füßen zu reden, wenn er seinen Wunsch anders mit seinem schlechten Englisch nicht deutlich machen könne. Nach der Legende drückte Augstein dem überraschten Oberst einen Füllfederhalter in die Finger und führte ihm beim Streichen der Zensur-Passage die Hand. Viel bedeutet das aber nicht, denn noch können die Militärbehörden missliebigen Lizenzblättern die Papierlieferungen kürzen oder sperren und sie zeitweise oder ganz verbieten.

Augstein, Stempka und Barsch mussten für die Lizenz je 10 000 Reichsmark zahlen. Augstein hatte das Geld nicht, konnte es sich aber von seinem Vater leihen. So steht es noch immer in den Geschichten über die Spiegel-Geschichte. Die finanziellen Hintergründe des Anfangs sind aber immer noch weitgehend unaufgeklärt. Jahre später gab es einen Streit darüber zwischen Augstein und den drei englischen Geburtshelfern Chaloner, Bohrer und Ormond. Aber auch der schuf nur neue Unklarheiten. Außer dem Menschlichen, das zu jeder Heldengeschichte gehört, ist nicht mehr sehr viel interessant daran. Denn mit der Gründung des Spiegels beginnt die Augstein-Saga. Der Spiegel ist Augsteins Werk, und Augstein ist der Spiegel. Alle anderen treten zurück – nicht nur Chaloner, sondern auch weitaus größere Figuren wie Hans Detlev Becker, jahrzehntelang engster Wegbegleiter Augsteins und über viele Jahre der eigentliche Blattmacher. Nur noch mit schwacher Stimme versucht Chaloner, der Augstein überlebt hat und der seine alten Tage in bescheidenen Verhältnissen in London zubringt, an seine Verdienste zu erinnern. Er ist stolz darauf, dass das Spiegel-Konzept schon in seinem Dummy für Diese Woche enthalten war, auch das graphische, von dem roten Querbalken auf der oberen Hälfte der Titelseite angefangen bis zum dreispaltigen Umbruch und der Blatteinteilung.

Die Engländer müssen sich nun zurückziehen. Chaloner wird nach seiner Ablösung als britischer Pressechef in Hannover Anfang 1947 als Public-Relations-Berater Feldmarschall Montgomerys in das britische Hauptquartier nach Bad Oeynhausen versetzt, Bohrer und Ormond bleiben noch kurze Zeit beratend tätig, kehren aber nach der Entlassung aus der Army ins Privatleben zurück. Bohrer wird Journalist in London, Ormond siedelt sich wieder als Anwalt in Frankfurt an. Chaloner beobachtet aus der Ferne etwas wehmütig, wie der Spiegel die Erfolgsserie der Woche fortsetzt. Es überrascht ihn nicht, dass Augstein der starke Mann in der kleinen, nur vier Redakteure zählenden Redaktion ist. Noch gibt es keinen Chefredakteur. Die Sonderposition Augsteins lässt sich nur am Fuße des Impressums erkennen. Dort steht: Herausgegeben von Rudolf Augstein (mit vorläufiger PR/ISC-Genehmigung 600/PR vom 1. Januar 1947). Als

Chefredakteur erscheint er dann aber schon im September 1947. Der Lizenzvermerk ist gestrichen. Er ist nicht mehr notwendig und auch nicht mehr erwünscht. Der Spiegel ist unabhängig und will, wie Chaloner das heute formuliert, als »erster Repräsentant eines unabhängigen Deutschland« gesehen werden, der den »german point of view« auch gegen Briten, Amerikaner und Franzosen vertritt. Alle, die geglaubt hatten, der schmächtige, eher wie ein Abiturient aussehende junge Mann werde nicht in der Lage sein, selbstständig ein Magazin zu führen, sahen sich schnell getäuscht. Augstein war, wie Chaloner sich erinnert, schon damals »pretty bossy« und duldete keinen Widerspruch gegen seine Meinung.

Und der junge Zeitschriftenmacher ist von einem stupenden Fleiß. Zwar sind die Nummern der ersten Jahrgänge dünn – 1947 nicht mehr als 25 Seiten pro Ausgabe –, aber es gibt kaum ordentlich geschriebene Texte. Das Material für die in der Regel kurzen Geschichten wird aus verschiedenen Quellen, Mitarbeiter-Berichten, Zeitungen und Agenturen übernommen und umgeschrieben. Es gibt kaum einen Text, den er nicht gesehen und redigiert hat. In manchen Ausgaben stammt ein Drittel der Texte von Augstein selber. Daneben muss er sich auf die Aufführung seines Theaterstückes vorbereiten, an dessen Text er immer wieder Änderungen vornimmt.

Noch sitzen alle Redaktionen Hannovers unter einem Dach im Anzeiger-Hochhaus in der Goseriede zusammen. Der Kontakt ist eng. Rasche und Schulz-Rehden haben ihr Talent nicht aus den Augen verloren. Schulz-Rehden, inzwischen Intendant der Landesbühne, will das Stück herausbringen und beginnt im Sommer 1947 mit den Proben. Die Premiere ist für Anfang November angesetzt. Augstein erwartet offensichtlich einen Erfolg. Da das Stück nicht gedruckt vorliegt, verteilt er Kopien des Textes an Freunde und Kollegen. Für den Premierenabend ist ein Fotograf bestellt. Am Vorabend befallen ihn offensichtlich Vorahnungen. Auf der Rückseite des Programmzettels schildert er die Qualen und Ängste eines jungen Autors und schließt: »Und nun der letzte Akt des Dramas, das immer noch zur Tragödie ausarten kann: die Premiere. Inmitten von geladenen und ungeladenen Gästen, Unverständigen und nur allzu Verständigen sitzt man in der ersten Reihe. Man lächelt betont ungezwungen. Man mustert das Publikum. Man gehört nicht zum Publikum. Klingelzeichen. Mit hämmernden Schläfen rekapituliert das arme Hirn immer dieselben Fragen. Wird die »Idee« sich verständlich machen, dass Spieler und Gespielte die Vergangenheit als unsere Zeit, als unser Schicksal begreifen? Im Voraus schmerzt jede Leere, die zwischen der Bühne und dem Ungeheuer Publikum entstehen könnte. Es wird dunkel. Man wird ein neues Stück schreiben müssen.«

Augstein schreibt kein neues Stück mehr. Der Reinfall ist so furchtbar, dass er alle seine Befürchtungen übertrifft. Der erhoffte Funke ist nicht vom Stück auf das Publikum übergesprungen. Die »Idee« war wohl verständlich, ihre dramatische Darstellung aber schlicht langweilig. Vorsichtshalber hat der Autor sein Werk ein »szenisches Gleichnis« genannt. Die spärliche Handlung – im dritten Akt, dem längsten des Stückes, passiert gar nichts mehr – spielt zur Zeit der Renaissance in einer italienischen Stadt. Die Pest steht vor der Tür, aber bevor sie die Mauern der Stadt überspringt, sind ihre Bewohner schon zerstört. Die Pest ist in uns, will der Autor sagen, der Mensch ist sündig, die Welt ist schlecht, jeder denkt nur an sich, keiner glaubt mehr an einen gütigen, gnädigen Gott, am wenigsten Kardinal Francesco, eine der Hauptfiguren des Stückes, der auch teilnahmslos zusieht, wie die abergläubische, elende Masse die Juden als Schuldige an dem Unglück umzubringen beginnt. Die schlimmste Antisemitin ist die Geliebte des Kardinals. Als sie auf dem Höhepunkt des Stückes von ihrem Vater erfährt, er habe bisher zu ihrem Schutz verschwiegen, dass sie selber Jüdin sei, lässt sie den armen alten Mann sowie die anderen einfach stehen und geht ab, um die Bühne nicht wieder zu betreten. Man hätte gerne gewusst, was aus ihr wird, aber der Dramatiker Augstein interessiert sich nicht mehr für sie. Ihm ist anderes wichtiger: Der Untergang muss kommen, »die Zeit ist nahe«. Wie zeitnahe sie ist, lässt sich nicht übersehen, wenn die Monologe und Dialoge nur nicht in einem so gestelzten, papierenen Deutsch daherkämen. So geht auch ein Leitmotiv im Denken Rudolf Augsteins unter, das später sein publizistisches Wirken beherrschte: der Kampf gegen die Mächtigen und den Mißbrauch der Macht.

Das Publikum lässt sich nur nach einer qualvollen Pause zu einem Höflichkeitsbeifall herab. Schulz-Rehden verzichtet auf weitere Aufführungen. Einige Kritiken sind verhalten. »Von einem jungen Autor darf ein Meisterwerk füglich nicht erwartet werden«, schreibt der Kritiker der in Hamburg erscheinenden Wochenzeitung Die Zeit. Die Reaktion in Hannover ist dagegen vernichtend. Es sind Augsteins Förderer, Freunde und Kollegen, die über ihn herfallen. Am unnachsichtigsten sein väterlicher Freund Friedrich Rasche. Er sei dem Autor »wohlgesonnen«, schreibt er im Hannoverschen Nachrichtenblatt, aber nun »sehr, sehr enttäuscht«. Das Stück sei eben doch nur »eine Talentprobe, wie sie mancher junge Mensch ablegt, um sich selbst zu beweisen ... Die Rezepte sind ja bekannt, und wenn man sich der älteren, wohl erprobten bedient, kann es nicht ganz schiefgehen. Doch – es kann – dann nämlich, wenn das Stück keine Handlung entwickelt ... Nein, diese Uraufführung durfte nicht sein. Wir wollen sie so schnell wie möglich vergessen.« Man habe ein Stück erwartet, schreibt er in einer Kritik für den Berliner Telegraf, »aus dem uns der Feuersturm und der Schreckensatem unserer Gegenwart und der jüngsten Vergangenheit ins Gesicht schlagen«. Auch der Sprache bleibe »die anrufende Kraft des Dichterischen versagt«. Augsteins Versuch ist kein Aufschrei wie Wolfgang Borcherts Stück »Draußen vor der Tür«, das zwei Wochen später in Hamburg uraufgeführt wird, einen Tag nach dem Tod seines mit 26 Jahren früh verstorbenen Autors. Borcherts Stück ist die eigentliche literarische Sensation der Nachkriegsjahre.

Der Verriss im Spiegel war sehr viel eleganter. Sein Verfasser, der Feuilletonchef Hans J. Toll, war ein Meister der Ironie, die Augstein sonst so liebte. Alles Vergängliche, schrieb Toll frei nach Goethe, ist nur ein Gleichnis: »Und das szenische Gleichnis macht einen sehr vergänglichen Eindruck …, es dauerte fast drei Stunden, dem Publikum kam es länger vor.« Augstein ließ den Abdruck im eigenen Blatt zu, wohl um seine Souveränität und Toleranz zu zeigen, aber er war tief getroffen. »Das ist eine Gemeinheit«, sagte er zu Reinhart Hoffmeister, dem ersten Berlin-Korrespondenten des Spiegel, der ihm damals nahe stand. Unverzüglich begann er die an Freunde und Kollegen verteilten Manuskripte wieder einzusammeln. Heute existieren nur noch ganz wenige Exemplare. Eines davon wird im Spiegel-Archiv unter Verschluss gehalten, wohl weil es Augstein so verfügt hat, eines besitzt noch Reinhart Hoffmeister, der es damals an Augstein nicht zurückgab. Über dreißig Jahre später, 1978, wollte Hoffmeister, der sich längst vom Spiegel getrennt hatte, eine längere Szene aus »Die Zeit ist nahe« in einer Sendung des ZDF über die Nachkriegsliteratur zeigen und mit Augstein darüber diskutieren. Kommt gar nicht in Frage, antwortete Augstein, er wolle sich zu seiner »Jugendtorheit« nicht bekennen. Von Klaus Harpprecht, ebenfalls Jahrzehnte später, nach Stoff und Stück befragt, flüchtete er sich in Selbstironie: »Ich hatte die Heraufkunft einer Pest zum Vorwand genommen – ich erinnere mich, daß ich von Albert Camus in diesem Punkt geschlagen worden bin, denn er hatte dasselbe Thema, nur hat er es wohl besser gemacht als ich.«

Die Existenzialisten haben Augstein beeinflusst. Von ihrem Glauben an die Sinnlosigkeit des menschlichen Daseins fühlt er sich angezogen, aber ihm fehlen die dichterischen Mittel, ihn in den Gefühlen seiner Gestalten auszudrücken. Ihre Zeitungsartikel-Sprache wirkt durch verunglückte Metaphern teilweise dilettantisch und sogar komisch. So, wenn er eine seiner Figuren sagen lässt: »Oh Schmach über die Großen und Mächtigen! Sie hätten die Erde in ein Paradies verwandeln können, und was ist aus ihr geworden? Ein einziger Herd der Kriege und des Blutvergießens, eine Stätte der Verwüstung und des Unrechts, auf der wie in einem verwaisten Lande die bleiche Königin Pest nur Einzug halten brauchte, sie, die alles gleichmachende Gottheit sinnloser Entseelung.«

Oder wenn der Pesthauptmann doziert: »Denn glaubt mir, das Gift liegt in uns, der Pesthauch braucht uns nur anzurühren, um jeden einzelnen zur Strecke zu bringen. Unser Körper ist die Fackel, für die ein Funke genügt, um sie in Flammen aufgehen zu lassen. Denkt nicht, weil das Verhängnis von Osten seinen Anfang nahm, es sei von Osten zu uns gekommen! Der Wind hat uns nur zugetragen, was längst schon unser Eigen war. Und glaubt nicht, das Übel sei eine Geißel des Herrn! Nein, in den Abgründen unseres eigenen Innern werden Kriege und Krankheiten geboren, aber auf Umwegen steigen sie ans Licht, so daß wir wähnen, sie entfielen der strafenden Hand Gottes. Darum steht über allem, was wir jetzt tun, das Zeichen der babylonischen Verwirrung, das unerbittliche Wort ›Umsonst‹!«

Ein Leben lang hat Augstein Anton Tschechow bewundert. Er hält ihn für einen der größten Theaterdichter und für einen, »der das moderne Theater beeinflußt hat wie kein zweiter«. Der Melancholie der russischen Seele scheint er sich verwandt zu fühlen, die Meisterschaft, mit der Tschechow Komödien über die Sinnlosigkeit des Lebens schreibt, begeistert ihn. 1987 schreibt er eine sechsseitige Spiegel-Geschichte über eine Tschechow-Biographie. Allein auf der Bühne Tschechows wisse oder ahne der Theatergänger, »mit welchen Menschen er es zu tun bekommt«. Hoffnungslosigkeit, Glück und Unglück, Leben und

Tod werde »an Personen aus Fleisch und Blut dargestellt, nicht in dem orgelnden Leitartikel-Russisch des Tschechow-Bewunderers Maxim Gorki«.

Als Augstein dies schreibt, hat er seine eigenen Gehversuche als Stückeschreiber längst vergessen und verdrängt. Doch unmittelbar nach dem Debakel war er dem seelischen Zusammenbruch nahe, wie Uta von Kardorff, immer noch im gleichen Hause tätig, beobachtet haben will: »Schrecklich war das allgemeine Hohngelächter ... Rudolf Augstein wirkte zunehmend verdüstert und unruhig ... Jedenfalls warf er sich von nun an mit seinem ganzen Elan, den keine literarischen Träume mehr bremsten, auf das Magazin.« Nach einer Auslandsreise fand sie Augstein »völlig verändert« vor: »Mir schien, er hatte Zuflucht in einem Käfig genommen, aus dem heraus er Misstrauen gegen sich selbst und die Mitmenschen entwickelte und in dem er wie ein Vogel mit gebrochenen Flügeln saß – wenngleich in steter Bewegung. Offenbar sah er den Käfig als Sicherung an.«

KAPITEL 3

Der erfolgreiche Blattmacher

»Niemand von uns glaubte an die Zukunft des Blattes«, schrieb Augstein später im Rückblick auf das erste Jahr. Es fehlte 1947 in Hannover an allem – an Wohnungen, an Nahrung, an Kleidung, an Kohlen, an Geld, an Autos und an Benzin:

- »Ein Volontär lief zu Fuß von Lübeck bis ins bayerische Marktredwitz für eine Reportage über die damals so genannte grüne Grenze.«
- »Ein ehemaliger Feldwebel fuhr auf einem Handkarren die gedruckten Exemplare zu den Händlern«.
- »Eine Mitarbeiterin der Briten durfte in jede unserer Wassersuppen einen Extralöffel fetthaltiger Brühe schütten.«

Augstein bekam in der von den Briten versorgten Kantine im Anzeiger-Hochhaus in der Goseriede auch gelegentlich eine Extraportion pork and beans. Er brauchte Mut und Kraft. In den ersten Jahren durchgehalten zu haben, war sicherlich seine größte Leistung. Es war die Zeit, in der er das Blatt stärker als jeder andere geprägt hat, in der er schärfer als andere das Erfolgsrezept erkannte. Der Erfolg des kurzlebigen Vorgängerblattes Diese Woche zeigte den Weg. Er sah nun im Spiegel das »Sturmgeschütz der Demokratie« und verlangte von der Redaktion den »Spürsinn eines Morddezernats«. Es gab keine Autoritäten mehr. Die Nazis waren es nicht mehr. Sie hatten Krieg, Niederlage, Hunger und Elend über die Deutschen gebracht. Die Besatzungsmächte und die mit ihnen nach oben gekommenen Politiker waren noch keine Autoritäten. Nach ihren bitteren Erfahrungen glaubten die Menschen keinen Versprechungen und reagierten hellhörig auf alles, was Zweifel an der Glaubwürdigkeit der neuen Mächtigen wecken konnte. Die Umwertung aller Werte hatte sie unsicher und misstrauisch gemacht. Diese Stimmung machte sich der Spiegel zunutze. Enthüllungsgeschichten über die Zeit vor und nach 1945 waren populärer Lesestoff. Zugleich verlangten die Leser nach Informationen aus der ihnen lange verschlossen gebliebenen Welt, aus Politik, Wirtschaft, Film und Kultur jenseits der eigenen Grenzen.

Augstein war der politische Kopf des Blattes, zugleich hatte er aber auch ein Gespür für das, was der Auflage und dem Geschäft diente. Das Magazin musste seine Form, seinen Rang und seine Position auf dem Markt finden. Das ging nicht ohne Auseinandersetzungen. Aber von Anfang an zeigte Augstein Härte und Durchsetzungskraft. Er gab den Stil des Spiegel vor, er klärte in internen Händeln, wer die Macht in der Redaktion und im Verlag hatte, er etablierte durch Enthüllungsgeschichten und politische Kampagnen den Ruf des Blattes. Wer die Macht im Spiegel hatte, entschied sich schon sehr früh. Augstein ließ keinen Zweifel daran, dass sie ihm zustand. Mit den beiden anderen Lizenzträgern Stempka und Barsch hatte er keinen Streit. Sie waren unbedeutend und hatten außer dem Wunsch, Geld zu verdienen, keinen Ehrgeiz. In der Redaktion gab es dagegen eine Widerstandsgruppe um den Feuilletonchef Hans J. Toll, bei Diese Woche, noch von den Briten bestellt, zweiter Mann nach Augstein, und um Werner Hühne, den ersten Chef vom Dienst. Mit ihnen gab es bald einen Streit über Konzept und Stil des Blattes, den »Häme-Streit«. Erst vierzig Jahre später beschreibt Leo Brawand, vom ersten Tage dabei und langjähriger Wirtschaftsressortchef, in seinem Buch »Die Spiegel-Story« die interne Auseinandersetzung um Spiegel-Stil und -Sprache. Danach benutzt Toll als erster den Ausdruck »Häme«.

Die erste Titelgeschichte über Konrad Adenauer: Noch schreibt Augstein freundlich über den Gartenfreund.

Toll ist einige Jahre älter als Augstein, er ist beliebt in der Redaktion und gilt als elegant, charmant und begabt. Ihm sind auch die Zustände in der Weimarer Republik noch bewusst. Ihn störe die Aggressivität und »Häme« mancher Deutschland-Artikel, argumentiert er. Er fühle sich an die erbitterte politische Polarisierung der Weimarer Zeit erinnert, zu der auch die Publizistik beigetragen habe. Toll räumte zwar ein, dass das Magazin Missstände aufdecken müsse, es sei auch »ein alter Hut, daß den Menschen das Negative mehr interessiere als das Positive«, es gehe ihm aber zu weit, dies fast zum Redaktionsprogramm zu erheben. Auch Hühne wünschte sich »weniger politischen Hickhack«. Das Konzept der beiden wird von Augstein und dessen frisch angeheuerten Stabschef Hans Detlev Becker als Boulevard-Stil abgekanzelt. Der Spiegel sei nicht für offizielle Verlautbarungen da, sondern müsse die »Kehrseite der Medaille« aufzeigen, wie Augstein sagt. Seine junge Garde ehemaliger Frontsoldaten stimmt ihm zu. Hans Dieter Jaene, der damals zum engsten Kreis gehörte, findet den Ausdruck »Häme« noch heute unpassend. Er erinnert sich eher an einen rauhen »Landserjargon«.

Als Folge des »Häme«-Streits wird schon 1949 von einem Redaktionsausschuss das Spiegel-Statut erarbeitet. Einer der Kernsätze lautet: »Der Spiegel hält nichts von blinder Ehrfurcht«. Genau wird defniert, wie ein guter Spiegel-Artikel gearbeitet sein muss: »Die Form, in der der Spiegel seinen Nachrichten-(Neuigkeits-)Gehalt interessant an den Leser heranträgt, ist die Story. Damit ist gemeint, daß der Bericht über ein aktuelles Geschehen in Aktion (Handlung) umgesetzt werden sollte.« Genau wird aufgezählt, was zu den Kriterien einer guten Story gehört: dass alle Nachrichten, Informationen und Tatsachen unbedingt zutreffen müssen, dass sie einen hohen menschlichen Bezug haben, Hintergründe aufzeigen, die nicht in der Tagespresse stehen, nicht kommentierend dargeboten werden, den Leser fesseln und unterhalten und möglichst in einem einheitlichen Stil geschrieben sind.

In das Statut sind auch Forderungen und Vorstellungen von Toll eingeflossen, Ob der »Häme«-Streit der wirkliche Grund für die Trennung von ihm war, lässt sich nicht mehr klären. Reinhart Hoffmeister ist überzeugt, dass Augstein Toll den Verriss seines Stückes niemals verziehen und »ihn deshalb gefeuert« habe. Wahrscheinlich hat Augstein sich aber auch über Tolls Kritik an der »Häme« geärgert, denn die musste er als direkt gegen sich gerichtet empfinden. Kurz hintereinander gehen 1950 jene vier, die Augstein nicht ins Konzept passen. Außer Toll und Hühne, die ein anderes Blattkonzept wollen, auch Stempka und Barsch, die Augsteins neuen geschäftlichen Plänen im Wege stehen. Die beiden Lizenzträger werden mit 150 000 und 100 000 D-Mark abgefunden, eine stattliche Verzinsung für die 10 000 Reichsmark, die sie 1947 für die Lizenz gezahlt hatten, aber wenig im Vergleich zum Wert des Unternehmens vier Jahre später.

Augsteins Absicht, den Hamburger Großverleger John Jahr als Teilhaber in den Verlag aufzunehmen, um dem finanziell immer noch auf wackligen Füßen stehenden Magazin eine sichere Grundlage zu geben, führte auch zu einem Streit mit den drei

Engländern, die als Taufpaten des Blattes nun Ansprüche anmelden.

Auch diese Auseinandersetzung mit Chaloner, Bohrer und Ormond ist nie restlos aufgeklärt worden. Sie ist von Augstein auf eine Weise beigelegt worden, die bei den dreien ungute Gefühle hinterließ. Sie glauben sich an ein »Gentlemen's Agreement« mit Augstein aus den Gründertagen zu erinnern. Danach sei jedem von ihnen für seine Hilfe beim Entstehen der Zeitschrift zu einem späteren Zeitpunkt ein Anteil von zehn Prozent am Kapital der Spiegel GmbH in Aussicht gestellt worden. Ormond fand, dass dieser Zeitpunkt nun gekommen sei. Die Auflage des Blattes lag bei 100 000 Exemplaren wöchentlich, und das Interesse von John Jahr am Spiegel drohte zu einer endgültigen Verteilung der Anteile an dem Unternehmen zu führen. Ormond meldet die Ansprüche bei Augstein an. Darüber werden zwischen dem Sommer und dem Jahresende 1950 viele Gespräche geführt und Briefe ausgetauscht.

Über eines dieser Gespräche notiert Ormond verbittert: »Unerfreuliche Verhandlung, die mehr als zwei Stunden gedauert hat. Unerfreuliche Atmosphäre, unnötige Schärfe. Menschlich enttäuschende Härte von Augstein und in seinem Schlepptau Stempka. Rechtspflicht verneint, moralische Pflicht halb bejaht, halb verneint.« Augstein blieb hart, wie immer in seinem Leben, wenn es um Geld und Macht ging. Er kann sich an eine »lose Absprache« erinnern, aber nicht an ein »Gentlemen's Agreement«. Er erkennt zwar an, dass die drei »in ihrer amtlichen Eigenschaft als Soldaten der britischen Besatzungsmacht uns geholfen haben, eine Existenz zu gründen«, sieht sich aber zu nichts verpflichtet. Er zieht die Gespräche in die Länge. Seine »Verschleppungstaktik« (Harry Bohrer) ist schließlich erfolgreich. Sein letztes Angebot sieht eher wie ein Almosen aus. Ormond verzichtet, Chaloner und Bohrer nehmen, enttäuscht und resigniert, an. In der Abfindungsregelung für Chaloner und Bohrer heißt es reichlich ungenau, dass es sich »um die voll gewertete Rückgabe einer Summe (ein Betrag wird nicht genannt) handelt, die zu einem besonderen Zweck vor der Währungsreform gegeben worden war«, einschließlich eines Honorars für die »beiden Herren für ihre Verdienste um den Spiegel«.

Der Übergang von dem Vorläufer Diese Woche zum Spiegel ist aus den Akten der britischen Militärregierung nicht mehr zu rekonstruieren. Nur wenige dieser Akten sind erhalten geblieben. Zu vieles muss ungeklärt oder Vermutungen überlassen bleiben, weil auch das Spiegel-Archiv nichts hergibt (verschlossen bleibt) oder Beteiligte nichts oder nur wenig sagen können oder wollen – wegen verblasster Erinnerungen an das Chaos der Nachkriegszeit oder taktischer Erwägungen. Augsteins geheimnisvolle Abfindungsregelung nährt nur die Vermutungen. Welche Summe ist da zurückgegeben worden? Um welche Finanztransaktionen ging es damals? Der Spiegel war der Nachfolger der Woche, die bereits nach sechs Wochen in deutsche Hände übergeben worden war. Das britische Blatt hatte von der Militärverwaltung ein Startkapital von 70 000 Reichsmark zur Verfügung gestellt bekommen. Was war von diesem Geld beim vorschnellen Ende der Woche noch übrig? Konnten die neuen Lizenzträger darüber verfügen, oder mussten sie es zurückzahlen? Und an wen?

Noch Ende 1987 reagiert Augstein in einem Brief an seinen alten Weggefährten Leo Brawand wütend auf Chaloners Andeutungen, die drei Lizenzträger hätten damals Schwierigkeiten gehabt, das Geld aufzubringen:

> »Es leuchtet wohl ein, daß die Frage, ob wir für eine britische Lizenz Kapital aufbringen konnten, am 29. November 1946 gar nicht aufgetaucht sein kann. Niemand von uns dachte daran, daß das Blatt demnächst eine deutsche Zeit-

schrift sein würde. Uns hatte man gesagt, aus undurchsichtigen Quellen seien RM 70 000,– zur Gründung herangezogen worden. Als ich vier Wochen später die vorläufige Lizenz erhielt, war wiederum keine Rede davon, ob ich eine Ablösesumme hätte aufbringen können. Naturgemäß hätte ich das gekonnt, denn meine Eltern waren nicht unvermögend und nicht ausgebombt. Drei Leicas hätten genügt, die gesamte Summe an die undurchsichtige Quelle zurückzuzahlen.«

Eines weiß Augstein in seinem Brief an Brawand noch genau: »Das Blatt verdiente naturgemäß vom ersten Tag an, weil jedes einzelne Exemplar uns ja aus den Händen gerissen wurde.«

Augstein profitierte von der Gnade der Stunde null. Die Lizenz für eine Zeitung oder Zeitschrift war damals gleichbedeutend mit einer Befugnis zum Gelddrucken. Augstein verdankte seinen Reichtum wie viele Lizenzverleger in Westdeutschland zunächst einmal den Besatzungsmächten. Die meisten von ihnen oder ihre Erben erfreuen sich dieses Reichtums noch heute, es sei denn, sie haben ihn durch eigene Dummheit verloren. Dumm fühlten sich später nur die Glücksbringer in Uniform wie Chaloner, der von seinen Freunden »entweder für unehrlich oder für ziemlich blöd« gehalten wurde, wenn er zugab, sich keinen Anteil am Spiegel gesichert zu haben. Es spricht für seinen britischen Hang zur Fairness, wenn er Augstein trotz allem auch heute noch für den größten deutschen Journalisten der Nachkriegszeit hält. Persönlich bleibt er aber auf Distanz zu seinem einstigen Schützling. Augstein habe immer Probleme gehabt, mit der Realität zurechtzukommen. Je reicher er geworden sei, desto mehr habe er sich allen anderen überlegen gefühlt und entsprechend abweisend verhalten. Chaloner erkennt dahinter und hinter seinem Alkoholkonsum aber nur die Unsicherheit, unter der Augstein ein Leben lang gelitten habe. Er sei im Innern immer von seiner Überlegenheit überzeugt gewesen und habe Anerkennung und Bestätigung dafür gesucht. Enttäuscht ist Chaloner, als er 1987 zur 40-Jahr-Feier des Spiegel eingeladen wird, aber nicht ans Rednerpult darf. Für den Spiegel redet Augstein, er ist schon lange Mr. Spiegel.

Von Augsteins Überlegenheit ist schon bald auch ein anderer britischer Presseoffizier überzeugt, Michael Thomas. Er stammte aus einer angesehenen jüdischen Familie in Berlin, sein Vater war Direktor der von Max Reinhardt geleiteten Bühnen und Theaterkritiker und war schon früh vor den Nazis nach England geflohen. Nun kam der Sohn als Oberstleutnant der Army nach Deutschland zurück. Er sollte im September 1947 die Lizenzpresse der britischen Zone überprüfen, die London Sorgen bereitete, vor allem wegen des mangelnden Verständnisses für die britische Besatzungspolitik. Kritik an der Lebensmittel- und Kohleversorgung sowie an der Demontage von Industrieanlagen gab es nicht nur im Spiegel. Die Chefredakteure wollten nicht, wie sie zu ihrer Rechtfertigung den britischen Presseoffizieren sagten, bei der »überwältigenden Mehrheit ihrer Landsleute als Kollaborateure gelten«. Am unangenehmsten war der Spiegel aufgefallen. In einem Bericht der Besatzungsbehörden aus dem Sommer 1947 heißt es über das Magazin: »Ein ärmlicher Abklatsch von ›Time‹, der allmählich in den Sog der SED abrutscht.«

Über seinen ersten Eindruck von Augstein schrieb Thomas Jahrzehnte später in seinem Buch »England, Deutschland«:

> »Der schmächtige, bleiche Jüngling mit dem Silberblick saß hinter einem riesigen Schreibtisch, der mit Papieren und Photos beladen war. Neben ihm standen seine beiden Partner Stempka und Barsch und um ihn herum ein Haufen junger Mitarbeiter im sogenannten Heimkehrer-Look; darunter waren Detlev Becker und Leo Brawand. Augstein war

> trotz seiner Anfang Zwanzig zweifelsohne die dominierende Figur, und es war sogleich erkennbar, daß er das Sagen hatte. Selbst seine Mitlizenzträger behandelten den viel Jüngeren deutlich als Vorgesetzten; Augstein führte im wesentlichen das Wort.«

Schon bei der ersten Begegnung entstand zwischen Augstein und dem acht Jahre älteren Thomas eine »Atmosphäre des Vertrauens und der Sympathie«, des »gegenseitigen Respektes und der Zuneigung«, aus der sich bald eine lebenslange Freundschaft entwickelte, eine der wenigen, die es in Augsteins Leben gab, obwohl auch sie später unter politischen Meinungsverschiedenheiten litt. Ohne Augstein beim Namen zu nennen, schrieb Thomas damals in seinem Bericht an die britische Kontrollkommission: »Ein Chefredakteur in seinen Zwanzigern schien mir typisch zu sein für die deutsche Jugend von heute ... intelligent, aber wirr, ein Idealist, der die Suche nach einem Ideal aufgegeben hat und der – wenn auch nur vorübergehend – zynisch und desillusioniert geworden ist.« Mit seinem Versuch, Augstein davon zu überzeugen, die Politik seines Blattes »generell etwas konstruktiver« zu gestalten, war Thomas zunächst nicht weit gekommen. Augstein hielt ihm entgegen, die Deutschen seien es leid, erzogen zu werden. Man könne nicht von oben herab mit ihnen reden, man müsse ihnen mindestens auf halbem Wege entgegenkommen. Er habe sich vorgenommen, »vor keiner Autorität, nicht einmal vor einer befreundeten, zu kuschen«. Offensichtlich begann Augstein aber nachzudenken. Thomas fand, dass einige freundlichere Artikel über Briten und Amerikaner erschienen seien; das Blatt habe in letzter Zeit eine »konstruktivere Linie« eingeschlagen, berichtet er Ende 1947 seinen Vorgesetzten. Ob das nur mit dem Antrag zusammenhänge, mehr Papier für eine höhere Auflage zugeteilt zu bekommen, ließ er vorsichtshalber offen. Der Antrag wurde aber genehmigt. Der

Spiegel durfte 50 000 statt der bisher 20 000 Exemplare wöchentlich drucken.

Das erste Jahr war erfolgreich. Die Auflage hatte sich beinahe verdreifacht, die Aufmüpfigkeit gegenüber den Besatzungsmächten ausgezahlt. Noch immer standen bei den Lesern Existenzfragen im Vordergrund, die vom Spiegel aufgegriffen wurden – der Mangel an Nahrungsmitteln, die Sorge um die Kriegsgefangenen, die Angst um die Zukunft, die eigene und die des zerstörten, besetzten Landes. Die Schuldigen waren die Herren von gestern, aber auch die neuen Herren. Der Spiegel übte sich in Ungehorsam, in nachgeholtem gegenüber den Nazis, in aktuellem gegenüber den Siegern. Noch hatte das Blatt seinen Stil aber nicht gefunden. Augstein machte ein Nachrichtenmagazin, in dem die Fakten das Leben widerspiegeln sollten. Er spürte aber, dass dies nicht ausreichte, die komplexe Wirklichkeit zu erklären. Noch hatte er das Monopol für die Meinungsmache nicht für sich reklamiert. In der ersten Zeit durften auf einer Meinungsseite in pluralistischer Eintracht Gastautoren aus den verschiedenen Lagern zu Worte kommen – Politiker, Bischöfe, Dichter, Intellektuelle. Sensibel reagierte er auch auf die Stimmung der Leser. In seiner ersten Kolumne »Lieber Spiegel-Leser« schrieb er zum einjährigen Geburtstag:

> »Wir hatten kaum mit unserer Zeitung begonnen, da merkten wir zu unserem Leidwesen, daß wir zu satirisch wurden. Lag das nun an den Ereignissen? Ich glaube, zum Teil ja. ›Die Zeit ist schwarz, ich mach' Euch nichts weis‹, sang Kästner in den zwanziger Jahren. Die Zeit, in der wir anfingen, war noch viel schwärzer und ist inzwischen nicht nennenswert weißer geworden. Aber wir trösteten uns mit dem Gedanken, daß die politische Vernunft der Staaten notwendig hinter der Vernunft einzelner hinterherhinkt, noch dazu nach diesen deutschen Massenmorden. Und wir beschlossen, den

satirisch-bitteren Ton nach Kräften zu vermeiden, da er, wie wir aus Leserbriefen entnehmen konnten, die Mühlen der Übelgesinnten in Betrieb setzte.«

Sein Ziel war bescheiden:

»Eine unserer vornehmsten Aufgaben war es ja, den tierischen Bierernst und die politische Wichtigtuerei in den neuen deutschen Kleinstaaten mit aller Offenheit bloßzulegen … Selbstironie wollten und wollen wir heimisch machen in einem Volk, das in seiner Selbstbezichtigung genau so maßlos ist wie in seinem Dünkel und in seiner Verstocktheit.«

Der Spiegel sollte nur »unser Scherflein zur demokratischen Erneuerung des deutschen Volkes beitragen«. Der Anspruch, Staat und Gesellschaft zu verändern, existierte noch nicht. Es konnte ihn auch nicht geben, denn noch gab es keinen Staat, und die Gesellschaft hatte sich in den Trümmern der Kriegs- und Nachkriegszeit noch nicht wieder formiert. Klar wird nur, dass Augstein an die sich abzeichnende Teilung Deutschlands noch nicht glauben wollte. Auf der Meinungsseite kommen auch Johannes R. Becher und Erich W. Gniffke zu Wort, der eine kommunistischer Dichter und Ulbrichts späterer Kulturminister, der andere einer der Mitbegründer der SED.

Das »Handwerk« des Magazinmachens, das Augstein später als eisernes Korsett empfand, war noch nicht entwickelt. Es wäre ihm ohne Hans Detlev Becker wahrscheinlich auch nie in der Perfektion gelungen, die den Spiegel später auszeichnete. Becker, zwei Jahre älter als Augstein, stammte aus einem »preußischen« Elternhaus. Der Vater war preußischer Zollbeamter, die Mutter Tochter eines »Königlich preußischen Zolloberkontrollörs«. Ordnung und Disziplin waren ihm in die Wiege gelegt.

Altersbedingt blieb ihm auch im Dritten Reich nichts erspart, was Disziplin verlangte. Vom Jungvolk über die Hitlerjugend und den Reichsarbeitsdienst bis zur Wehrmacht musste er dabei sein. Schon als Knabe vernarrt in alles, was einen Motor hatte und fuhr, machte er außerdem noch beim NSKK (Nationalsozialistisches Kraftfahrzeug-Korps) mit.

In der Wehrmacht landete er bei der Nachrichtentruppe, nachdem er die Funkeignungsprüfung glänzend bestanden hatte. Zu seinem Glück. Von einem kurzen Einsatz am Schwarzen Meer abgesehen, kommt er glimpflich durch den Zweiten Weltkrieg und landet zum Schluss als Unteroffizier im Dönitz-Hauptquartier in Mürwik bei Flensburg. Schon nach wenigen Monaten aus britischer Kriegsgefangenschaft entlassen, kehrt er zu den Eltern zurück, die inzwischen in Nordhorn ansässig sind. Vor der Einberufung hatte er vor Kriegsbeginn noch drei Semester Jura studiert. Nun beginnt er sich für den Journalismus und, unter dem Eindruck des Zusammenbruchs, für die Politik zu interessieren. Er fängt als Lokalkorrespondent bei der Osnabrücker Rundschau an, wird aber ebenfalls bald von John Chaloner als Talent entdeckt, der als britischer Presseoffizier auch für die Rundschau zuständig ist und ihn zum Redakteur in der Zentralredaktion befördert.

Zugleich tritt er in die Nordhorner SPD ein und macht sich im Ortsverband durch seine Rede-und Schreibgewandtheit verdient. Auf einer der ersten Mitgliederversammlungen fällt er durch eine scharfe Rede auf, in der er nichts auslässt, was im Rednermaterial der Partei steht – die Forderung nach Demokratie und Sozialismus als Ausweg aus der Katastrophe, Angriffe auf die alten Offiziere und die politische Macht der Großindustrie und der Großfinanz, deren Verstaatlichung er verlangt, sowie Ausfälle gegen die CDU und die Kirchen. Nach dem erhalten gebliebenen Redemanuskript wettert er: »Die Partei Ihres Lagers, die sich heute Christlich-Demokratische Union nennt, sehen wir als reines Machtinstrument der Kirchen an.« Er meint vor allem die katholische Kirche, aber auch die protestantische. Zumindest in der Abneigung gegen die Kirchen trifft er bei Augstein auf eine verwandte Seele.

Becker gefiel Diese Woche sofort, allerdings mehr inhaltlich als formal. Es kam zu einer ersten Begegnung mit Augstein, die dieser 1959 nach der Ernennung Beckers zum Chefredakteur so beschrieb: »Er kam uns besuchen, per Motorrad, nachdem er einige Ausgaben mit geschliffener Bosheit zerfetzt hatte, mit dem versteckten Anerbieten freilich auch, die Redaktion auf den richtigen Weg zu bringen.« Becker erhielt sofort ein Angebot von Augstein, lehnte es aber zunächst ab, weil er sich nur schwer vom Lokaljournalismus trennen konnte. Fünf Monate später kam er dann doch als Deutschland-Redakteur. In seiner geradezu hymnischen, nur Becker gewidmeten Spiegel-Leser-Kolumne von 1959 schrieb Augstein dazu:

> »Von da an war ich in Zeitungsdingen nie mehr allein und, wenn Sie wollen, nie mehr unglücklich … In der redaktionellen Führung gab es seit Mitte des Jahres 1947 nie nur mich allein, sondern immer nur meinen Freund Becker und mich. Unser Aufgabengebiet haben wir nie geteilt, sondern von je gemeinsam verwaltet. Kein Grund besteht mehr, Freund Becker jenen Titel vorzuenthalten, auf den er kraft seiner Qualifikation und seines Verdienstes Anspruch hätte, wenn einer allein die Mühle treten könnte: den Titel Chefredakteur. Kastor und Pollux, A und B werden sich, so denke ich, auch künftig auf einem Stühlchen gut vertragen.«

Becker war für Augstein vom ersten Augenblick an unentbehrlich. Er wollte ebenfalls ein »radikaleres« Magazin und unterstützte seinen Chef in der Auseinandersetzung mit der Gruppe Toll/Hühne. Er trieb den Enthüllungsjournalismus voran; er hatte einen Sinn für Themen und für die Qualität von Manuskripten, er achtete auf sprachliche und inhaltliche Genauigkeit. Seine Pedanterie war aber nicht zu stoppen. Er überwachte auch die Arbeitsmoral bei Redakteuren und Sekretärinnen, die ihm zuviel Kaffee tranken und tratschten. Seine mit grüner Cheftinte geschriebenen Mitteilungen und Randbemerkungen auf Manuskripten waren bald gefürchtet. Sein Nachfolger Claus Jacobi sagte einmal: »Wie ist es bloß möglich, daß wir als erwachsene Männer auf den Tischen tanzen wie die Mäuse, wenn die Katze fern ist, sobald er nicht da ist.« Becker empfand sich als Macher, als »ordnende Hand«; die ständig wachsende Redaktion brauchte Disziplin und streng geregelte Arbeitsabläufe. Seine Funktion wurde schon bald in seinen Titeln ausgewiesen; erst war er Leiter der »Planungsabteilung«, dann »geschäftsführender Redakteur« und schließllich »Chefredakteur« oder, genauer, »Chefredakteur II« neben Chefredakteur I, nämlich Augstein. Leo Brawand, der beide von Anfang an begleitet hat, beschreibt Beckers Unentbehrlichkeit mit leichter Ironie: »Becker nimmt Augstein nicht nur den größten Teil des unerläßlichen Bürokrams ab, er verfaßt nicht nur Regelwerke zur Reisekostenabrechnung und Hausmitteilungen über die richtige Anwendung des Akkusativs – er macht auch für seinen Chef überall dort den Ausputzer, wo es gilt, harte Entscheidungen zu treffen.«

Harte Entscheidungen konnte Augstein auch selber treffen, aber er hatte, wenn es Personalentscheidungen waren, Hemmungen, sie den Betroffenen ins Gesicht zu sagen. Die Exekution überließ er lieber anderen. Schon bei der Abschiebung Stempkas trat Becker in Aktion. Er bereitete das Ehepaar Stempka in seiner Wohnung darauf vor.

Nur einer versuchte sich Beckers Aufstieg in den Weg zu stellen: der immer noch amtierende Presseoffizier Henry Ormond. Für ihn war Becker eine Art »Nazikommunist«. Als er im Document Center Berlin eine Unterlage fand, wonach Becker

»Anwärter der NSDAP« gewesen war, verlangte er noch 1947 dessen sofortige Entlassung wegen »Fragebogenfälschung«. Becker hatte zwar »mutmaßlich« nach dem HJ-Dienst mit 17 1/2 Jahren einen Aufnahmeantrag unterschrieben, da er aber seines Wissens nie Parteimitglied geworden war, den Vorgang im Fragebogen nicht angegeben. Augstein ließ sich auf Ormonds Verlangen nicht ein, sondern teilte ihm ultimativ mit, wenn Becker gehen müsse, werde auch er ausscheiden. Damit war der Fall erledigt.

Becker stand bald, wie er es nannte, »einen halben Schritt links hinter Augstein«. Damit begann eine neue Phase in der Geschichte Augsteins und des Spiegel. Der Rückzug in den »Käfig« war beendet. Das junge Genie fühlte sich frei, es konnte die Flügel wieder heben und sich zu publizistischen und politischen Höhen aufschwingen. Wohin es wollte und was es wollte, war ihm aber wahrscheinlich selbst nicht klar. Augstein war 1948 25 Jahre alt. Die Welt stand ihm offen. Der Politik galt seine Leidenschaft; aber er war kein Politiker. Weder konnte er sich in eine bestehende Partei einordnen, noch konnte er eine eigene gründen. Für beides hätte er eine politische Überzeugung oder eine Konzeption haben müssen. Beides hatte er nicht. Er wusste, wie er später selber zugab, immer nur, was er nicht wollte. Auch die parlamentarische Demokratie wollte er nicht; er hielt sie nur für eine Art Scheinfirma, hinter der die Politiker ihre willkürliche Machtausübung verbargen. Auf verschwommene Weise glaubte er an eine direkte Demokratie. Die »Krise der Demokratie« war eines seiner Lebens- und Lieblingsthemen. Im Mai 1949 schrieb er: »Das Heilmittel ist keine neue Partei mit alten Mitteln, sondern, wenn überhaupt, ein ›Club junger Politiker‹.« So konnte er sich vom Spiegel nicht lösen, obwohl er den Magazin-Journalismus eigentlich nicht mochte und sich später oft genug darüber lustig machte. Der Spiegel war keine Partei, aber mit seiner wachsenden Lesergemeinde eine Plattform und ein Verstärker für den Versuch, größeren politischen Einfluss zu gewinnen. Augstein konnte in die öffentliche Diskussion eingreifen und sie in seinem Sinne zu bestimmen versuchen. Da er kein programmatischer Denker war, sondern sich sehr stark von Gefühlen leiten ließ, zielte seine Kritik vornehmlich auf Personen, deren Persönlichkeit oder Politik er ablehnte. Er liebte die Bundesrepublik nicht, er hätte sie sich, wenn überhaupt, anders gewünscht, aber die Frage, wie sie anders oder besser hätte aussehen können, beantwortete er personell – ohne Adenauer und ohne Strauß. Das war das Erfolgsrezept von Jens Daniel und später Moritz Pfeil, den beiden Pseudonymen, unter denen Augstein seine publizistischen Kampagnen begann. So durfte und so konnte nur Augstein schreiben. Als viele Jahre später wieder einmal die Frage gestellt wurde, ob jemand im Spiegel anders schreiben dürfe, als Augstein es wolle, schrieb dessen langjähriger Getreuer Georg Wolff in einem Brief an seinen ehemaligen Kollegen und Freund Horst Mahnke, der inzwischen zu Springer übergelaufen war: »Das Problem der Souveränität des Schreibers im Spiegel liegt … bei der Überlegenheit, die Augstein durch die Stärke seiner Affekte und durch die intellektuelle Brillanz gewinnt, mit der er diese Affekte unterbaut – und dann noch dadurch, daß seine Affekte für eine starke und keineswegs völlig unberechtigte Zeitströmung repräsentativ sind.«

Besser lässt sich die explosive Mischung kaum beschreiben, mit der Augstein ein Jahr vor Gründung der Bundesrepublik in den öffentlichen Diskurs hineinplatzte. Am 2. Oktober 1948 erschien die erste mit Jens Daniel gezeichnete Kolumne. »Daniel« ist dem Alten Testament entliehen. Wahrscheinlich stand Daniel in der Löwengrube Pate, aber keiner weiß es mehr genau, auch nicht Becker, der glaubt, das Pseudonym erfunden zu haben. Im Buch Daniel wird das Menetekel erwähnt, das Belsazar den Untergang androht. Der in der Kirchengeschichte beschlagene Augstein liebte alttestamentliche Anspielungen. Als ihm sehr viel später in einem Interview mit der Wochenzeitung Die Zeit zu seinem 70. Geburtstag entgegengehalten wurde (es ging um den Untergang der Menschheit), »jetzt reden Sie wie ein alttestamentlicher Prophet«, antwortete er, wenn auch sicherlich ironisch: »Ich bin nur Prophet Amos. Das ist ein sehr kleiner Prophet.« Immerhin hatte Amos dem Volk wegen seiner sozialen Ungerechtigkeit und falschen Frömmigkeit das Jüngste Gericht prophezeit.

Die Jens-Daniel-Kolumnen sind als eine Abrechnung mit Adenauer und seiner Politik aufgefasst worden: als Kampagne gegen die Wiederbewaffnung und Westbindung der Bundesrepublik. Augstein alias Daniel braucht jedoch einige Zeit, sich seiner Haltung richtig klar zu werden. Erst allmählich findet er den scharfen Ton, der später seine Kritik an Adenauer kennzeichnet. 1948 führt er Gespräche mit einigen ehemaligen Wehrmachtsgenerälen, darunter mit Hasso von Manteuffel, ehemals Kommandeur der Panzerdivision »Großdeutschland«. Sie sind übereinstimmend der Meinung, dass bei einer Wiederbewaffnung dreißig deutsche Divisionen erforderlich wären. Anschließend berichtet er Adenauer, damals Präsident des Parlamentarischen Rates, bei einem unangemeldeten Besuch in Rhöndorf darüber. Das sei auch seine Schätzung, sagt der »Alte«. Er bittet seinen jungen Gast, dem er offensichtlich vertraut, aber um gezielte Indiskretion und fordert ihn auf, erst einmal die Wiederaufrüstung ins Gespräch zu bringen, was er als Politiker nicht tun könne. Augstein ist noch unentschieden. Sein erster Jens Daniel »Soll man die Deutschen bewaffnen« endet mit den sibyllinischen Sätzen: »Nichts würde die Russen so sicher vom Kriege zurückhalten wie eine deutsche Armee. Nichts würde sie so sicher in einen Krieg treiben als eine deutsche Armee – das ist die Kehrseite … Das ist die Schlußfolgerung: Es darf erst eine deutsche Freiwilligen-Armee geben, wenn der Krieg als unvermeidlich erkannt wird. Dann aber muß es eine geben – und dann ist es zu spät. ›Hänge Dich oder hänge Dich nicht -- bereuen wirst Du beides‹ (Kierkegaard).«

Adenauer hatte den ihm offensichtlich zunächst wohl gesonnenen Journalisten angeboten, »Sie können jederzeit, bei Tag und bei Nacht, unangemeldet zu mir in mein Haus kommen, wenn Sie etwas so Wichtiges haben.« Das nächste Mal kam Augstein angemeldet, zusammen mit einem Untersuchungsrichter und seinem Bruder Josef Augstein als Rechtsbeistand. Der Bundeskanzler sollte 1954 im Bonner Dienstsitz zu seiner Verleumdungsklage gegen Augstein vernommen werden. Der Spiegel hatte behauptet, der Bundeskanzler habe über den Agenten Schmeißer Informationen an den französischen Nachrichtendienst geliefert und sich von diesem zusichern lassen, seine »Familie im Falle eines russischen Einmarsches von Westdeutschland nach Spanien« zu bringen. Die Wahrheit konnte nicht ermittelt werden; das Verfahren endete mit einem Vergleich. Augstein hatte der Veröffentlichung der Schmeißer-Story nur halbherzig zugestimmt. Ihm ging es schon damals nur um die Vertreibung Adenauers aus dem Amt. Als ihm sein Deutschland-Ressortchef Jaene die Informationen zur Beurteilung vorlegte, vermerkte er in einer hausinternen Mitteilung skeptisch: »Ich glaube nicht, daß der Bundeskanzler durch die Veröffentlichung des Materials zum Rücktritt genötigt würde.«

Über seine Entwicklung und seine Begegnungen mit Adenauer schrieb Augstein 1976 in einem Buchbeitrag: »Ich war 1948 noch keine 25 Jahre alt, und meine Einschätzung der politischen Lage änderte sich während der nächsten beiden Jahre gründlich. Adenauer, der Kanzler, gab mir im Bundeshaus kaum noch die Hand (wie auch Schumacher, beide hatten für Büchsenspanner viel und für selbständige Journalisten nicht so arg viel übrig).«

Kurt Schumacher, den ersten SPD-Vorsitzenden Westdeutschlands und der Bundesrepublik, hatte Augstein zunächst verehrt. Als junger Journalist schrieb er gelegentlich für das SPD-Blatt Hannoverscher Kurier und saß dem Mann zu Füßen, der erst als Gegenspieler Ulbrichts und der Sowjets und dann Konrad Adenauers und der westlichen Alliierten beträchtlichen Einfluss auf die deutsche Politik der ersten Nachkriegsjahre nahm. Er bewunderte das scharfkantige, polarisierende Denken Schumachers, das oft über das Ziel hinausschoss, und dessen politische Leidenschaft. Es war einer der Gründe, warum er sich zu Schumacher hingezogen fühlte. Der andere war Schumachers Festhalten an einer nationalen Politik und einem ungeteilten Deutschland. Die Wiederaufrüstung und die Bindung an den Westen lehnte er als Gefahr für die Wiedervereinigung ab. In den ersten Jahren lässt sich Schumachers Einfluss auf das Denken Augsteins deutlich nachzeichnen.

Unter dem ersten halben Dutzend mit Jens Daniel gezeichneten Artikeln befinden sich zwei über das Grundgesetz, die völlig auf der Linie Schumachers liegen. Im Gegensatz zu den Alliierten, die ein Wiederaufleben der deutschen Staatsmacht fürchten, wollen beide weniger Vollmachten für die Länder und stattdessen mehr Macht für die Bundesgewalt sowie den Bundeskanzler. In letzter Minute vor der Verabschiedung kann Schumacher, der mit einem »Nein« der SPD im Parlamentarischen Rat droht, einen Teil seiner Forderungen durchsetzen. Für Augstein bleibt das Grundgesetz aber eine »Krücke«, »in entscheidenden Punkten vom Ausland beeinflußt«, von den Landtagen in Kraft gesetzt »bis zu dem Tage, wo die Alliierten dem deutschen Volk gestatten können, in Freiheit die Verfassung zu wählen, die seine Vertreter für gut befinden«.

Was Dolf Sternberger später den »Verfassungspatriotismus« nannte, den Stolz auf eine vorbildliche freiheitliche Verfassung, den Vorrang der Grund-, Freiheits- und Menschenrechte, das Postulat der Rechts- und Sozialstaatlichkeit interessierte 1949 nur wenige, auch Augstein nicht. Dass sich die Bundesrepublik schnell anders entwickelt, als er es sich in seinen idealistischen Vorstellungen erhofft hat, schreibt er auch Mängeln des Grundgesetzes zu. Im September 1950 deckt der Spiegel auf, dass es bei der Wahl Bonns als Bundeshauptstadt nicht mit rechten Dingen zugegangen sei. Mit zwei Millionen Mark aus Mitteln der Industrie seien mehrere Abgeordnete bestochen worden, um für Bonn zu stimmen. Der Spiegel hat seinen ersten großen Coup, die Bundesrepublik ihren ersten großen Skandal. Der vom Bundestag eingesetzte Spiegel-Ausschuss, vor dem Augstein als Zeuge unter Berufung auf das Zeugnisverweigerungsrecht die Preisgabe seiner Quellen verweigert, kommt zu dem Ergebnis, dass die Vorwürfe berechtigt seien, und legt vier besonders belasteten Abgeordneten der Bayernpartei nahe, ihre Mandate niederzulegen.

Das war, zugegeben, eine schwache Sanktion, aber mehr war damals bei Abgeordneten rechtlich nicht möglich. Augstein verspricht sich auch nichts von Bestechungsgesetzen. In einem wütenden Kommentar unter dem Titel »Geld und Politik« kommen seine Ressentiments gegen die Verfassung hoch:

> »Das Grundgesetz, das überholt war an dem Tage, an dem es unterschrieben wurde, muß revidiert werden. Es hat uns einen in Länder aufgespaltenen Parteien-Staat mit einem Bundesrat beschert anstatt eines zentralregierten Abgeordneten-Staates mit einem ständisch gegliederten Wirtschaftssenat.«

Und weil einige Lobbyisten die Zahlung von Bestechungsgeldern mit der Vertretung ihrer Interessen verteidigt haben, legt er noch einmal nach: »Man sollte in Deutschland wenigstens den Versuch machen, die Wirtschaft auf ein legales Forum zu verweisen durch Änderung des nicht funktionsfähigen Grundgesetzes.« Der Rekurs auf den Ständestaat ist 1951 erstaunlich bei einem 28-Jährigen. Darin sind Anklänge an vordemokratisches Denken zu erkennen, die wenig mit der vom Grundgesetz beabsichtigten offenen pluralistischen Gesellschaftsordnung zu tun haben. Schon 1951 wäre er damit in keinem staats- und politikwissenschaftlichen Seminar durchgekommen. Er selber hat später diesen Kommentar wohl ebenso wenig für eine publizistische Sternstunde gehalten wie die Redaktion des Spiegel. In keiner Jubiläumsschrift zu Ehren Augsteins oder des Spiegel ist dieser Kommentar je wieder erwähnt worden.

Allmählich kühlt aber auch Augsteins Verhältnis zu dem herrischen SPD-Vorsitzenden ab. Zumindest in einem Punkt sind sich Adenauer und Schumacher sehr ähnlich – der Ablehnung der ostdeutschen Kommunisten und ihrer sowjetischen Hintermänner. Adenauer sucht deshalb Anlehnung an den Westen; Schumacher lehnt Aufrüstung und Westbindung als Gefahr für die Wiedervereinigung ab und beharrt auf seiner Forderung nach einem ungeteilten Deutschland mit Berlin als Hauptstadt. Mit dem Handlanger der Sowjets, mit Otto Grotewohl, will er darüber aber nicht reden. Seit dem Kampf um die Zwangsvereinigung von SPD und KPD zur SED hasst er den ehemaligen ostdeutschen SPD-Vorsitzenden, der den Kommunisten die Hand zur Verbrüderung gereicht hat. Grotewohl, nun Ministerpräsident in Pankow, macht Bonn um die Jahreswende 1950/51 zwei Mal ein Gesprächsangebot. Beide Male lehnen Adenauer und Schumacher ab. Augstein erkennt den logischen Bruch in der Haltung Schumachers. »Gebt Grotewohl eine Antwort«, verlangt Jens Daniel im Februar 1951. Die Aussichtslosigkeit oder die Risiken eines solchen Gesprächs spielt er herunter: »Aber wenn nur eine schwache Aussicht ist, daß wir die Bewohner der Ostzone wieder zu freien Bürgern machen, müssen wir verhandeln. Da ist es lächerlich und absurd, wenn die Bundesrepublik, ein unselbständiger Teilstaat, sich plötzlich zu fein ist, sich mit Grotewohl zusammenzusetzen, weil er vom Kreml ferngelenkt wird.«

Jens Daniel hatte den festen Punkt gefunden, von dem aus er

in den nächsten Jahren seine Opposition gegen Adenauer betrieb. Auch sonst hatte Augstein nun sicheren Boden unter den Füßen. Die Auflage des Spiegel war mit 100 000 Exemplaren stabil, und die Verhandlungen mit dem erfolgreichen Hamburger Zeitschriftenverleger John Jahr, der sich als neuer Teilhaber angeboten hatte, verhießen dem Blatt einen neuen wirtschaftlichen Aufschwung. Augstein war zum zweiten Mal verheiratet und zum ersten Mal glücklich. Sein Freund Michael Thomas erinnerte sich, dass ihn Augstein eines Tages fragte: »Was macht man, Michael, wenn man gerade geheiratet hat und dann die Frau seines Lebens trifft?« Die Frage war wohl rhetorisch gemeint. Er trennte sich von Lore Ostermann, der Gefährtin aus früheren Tagen, als beide noch am Umbruchstisch von Diese Woche gestanden hatten, und heiratete Katharina Luthardt, eine kluge, lebensstarke Frau und begabte Journalistin, die ihn um Haupteslänge überragte.

Michael Thomas hat diese Zeit in seinem Buch festgehalten. Seine Erinnerungen sind oft zitiert worden, weil sie vielen zu denken gaben, die sich mit der komplexen Persönlichkeit Augsteins beschäftigten:

> »Zwischen beiden Augsteins und mir entwickelte sich eine wirkliche Freundschaft, und mitunter fuhren wir auch gemeinsam in die Ferien. 1950, noch während meiner Dienstzeit, unternahmen wir unsere erste gemeinsame Italienreise. Wir fuhren in seinem für damalige Verhältnisse pompösen amerikanischen ›Kaiser-Frazer‹ bis nach Positano. Im nächsten Jahr ging es wieder gemeinsam nach Italien, in den damals unentdeckten Fischerort Porto Venere. Ich führte die Kasse, und so lebten wir außerordentlich sparsam und kamen einschließlich des Benzins mit zwölf Mark am Tag aus; eine Übernachtung für 4.50 war Luxus. Dabei war Augstein schon damals wohlhabend, wenn nicht sogar reich. Als aller-

dings Katrin die nicht gegessene Frühstücksbutter für unser Strandpicknick einpackte, ging mir das zu weit.

Ich erinnere mich eines Gesprächs auf den Felsen der ›Grotta Byron‹, als die Wellen bis zu uns hinaufschlugen: ›Weißt du‹, sagte er, ›ich habe im Leben alles erreicht, was man erreichen kann. Der Spiegel fängt an, mich zu langweilen. Das einzige, was mich wirklich noch reizen würde, wäre eine Tageszeitung.‹ Er war damals 27! Jedes Zusammensein mit Augstein und Katrin, die ihn intelligent widerspiegelte, ... war anregend und bereichernd. Der junge Augstein hatte nichts von dem miesepetrigen Ton und den Negativismen des Spiegel; der Umgang mit ihm war von Lebensfreude und Lebensgenuß geprägt, viel Heiterkeit und Witz.

Mit wem man auch zusammentraf, stets war Augstein der Mittelpunkt, die beherrschende Figur. Bestechend war seine unglaubliche Belesenheit. Mit Katrin, die die intellektuellen Voraussetzungen mitbrachte, der es aber an Kenntnissen mangelte, paukte er regelrecht Bildung. Augstein trug in allen Debatten den Sieg davon; er brauchte nicht recht zu haben, er gewann eben. Seine unbestrittene Führungsstellung im Spiegel, seine öffentliche Reputation, sein Einfluß, sein Reichtum, auch seine Erfolge bei Frauen, all das vermochte seine jungenhaft schüchterne Unsicherheit nicht zu kompensieren. Der Zwiespalt zwischen glänzenden Erfolgen und mimosenhafter Sensibilität hat Augstein früh gekennzeichnet und ihn in rastlose Unruhe getrieben.«

Michael Thomas war ein genauer und kluger Beobachter, in einem Punkt aber irrt er in seinem Bericht. Zur Zeit der gemeinsamen Positano-Reise 1950 war Augstein noch nicht reich. Hans Detlev Becker erinnert sich: »Er bewohnte eine Drei-Zimmer-Wohnung. Unsere Vergnügungen waren, an jedem Sonnabend mit Katharina in die Spätvorstellung eines Kinos zu gehen oder am Sonntag nachmittag in der Wohnung Noilly Prat zu trinken und zu beratschlagen. Der Straßenkreuzer war Eigentum des Verlages.« Gelegentliche Abendessen in einem Trendrestaurant seien »schon alles an Luxus« gewesen. Der Firmenwert stieg zwar, insbesondere nach Jahrs Eintritt in den Verlag, aber er war noch kein realisierbares Einkommen.

Auch Hannover langweilte Augstein. Es war zu provinziell für ein Blatt, das nationale Bedeutung erlangt hatte. Berlin war damals keine Alternative. Die Hoffnung, dass es bald die Hauptstadt eines einigen Deutschland sein würde, hegte Augstein wohl kaum noch. Freudig ergriff er die Gelegenheit, der »Stadt der Leibniz-Kekse« Lebewohl zu sagen und zu John Jahr nach Hamburg zu ziehen.

KAPITEL 4

Die erste Million

Rudolf Augstein war kein Kaufmann. Er verstand nicht viel vom Geschäft. 1950 konnte aber sogar er sehen, dass der Spiegel in eine finanzielle Krise zu schlittern drohte. Die Auflage war kräftig gestiegen, nicht aber das Anzeigengeschäft. Die Einnahmen konnten die steigenden Ausgaben nicht decken. Monatlich entstand ein Verlust von rund 10 000 Mark; der Verlag brauchte Kapital. Augstein sah sich nach einem kapitalkräftigen Teilhaber um. Er dachte an Axel Springer, der offensichtlich der bessere Geschäftsmann war und sich zu der Zeit noch nicht als Missionar mit politischen Ambitionen fühlte. Erst später sagte er, aus politischen Gründen habe er nicht mit Springer zusammen gehen können. Das Geschäft scheiterte in Wirklichkeit, weil Springer kein Interesse hatte. John Jahr hatte Interesse. Der Hamburger Großverleger verdiente zu dieser Zeit mit Constanze und anderen Frauenzeitschriften bereits ein Vermögen.

Bei einer gemeinsamen England-Reise hörte Hans Huffzy, Vertrauter von Jahr und Chefredakteur der Constanze, von Augsteins Sorgen. Er pries seinen Verleger als liberalen Geschäftsmann und bot sich an, einen Kontakt herzustellen. Augstein und der sehr viel ältere Jahr wurden sich schnell einig, über den Umzug nach Hamburg und über den Kaufpreis. Für den lächerlichen Betrag von 15 000 Mark erwirbt Jahr 50 Prozent des Spiegel-Verlages.

Als Beweis seines guten Willens zahlt er auch gleich die fällige Rechnung über 50 000 Mark für eine neue Telefonzentrale, für die gerade nicht genug Geld in der Kasse des Magazins ist. Augstein stellt die zum Teil noch widerstrebende Redaktion vor die Wahl: entweder mit ihm umzuziehen oder ohne ihn in Hannover zu bleiben. Er hat gute Argumente: Jahrs Constanze-Verlag verfügt über sehr gute Beziehungen zu den Lesezirkeln und zu Anzeigenkunden sowie über ein eingespieltes Vertriebssystem. »Andererseits kann er uns nicht unter Druck setzen, weil er keine Druckerei hat.«

Unter den Gründern der Mediendynastien im Nachkriegsdeutschland war John Jahr einer der einflussreichsten. Ohne ihn hätte der Spiegel vielleicht nicht überlebt; ohne ihn hätte es Springer zu Anfang an Kapital gefehlt, und ohne ihn wäre es nicht zur Fusion zwischen Bertelsmann und Gruner + Jahr gekommen, die dem Gütersloher Konzern erst zu seiner Größe verhalf. Er war mit allen Wassern gewaschen. In den zwanziger Jahren hatte er die Anzeigenwerbung für den Pressekonzern der KPD betrieben und Industrielle wie Philipp Reemtsma als Kunden gewonnen. Schließlich seien auch Arbeiter Raucher, und man wisse ja nie, »was kommt«. Überzeugt wirbt Reemtsma für seine Marke Juno ein Jahr lang in der von Konzernchef Wilhelm Münzenberg herausgegebenen Wochenzeitschrift Arbeiter-Illustrierte-Zeitung, die in einer Auflage von bis zu 700 000 Exemplaren erscheint. Es war ein gutes Geschäft für alle Beteiligten. Mitglied der Partei war Jahr aber nicht. Bei den Nazis ging es mit dieser Vergangenheit nicht ganz so billig. Im Jahr 1933 wurde er Mitglied der NSDAP und machte nun bald auch für die Nazis Anzeigenwerbung: für die Olympischen Sommerspiele 1936, für die Reichssportführung, für »Kraft durch Freude«. Rechtzeitig vor Kriegsausbruch begann er mit dem Verlegen von Kriegsbüchern. Außerdem erwarb er seine erste Frauenzeitschrift, das Wochenblatt Die junge Dame. Nach dem Kriege ist er der liberale Verleger, der seinen Redaktionen weitgehend freie Hand lässt. Schon 1947 erhält er mit Springer zusammen die Lizenz für die Constanze, mit der beide schnell ein Vermögen verdienen. Springer, der erst 1960 ausscheidet, kann mit den Gewinnen seinen Zeitungskonzern aufbauen.

Auch Augsteins Erwartungen gehen in Erfüllung. Jahr, der den kessen Stil des Spiegel mag, setzt sich für das Magazin ein. Er tritt mit patriarchalischem Anspruch als Gesellschafter, Geschäftsführer und Verlagschef auf. Verträge mit Lesezirkeln, ein Jahresabschluss mit dem alten Bekannten Reemtsma für 52 ganzseitige farbige Inserate bringen schnell viel Geld ein. Jahr wirbt bei den Industriellen um Vertrauen für das Magazin. Die Redaktion lasse sich ihre journalistische Freiheit nicht abkaufen, aber man könne doch mit ihr reden. Drohungen mit einem Anzeigenboykott, wie in einem Falle von der Schnapsindustrie angekündigt, akzeptiert er nicht. Bald kann er sagen: »Solange wir klein waren, hatten wir keine Inserate, und als wir über Inserate hätten erpreßt werden können, waren wir zu groß.« 1951 hatte der Anteil der Anzeigenseiten am Gesamtumfang nur 15 Prozent betragen, 1962 lag er bei 54 Prozent.

Für Augstein war die Zusammenarbeit mit dem 23 Jahre Älteren ein Glück. Sie war vertrauensvoll und freundschaftlich. Jahr behandelte den Jüngeren fast wie einen Sohn. Er besorgte ihm ein Haus in Hamburg, neben seiner eigenen Villa, er lud ihn zu Familienfesten ein, und er machte ihn mit den Kunstgriffen des Verlagsgeschäfts vertraut. Zu Jahrs 80. Geburtstag witzelte Augstein darüber: »Auf der Bahnhofstraße in Zürich hast du mir bei Bucherer meine erste goldene Uhr geschenkt, nach langem Handeln und mit 15 Prozent Rabatt, versteht sich. Es machte mir wenig, daß diese Uhr später in unseren Geschäftsbüchern auftauchte: 50 Prozent hatte ich mir also selber geschenkt. Seitdem bewundere ich dich.« Auch die leitenden Spiegel-Angestellten empfanden sich bei dem Patriarchen Jahr als »Verlagskaufmann-Lehrlinge«. Am gelehrigsten war Hans

Detlev Becker. Als Jahr 1961 aus dem Verlag ausschied, wurde in der Vereinbarung darüber festgelegt, dass Becker Verlagsdirektor werden sollte. In dieser Eigenschaft wurde er als geschäftsführender Gesellschafter auch mit vier Prozent an der Rudolf Augstein GmbH beteiligt, die als Komplementärgesellschaft die Geschäfte der Verlags-GmbH führte. Viel hatte er mit diesem Anteil als Gesellschafter aber nicht zu sagen, und am Gewinn war er auch nicht beteiligt.

Dass Jahr plötzlich aussteigt, ist eine Überraschung. Dank seines Engagements ist das Blatt inzwischen eine Goldgrube. 1960 wirft das Unternehmen bereits einen Gewinn von rund fünf Millionen Mark ab. Zwar bekommt er für seinen Anteil zehn Millionen Mark, aber alles spricht für eine weitere Wertsteigerung des Spiegel-Verlages in den kommenden Jahren. John Jahr hat indes das Vertrauen verloren. Er ist nicht einverstanden mit Augsteins Plan, als Konkurrenz zur Zeit eine überregionale Wochenzeitschrift mit dem Titel Deutsche Allgemeine Zeitung ins Leben zu rufen. Er gibt einer solchen Neugründung keine Chance, die dann aus Titelschutzgründen ohnehin nicht zustande kommt. Aber reicht das, um Jahrs Entscheidung zu erklären, die er später selber als »falsch« bezeichnet? Oder liegen die Meinungsverschiedenheiten doch tiefer? Jahrs Expansionsvorstellungen gehen offensichtlich in eine andere Richtung. Er verspricht sich mehr von Special-Interest-Magazinen mit viel Lebenshilfe. Davon erhofft er sich ein besseres Anzeigengeschäft als von Augsteins publizistischen Träumen; er ist überzeugt, dass sein junger Kompagnon davon nicht lassen wird, und will keinen Streit.

Dennoch fühlte er sich dem Spiegel-Herausgeber verbunden. Als Franz Josef Strauß im Oktober 1962 die Spiegel-Affäre lostrat, stellte sich Jahr sofort an die Seite Augsteins. Er protestierte beim Bundesjustizminister und übernahm für kurze Zeit wieder die Verlagsführung, als auch Verlagsdirektor Hans Detlev

Becker verhaftet wird. Dank Jahrs umsichtiger Hilfe wurde der Spiegel vor größerem Schaden bewahrt.

Im November 1991 stirbt John Jahr. Bei der Trauerfeier in der Hamburger St. Johannes-Kirche wendet sich Augstein ergriffen an die versammelte Gemeinde: »Wenn es mir so schwerfällt, an diesem Sarg ein paar Worte zu sagen, so ist das leicht mit einer Verszeile aus dem ›Prinz-Eugen‹-Lied erklärt: ›Weil er ihn so sehr geliebet.‹ Ja, wie kaum ein Außenstehender habe ich diesen Mann geliebt.«

KAPITEL 5

Vergessene Geschichte

»Diese Vorwürfe treffen den Spiegel so wenig wie mich. Ja, es hat beim Spiegel in den Anfangsjahren auch einige ehemalige Nazis gegeben. Wer daraus den Schluß ziehen will, der Spiegel habe den Nationalsozialismus gerechtfertigt, sei gar antisemitisch, hat den Spiegel nicht unbefangen gelesen«, sagte Augstein im Mai 2001 in einem Interview mit der Welt am Sonntag. Es war der Versuch, eine Geschichte wieder ins Reich der Vergessenheit zurückzubefördern, aus der sie nach fünfzig Jahren hervorgekrochen war. Sie ist heutigen Generationen nur schwer zu erklären, die andere moralische Maßstäbe an die Zeit nach dem Krieg anlegen und die das Nazi-Kapitel des damaligen Spiegel nur schwer mit seinem heutigen, vom Hause kultivierten Image als »antifaschistisches Geschütz« in Einklang bringen können.

Unmittelbar nach dem Kriege waren die Vorgänge im Dritten Reich, die Verbrechen der Nazis, die Willfährigkeit und Brutalität hoher Beamter und Offiziere, Hitlers Unterdrückungsapparat wie die Gestapo und die SS, die Tätigkeit der Geheimdienste ein aufregendes Thema. Das meiste davon war nicht oder nur wenig bekannt. Ein leidenschaftlicher Journalist wie Augstein konnte nicht daran vorbeigehen. Wer wusste aber mehr darüber als diejenigen, die dabei waren?

Einer, der viel darüber wusste, war Dr. Bernd Wehner, Kriminalrat und im Rang »angeglichener« SS-Hauptsturmbannführer, der im Reichssicherheitshauptamt Reinhard Heydrichs das Referat für Kapitalverbrechen betreut hatte. Er war an der Aufklärung das Attentats auf Heydrich in Prag und des Attentats auf Hitler am 20. Juli 1944 in der Wolfsschanze beteiligt. Der Spiegel überlieferte die rührselige Geschichte, wie Wehner den verletzten Führer trifft. »Hitler hakte Wehner mit dem linken Arm unter, ging mit ihm den Korridor entlang und fragte ihn: ›Ist es nicht ein Wunder?‹ – ›Doch, mein Führer‹, sagte Wehner daraufhin innerlich erschüttert, ›es ist ein Wunder‹.«

Nach der Entlassung aus der Internierungshaft arbeitete Wehner als Kraftfahrer bei den britischen Militärbehörden in Bad Harzburg. In den Dienst der Kriminalpolizei konnte er zunächst nicht zurück. Er bot dem Spiegel Material an, mit dem er beweisen wollte, dass die Kripo im NS-Staat wenig mit dem Sicherheitshauptamt und der Gestapo zu tun gehabt habe. Daraus entstand die Serie »Das Spiel ist aus – Arthur Nebe«, mit dreißig Folgen die längste, die je im Spiegel erschienen ist. Sie schildert das Schicksal des Chefs der Reichskriminalpolizei, der als Mitarbeiter Himmlers und Heydrichs anfängt, in Minsk zum Massenmörder wird, von Gewissensskrupeln getrieben Kontakte zu den Männern des 20. Juli knüpft und schließlich von den Nazis gehenkt wird. Augstein bearbeitet das Material Wehners und schreibt die Serie zum größten Teil selber. Die Serie schließt: »Arthur Nebe ist tot. Aber die Gewalt ist mächtiger denn je. Wir alle sind kleinere oder größere Nebes.« Die Moral der Geschichte ist klar: Niemand konnte im Dritten Reich davor sicher sein, in die Verbrechen der Nazis hineingezogen zu werden. Es ist die Moral aus dem Stück »Die Zeit ist nahe«: Der Mensch ist schlecht, der Mensch ist schwach. Für den Laien-Historiker Augstein sind offensichtlich auch persönliche und politische Wertungen Wehners interessant, die er im Text stehen lässt. Oder hat er sie eingefügt? Zum Beispiel in der 25. Folge vom 23. März 1950:

> »Der einzige Revolutionär unter den Putschisten, der Graf Stauffenberg, war bei allen menschlichen und geistigen Qualitäten ein politischer Wirrkopf. Wäre dieser eindrucksvolle Organisator zum Zuge gekommen, stünden die Russen heute nicht an der Elbe, sondern mindestens am Rhein.«

Was konnte das anderes heißen, als dass Hitler in Wehners Augen immer noch das Bollwerk gegen den Bolschewismus war? Später hätte Augstein den Text sicher kritischer gelesen.

Damals verwundert es denn auch niemand, dass er, im Sinne Wehners, der Kriminalpolizei empfiehlt, auf ihre alten Fachleute zurückzugreifen, »auch wenn diese mit einem SS-Rang ›angeglichen‹ worden waren«.

Während der Arbeit an der Serie geht Wehner bei Augstein ein und aus. Er bleibt auch danach noch eine Zeit lang Augsteins »Polizeireporter«, wird unter den Autoren aber nicht erwähnt. So arbeitete er 1951 an der Serie über den Spion Sorge mit: »Herr Sorge saß mit am Tisch.« 1954 kann er in den Dienst zurückkehren und wird Chef der Düsseldorfer Kriminalpolizei. Auch andere »alte Fachleute« kehren allmählich in den Kriminaldienst zurück. Weder Augstein noch Becker haben später bestritten, dass Wehner »alte Fachleute« für den Dienst beim Spiegel empfahl. Der erste war wahrscheinlich Dr. Horst Mahnke, der bald seinen alten Kameraden Georg Wolff nachzog. Die Geschichte der beiden, damals wenig beachtet und später vergessen, ist erst in den neunziger Jahren wieder ausgegraben worden, aber zunächst ohne große öffentliche Resonanz geblieben. Mahnke und Wolff kannten sich seit ihrer Studienzeit in Königsberg. Ihr Lehrer war dort der NS-Auslandswissenschaftler »Professor« Dr. Franz Alfred Six, bei dem sie Zeitungswissenschaft studierten. Six war ein überzeugter Nazi. Er brachte es bis zum SS-Brigadeführer, war in Heydrichs »Sicherheitsdienst« für den Inlandsdienst sowie für »Weltanschauliche Forschung und Auswertung«

(Gegnerforschung) zuständig, richtete an der Berliner Friedrich-Wilhelm-Universität eine dem gleichen Ziel dienende »Auslandswissenschaftliche Fakultät« ein und gehörte im Kriege der Einsatzgruppe B an. Die Einsatzgruppen waren Sonderkommandos der »Reichsführung SS«, die den Auftrag hatten, in den besetzten Ostgebieten und in Russland Jagd auf kommunistische Kommissare, Partisanen, Juden und Zigeuner zu machen. Chef der Einsatzgruppe B war in den ersten Jahren Arthur Nebe. Six leitete ein »Vorkommando Moskau«, das nach der Einnahme der sowjetischen Hauptstadt Listen von KPdSU-Funktionären anlegen sollte, deren Liquidation geplant war. Nachdem die Eroberung Moskaus gescheitert war, zog sich Six als Leiter der Kulturpolitischen Abteilung in Ribbentrops Auswärtiges Amt zurück.

Sein anhänglicher Schüler Horst Mahnke war immer dabei: Er wurde SD-Beamter und Referent für »Marximus, Sozialismus und Freimaurerei« im SD-Hauptamt und Lehrbeauftragter am Lehrstuhl von Six. Zwischendurch beschäftigte er sich auch mit der Gegnerforschung für die dann von Hitler abgeblasene Besetzung Großbritanniens. Danach marschierte er als Angehöriger der Einsatzgruppe B mit bis vor die Tore Moskaus. Das »Vorkommando« rühmte sich selbst der Ermordung zahlreicher Juden im Ghetto von Smolensk. Mahnke schwor, daran nicht beteiligt gewesen zu sein. Nach der Rückkehr aus Russland kam auch er im Auswärtigen Amt unter, wiederum als Mitarbeier von Six.

Die Karriere des Six-Schülers Georg Wolff verlief etwas ruhiger. Er wurde auf Anraten von Six SD-Beamter in Königsberg und, weil er nach Ansicht seiner Vorgesetzten »in jeder Hinsicht Nationalsozialist« war, 1940 zum SS-Untersturmführer befördert. Nach der Besetzung Norwegens wurde er Referatsleiter beim Befehlshaber der Sicherheitspolizei in Oslo und war für die »Meldungen aus Norwegen«, die allgemeine politische und kulturelle Lageberichterstattung an das Reichssicherheitshauptamt zuständig. Die Norweger hätten Schwierigkeiten mit der »Anerkennung des nationalsozialistischen Weltbildes«, berichtete er nach Berlin, weil sie »die in den Gesetzen der Vererbungslehre zum Ausdruck kommende schicksalhafte Bedeutung der Rasse« nicht erlebt hätten. »Abgesehen von den »bedeutungslosen Lappen und einigen wenigen Juden« gebe es kaum »Menschen fremdrassigen Ursprungs«. Heydrich fand diese Erkenntnis zu »intellektuell«, was Wolff aber nicht schadete. Er konnte bis 1945 in Oslo bleiben.

Nach Kriegsende kommen alle drei relativ glimpflich davon. Six wird zwar im Nürnberger Einsatzgruppenprozess zu zwanzig Jahren Haft verurteilt, vom amerikanischen Hochkommissar John McCloy aber nach wenigen Jahren freigelassen. Mahnke wird von den Briten erst im Januar 1946 unter dem Verdacht der Spionage und der Zugehörigkeit zu SS-Geheimorganisationen festgenommen und in das Spezial-Internierungslager Bad Nenndorf gebracht. Dort wird er bei Verhören nachweislich so schwer misshandelt, dass er ins Krankenhaus eingeliefert werden muss. Im Februar 1948 lassen ihn die Briten laufen. Die Misshandlungen werden ihm bei der Entnazifizierung in letzter Instanz – gegen die erstinstanzliche Einstufung als Belasteter hatte er Berufung eingelegt – als strafmildernd angerechnet, ebenso wie seine »rein wissenschaftliche« Tätigkeit für das Reichssicherheitshauptamt. Die wissenschaftliche Behandlung des Marxismus und Sozialismus »könnte in einer Art und Weise geschehen sein, daß darin eine wesentliche Förderung des Nationalsozialismus durchaus nicht zu erblicken wäre«, heißt es zu seiner Entlastung in der verständnisvollen Entscheidung der Spruchkammer. Wolff schlägt sich als Tankwart in Salzgitter durch. Dort findet ihn der inzwischen im nahe gelegenen Mehrum ansässige Mahnke 1949 wieder.

Nun machen die beiden gemeinsam Karriere. Im Hamburger Freihafen finden sie eine Anstellung bei dem »Verein der am

Caffeehandel betheiligten Firmen«. Ihre Aufgabe ist die Abwehr des Schmuggels und Schwarzhandels mit Kaffee sowie die Förderung des legalen Handels. Das war natürlich auch eine spannende Story für den Spiegel. Wie das Magazin das Duo entdeckte, ist heute nicht mehr genau festzustellen. Hans Detlev Becker hält es für möglich, dass Wehner bei seinen Recherchen in Sachen Nebe auf Mahnke gestoßen ist. Mahnke und Wolff werden nun Informanten und Autoren der im Sommer 1950 erscheinenden Serie »Am Caffeehandel betheiligt, Deutschlands Schmuggler«. Bedenken der Redaktion gibt es kaum, obwohl sich das Blatt für eine Geschichte hergibt, die auch eine PR-Geschichte des Kaffeehandels ist. Die Schurken der Serie sind überwiegend »Menschen fremdrassigen Ursprungs« – Südländer, Polen, Juden, vor allem jüdische Displaced Persons (DPs). Im Kapitel über die Möhlstraße, Münchens berüchtigtes Schmuggler- und Schwarzhandelszentrum, heißt es in ungelenkem Deutsch: »Angesichts vieler Rückwanderer von Israel, wo ihnen die Arbeit zu viel war, war Israel als Auswandererland der Möhlstraße nur noch wenig gefragt, zumal ein Rückwanderer aus Israel seinen Status als DP verliert und … nicht mehr unterstützt wird.«

Auch sonst gibt es nun auffallend viele Geschichten im Spiegel aus dem Geheimdienst-, SD- und SS-Milieu, die offensichtlich von Kennern mit guten Beziehungen und manchmal auch persönlichen Interessen geschrieben worden sind. Ob sie stimmten, lässt sich heute nicht mehr nachprüfen. Es ist auch nicht mehr wichtig. Auffällig bleibt vielmehr auch nach einem halben Jahrhundert, wie sehr sie der Tendenz und dem Jargon der damaligen Zeit verhaftet waren.

Mahnke und Wolff waren offensichtlich nicht nur erfolgreiche Mitarbeiter, sondern auch angenehme Kollegen. Im März 1952 tauchten beide, nun fest angestellt, als Ressortchefs im Impressum auf, Mahnke für das Ressort Internationales, Wolff für das Ressort Ausland. Hat das in der Redaktion irgendjemanden aufgeregt? »Nein«, sagt Hans Dieter Jaene, zu der Zeit Leiter des Deutschland-Ressorts, »das spielte überhaupt keine Rolle.« Er gehörte wie Augstein zu den jungen Kriegsheimkehrern. »Es gab damals viele Geschichten über die Nazi-Zeit. Wir haben uns betrogen gefühlt und wollten wissen, was ist denn da gelaufen.« Heinz Höhne, später Leiter des Serienressorts und Autor der SS-Serie, bestätigt diese Darstellung und ergänzt: »Es gab doch auch noch keine Archive.« So wurden auch noch andere kenntnisreiche Zeitgenossen herangezogen. Mahnke kannte aus seiner Zeit beim Auswärtigen Amt noch Ribbentrops Pressechef Paul Karl Schmidt, damals SS-Obersturmbannführer, der für den Spiegel die bis heute umstrittene Serie über den Reichstagsbrand bearbeitete und umschrieb. Wehner hatte vorher einen anderen »Fachmann« empfohlen, den SS-Sturmbannführer Walter Zirpins. Dieser, obwohl als Kripo-Chef im Ghetto von Litzmannstadt (Lodz) schwer belastet, tat schon 1951 wieder als Leiter des Referats Kriminalpolizei im niedersächsischen Innenministerium Dienst. Der Kriminalkommissar Zirpins hatte 1933 als erster den Holländer Marinus van der Lubbe vernommen, den die Nazis beschuldigten, den Reichstag angezündet zu haben. Obwohl die Nazis damals, und für viele Historiker bis heute, möglicherweise selber die Brandstifter waren, hielt Zirpins an seinem Glauben von der Alleintäterschaft van der Lubbes fest und überzeugte nun nicht nur den pensionierten Verfassungsschutzbeamten Fritz Tobias, der eifrig weiteres Material sammelte, sondern auch den Spiegel von seiner These.

Jeden Zweifel an dieser Geschichte hat Rudolf Augstein bis zum Schluss entrüstet zurückgewiesen. Der Reporterin der Süddeutschen Zeitung, Evelyn Roll, schrieb er 1999 in einem Leserbrief: »Aber ich muß Sie trotzdem darauf aufmerksam machen, daß nicht die Nazis den Reichstag 1933 angezündet haben, sondern der anarchistische Einzelgänger Marinus van der Lubbe. *Der Spiegel* und ich sind da Fachleute. Wer immer etwas anderes durch neue Beweise behaupten will, muß diese Beweise vorlegen.« Für die Spiegel-These gab es zwar keine »Beweise«, sondern nur Indizien, aber ihre Gegner haben eben auch keine »Beweise«. Das wusste Augstein. So konnte er leicht behaupten: Ich und der Spiegel haben immer Recht.

Auch ein anderer Wissensträger taucht 1951 in der Umgebung von Augstein auf, Goebbels' ehemaliger Adjutant und Pressesprecher Wilfried von Oven. Er erzählte »Interna« über seine Zeit bei Goebbels, auch über den Verbleib der Goebbels-Tagebücher, die sich als Story im Spiegel niederschlugen. Mit einem persönlichen Empfehlungsschreiben von Augstein zog er sich dann als Lateinamerika-Korrespondent nach Buenos Aires zurück.

Auch Franz Alfred Six kreuzte wenig später Augsteins Pfade. Durch alte Nazi-Freunde, den Goebbels-Staatssekretär Werner Naumann und die beiden belasteten Nazi-Diplomaten Ernst Achenbach und Werner Best, war er als Geschäftsführer zum Darmstädter Leske-Verlag vermittelt worden, der vor allem national angehauchte Bücher veröffentlichte. Auch Mahnke und Wolff gehörten zu seinen Autoren. Vermutlich auf Anregung von Mahnke brachte der Leske-Verlag 1953 Augsteins »Jens-Daniel«-Kolumnen unter dem Titel »Deutschland – ein Rheinbund?« als Taschenbuch heraus. Es ist kaum anzunehmen, dass Augstein den politischen Hintergrund des Verlages nicht kannte. Naumann, Achenbach und Best gerieten 1953 in die Schlagzeilen und auch in die Spalten des Spiegel. Sie waren Mitglieder des so genannten Gauleiter-Kreises, der die nordrhein-westfälische FDP mit Gesinnungsgenossen unterwandern und auf den Kampf gegen den »rheinischen Separatisten« Adenauer einschwören wollte. Die Briten, nach dem damals noch geltenden Besatzungsstatut für die Wahrung der demokratischen Grundordnung in ihrer Zone zuständig, vermuteten sogar eine Verschwörung gegen die Bundesrepublik und verhafteten die führenden Köpfe des »Gauleiterkreises«, ließen sie aber nach einigen Wochen wieder laufen. Auch Augsteins Düsseldorfer FDP-Freund, dem Landesgeschäftsführer Wolfgang Döring, wurden in einer parteiinternen Untersuchung Kontakte zu Naumann nachgewiesen.

Augstein hat oft gesagt: »Mit Leuten, die das Leben im Dritten Reich nicht erfahren haben, über das Leben im Dritten Reich zu diskutieren, ist sinnlos.« So wollte er mit Nachgeborenen auch nicht über Wehner, Mahnke und Wolff reden. Es gibt aber keinen Zweifel, dass er sie schätzte. Mahnke galt – nicht nur ihm – als geradliniger und sehr gebildeter Kollege. Mit Becker zusammen nahm er ihn damals auch auf eine Spanienreise mit. Wolff war der philosophisch beschlagene, »geistige Mensch«, »Georg, der Deutsche«, mit dem er gerne diskutierte, wenn er ihm auch selten Recht gab, was er aber auch bei anderen kaum je tat. Ihre journalistischen Fähigkeiten waren zudem unbestritten. Diese waren damals entscheidend, findet heute ein ehemals leitender Spiegel-Mann:

> »Die Personallage war 1950 nicht so, daß man auf fähige, geschulte und politisch als völlig unbelastet von vormaligen Feindmächten wie Großbritannien und Norwegen freigegebene Bewerber deswegen hätte verzichten können, weil irgend jemand politisch an ihnen Anstoß hätte nehmen können.«

Mahnke verließ den Spiegel 1959 und trat in die Dienste von Axel »Cäsar« Springer; Georg Wolff brachte es vorübergehend zum stellvertretenden Chefredakteur und schied 1969 mit dem Erreichen der Altersgrenze aus.

Dass der Spiegel den Nationalsozialismus gerechtfertigt hätte, wird Augstein niemand vorwerfen können. Augstein hat damals selber immer beklagt, dass sich die Deutschen ihrer Vergangenheit nicht stellen wollen. Ob die Art, wie deren Aufarbeitung aber im Spiegel betrieben wurde, Augsteins Ansprüchen genügen konnte, muss eine Frage bleiben. Er hat sich dazu immer nur ausweichend geäußert. Die NS-Mitarbeiter, ihre Themen und ihre Sprache lassen zumindest Zweifel an ihren Motiven zu. Ebenso wenig kann es einen Zweifel daran geben, dass Augstein auch immer den Erfolg der Stories bei den Lesern im Auge hatte, also die Auflage und den Gewinn. Zu der Zeit wusste er noch sehr genau, was sich im Blatt tat. Was übrig bleibt, ist im schlimmsten Fall der Vorwurf der doppelten Moral.

KAPITEL 6

Was sieht man im Spiegel?

> »Der Krieg war zu Ende. Entscheidende Zentren der Rüstungsindustrie, wie die Lübecker Marienkirche, der Dresdener Zwinger und die Freiburger Altstadt, waren von den Alliierten ausgeschaltet worden. Der Kölner Dom, er ausgerechnet, stand noch. Was tun? Die Briten gaben im ehemaligen Königreich Hannover die Initialzündung (durch die Lizenz für den Spiegel). Jeder freute sich, daß es eine britische Zone gab, nur weil die britische keine russische Zone war.«

Diese Sätze schrieb Rudolf Augstein 1979 im Vorwort zum Reprint des ersten Spiegel-Jahrganges von 1947. Beinahe perfekt hatte er damit auch den Spiegel-Stil des Anfangsjahres nachgeahmt. Es war sein eigener Stil. Aber was waren die Merkmale dieses Stils? War es Ironie, Selbstironie, eine dem deutschen Bierernst entgegengesetzte besondere Form des Humors, war es Persiflage, Satire oder schlicht Häme? Schaut man das angeführte Textbeispiel genauer an, fällt auf, dass einiges daran nicht stimmt. Zwar haben die Alliierten neben Rüstungsbetrieben auch Kulturmonumente zerstört, aber das war nicht die Ursache des Kriegsendes. Und zeichnete sich die britische Zone nur dadurch aus, dass sie »keine russische Zone war«? Was aus dem Text spricht, ist vor allem ein Ton der Überheblichkeit, der nichts mit überlegenem Spott, also mit Ironie, Satire oder Persiflage, und nichts mit heiterer Gelassenheit, also Humor, zu tun hat. Und der unbezweifelbare Witz der Sätze ist der Witz der Unterlegenen (so waren unsere Eroberer!), also mehr Häme als alles andere.

Der Stil des Spiegel lebte in den Anfangsjahren sehr stark von derartigen Ressentiments. Es war ein Tonfall, der gegen Kriegsende auch in der deutschen Propaganda vorgeherrscht hatte. Er war die letzte Waffe der Geschlagenen. Wenig spricht für die Annahme, dass dies Augstein und seinen aus dem Krieg heimgekehrten Mitstreitern bewusst war. Es war auch der Tonfall der Enttäuschten, die ihr Leben für eine verbrecherische Sache in die Schanze schlagen mussten und die in den vom Krieg hinterlassenen Trümmern auch die Motive oder die Moral der Sieger nur schwer erkennen konnten. Bei Augstein kommt noch der Hang zum Schwarz-Weiß-Malen, zur schrecklichen Vereinfachung, hinzu. In den ersten Jahren unterlaufen ihm immer wieder Sätze, die auf genaue Unterscheidung verzichten, so wenn er als Jens Daniel 1952 schreibt: »Vermutlich wird Westdeutschland unter Adenauer ein Gefolgsstaat der Amerikaner, unterschieden von dem ostdeutschen Satellitenstaat hauptsächlich dadurch, daß man sich am Abend ohne Angst vor der Gesinnungspolizei ins Bett begeben kann.« Immerhin räumt er ein, dass das ein »gewichtiger« Unterschied sei.

Die Vereinfachung und die Überheblichkeit werden sehr schnell zum Stil des Spiegel. Sie entspringen nicht nur Augsteins Grundsatz, »vor keiner Autorität, nicht einmal vor einer befreundeten, zu kuschen«, nicht nur seiner Lust an der negativen Kritik und seinem Hang, »Großes klein zu hacken und zu zerstören« (Jacobi), sondern auch der Technik des Nachrichtenmagazins. Es kann neben der Tagespresse nur überleben, wenn es mehr weiß als diese und seine Geschichten besser und lesbarer erzählt. Daraus ergibt sich die Story-Technik, die einen Sachverhalt, eine Nachricht in Handlung auflöst und diese am Geschick eines »Helden« oder mehrerer handelnder Personen möglichst einfach und vollständig erzählt. Das Spiegel-Statut gibt dafür schon 1949 genaue Regeln vor. Eine Story ist für den Spiegel nur eine Story, wenn er zusätzliche Informationen mitteilen oder ihr wenigstens einen neuen Aspekt abgewinnen kann. Objektiv sind diese Geschichten nur selten, sie bedürfen der Interpretation, um verständlich zu sein oder die »Wahrheit« kenntlich zu machen. Sie sollen in einer eigenen, einheitlichen Sprache geschrieben sein, um ihre Glaubwürdigkeit zu erhöhen. Das Magazin als Kollektiv, als Ganzes, schlüpft in die Rolle des alles wissenden Erzählers und kann seinem Publikum mit dem Werbeslogan versprechen, »Spiegel-Leser wissen mehr«. Becker ist sich der Fragwürdigkeit dieses Ausspruchs durchaus bewusst. In seinem Büro hängt der ironische Spruch »All news is censorship«.

Die Spiegel-Technik oder »Masche«, wie sie schnell genannt wird, läuft Gefahr, die Wirklichkeit zu verändern. Augstein, klüger als seine Redaktion und seine Kritiker, erkennt das sehr früh. Schon 1953 fragt er in einem Vortrag vor dem Rhein-Ruhr-Club in Düsseldorf, welches die Hauptgefahr für den Spiegel sei, und antwortet selber, »daß er das Wichtige zugunsten des Interessanten vernachlässigt, daß er nicht die Wirklichkeit, sondern die Raritäten der Wirklichkeit spiegelt«. Zu diesem Zeitpunkt kann aber auch er nichts mehr an der Magazin-Technik ändern. Das erklärt sein immer wieder aufflammendes Missvergnügen am eigenen Blatt. Sein leidenschaftlicher Meinungsjournalismus braucht diese Technik nicht. In seinen eigenen Artikeln sagt er deutlich, was für ihn das Wichtige ist.

Erst einige Jahre später beginnen sich die Kulturkritiker und Medienwissenschaftler mit dem Stil und der Sprache des Spiegel auseinander zu setzen. Als Erster und besonders hart ging der philosophisch gebildete Schriftsteller Hans Magnus Enzensberger 1957 mit dem Spiegel ins Gericht. In seinem Essay »Die Sprache des Spiegel« spotttete er: ›Vom Urchristentum bis zum Rock and Roll, von der Poesie bis zum Kartellgesetz, vom Rauschgiftkrawall bis zur minoischen Kunst wird alles über einen Leisten geschlagen. Der allgegenwärtige Jargon überzieht das, worüber er spricht, also alles und jedes, mit seinem groben Netz: die Welt wird zum Häftling der Masche.«

Von Augsteins Kommentaren abgesehen, kann Enzensberger auch keine »Position« des Spiegel erkennen: »Gerade seine kritische Haltung, oder was dafür gehalten wird, hat (neben seinen sprachlichen Eigentümlichkeiten und der Erfindung der Story) dem Spiegel seinen Ruf, seinen Erfolg und seine Macht eingetragen. Was davon zu halten ist, lehrt eine einfache Überlegung. Alle bisherigen Versuche, dem Spiegel irgendwelche Überzeugungen zuzuschreiben, sind gescheitert. Das Blatt hat keine Position. Die Stellung, die es von Fall zu Fall zu beziehen scheint, richtet sich eher nach den Erfordernissen der Story, aus der sie zu erraten ist: als deren Pointe. Sie wird, oft wenige Wochen später, durch eine andere Geschichte dementiert, weil diese einen anderen ›Aufhänger‹ verlangt ... Die Ideologie des Spiegel ist nichts weiter als eine skeptische Allwissenheit, die an allem zweifelt außer an sich selbst.«

Enzensberger fasst seine Schlussfolgerungen in vier vernichtenden Thesen zusammen:

1. Die Sprache des Spiegel verdunkelt, wovon sie spricht.
2. »Das deutsche Nachrichtenmagazin« ist kein Nachrichtenmagazin.
3. Der Spiegel übt nicht Kritik, sondern deren Surrogat.
4. Der Leser des Spiegel wird nicht orientiert, sondern desorientiert.

In einer dialektischen Volte findet er zum Schluss aber einen anderen Schuldigen für die Mängel des Spiegel: »Jedes Volk ... verdient die Presse, die es nötig hat. Daß wir ein Magazin vom Schlage des Spiegel nötig haben, spricht nicht für das Blatt, das die Masche zu seiner Moral gemacht hat, es spricht gegen unsere Presse im ganzen, gegen den Zustand unserer Gesellschaft überhaupt: es spricht, mit einem Wort, gegen uns.«

Für die Neuauflage des Essays fünf Jahre später verzichtet Enzensberger auf eine Aktualisierung seines Textes, »obwohl sich sein Gegenstand seither erheblich verändert hat«. Er überlässt es dem Leser zu entscheiden, inwiefern dies, »zum Bessern oder Schlechtern«, der Fall ist. Der Spiegel hatte sich eindeutig zum Bessern verändert. Davon war schließlich auch Enzensberger überzeugt, der seit Anfang der neunziger Jahre gelegentlich Essays für den Spiegel schreibt. Die »Masche« musste als Stilmittel bleiben, aber sie wurde straffer und klarer gestrickt, die Sprache von allzu viel Krampf befreit. Das bekannteste Beispiel dafür war der Satzanfang mit dem Verb: »Sagte Adenauer …« Die neuen Chefredakteure wollten mit dem Slang aufräumen, der als »Spiegel-Soße« verrufen war. Jacobi damals in einer Dienstbesprechung: »Mit dieser Soße sollten wir nach Möglichkeit unsere Geschichten nicht tränken.«

Ähnlich ambivalent wie Enzensbergers Essays ist auch eine 1966 veröffentlichte Studie über Sprache und Stil des Spiegel, die Dieter Just als Dissertation an der Philosophischen Fakultät der Freien Universität Berlin eingereicht hatte. Sie ist die umfangreichste von allen vorher und hinterher angestellten Untersuchungen. In seinem Fazit weicht er aber kaum vom Urteil Enzensbergers ab:

> »Weder den latenten noch den aktuellen Einstellungen des Magazins kann man nachsagen, daß sie dem Staat oder der Demokratie Schaden zufügen können. Fragwürdig ist lediglich, daß sie in hohem Maße … innerhalb der Nachrichten geäußert werden, daß die Information als Vehikel der Meinung dient und zwangsläufig verändert wird. Die Absicht ist durchaus verständlich: ein engagierter Journalist sucht wohl immer nach der besten Chance, seine Meinung wirkungsvoll zu verbreiten. Er kann sich sogar darauf berufen, daß er besser als die meisten seiner Leser die Einzelereignisse in Zu-

sammenhänge bringen kann. Doch ist seine Grenze da überschritten, wo der Leser keinen freien Zugang zu den Fakten mehr findet. Die Ergebnisse der Untersuchung zeigen, daß die Redaktion des Spiegel diese Grenze nicht selten überschreitet und damit undemokratische Mittel einsetzt, um demokratische Ziele zu verfolgen.«

Weit mehr als 100 akademische Arbeiten sind bisher über Sprache und Stil des Spiegel im In- und Ausland vorgelegt worden. Im Ergebnis folgen sie in der Regel dem Muster von Enzensberger und Just. Die Aufregung über den Spiegel hat in den letzten zweieinhalb Jahrzehnten aber erheblich nachgelassen, nicht nur, weil er seine Grenzen seltener überschreitet, sondern weil sich der deutsche Journalismus verändert hat. Bisher fehlt eine Untersuchung darüber, wie stark der Spiegel diese Veränderungen beeinflusst hat. Die Tageszeitungen, zumindest die großen, haben längst die Magazin-Technik übernommen, um ihren Lesern auf ihren Reportageseiten politische, wirtschaftliche oder kulturelle Vorgänge, aufgelöst in eine Personengeschichte, interessant und farbig darbieten zu können. Investigative journalism steht heute auf dem Programm jedes besseren Chefredakteurs, auch wenn er nicht über die finanziellen und personellen Mittel des Spiegel verfügt. Der Spiegel ist also nicht mehr der Hecht im Karpfenteich, der er noch zu Enzensbergers Zeiten war. Das Fernsehen hat diese Entwicklung noch befördert. Die Magazin-Masche ist die einzige dem Fernsehen angemessene Darstellungsform. Es muss Gesichter, Menschen und Situationen im Bild zeigen können, um eine Geschichte zu erzählen und auf die Meinung der Zuschauer einzuwirken. Für Leitartikel und Kommentare gibt es nur selten einen Journalisten-Preis. Augsteins Vorstellung vom Meinungsjournalismus, schon überholt, als er noch von einer Tageszeitung träumte, gehört endgültig der Vergangenheit an.

KAPITEL 7

David gegen Goliath

»Wir haben Augstein linker gelesen, als er war«, sagte der Politikwissenschaftler Iring Fetscher im Herbst 2000 in einer Diskussion über des Spiegels »frühe Jahre«. Den Ruf, links zu sein, hatte sich Augstein schon fast ein halbes Jahrhundert zuvor mit den Jens-Daniel-Kolumnen gegen Adenauer erworben. Die lasen sich damals sicher anders als heute. Was viele Anfang der fünfziger Jahre gelesen zu haben glaubten, lebte später und bis heute als Teil der Augstein-Legende fort. Die zornigen und manchmal maßlosen Attacken auf Konrad Adenauer und sein angeblich undemokratisches rheinisch-katholisches Regime konnte man als »links« verstehen, vielleicht auch sein leidenschaftliches Plädoyer für die Wiedervereinigung, in dem er sich von niemand übertreffen lassen wollte. Seine Vorstellungen, wie die Einheit bewerkstelligt werden sollte, waren aber alles andere als links. Wenn man ihm den Beifall von der falschen Seite anrechnen wollte, könnte man sie eher als rechts bezeichnen. Erzkonservative Reichsfreunde hatten jedenfalls ihre Freude daran, wie sich der Einleitung zum Sammelband seiner Jens-Daniel-Kolumnen »Deutschland – ein Rheinbund?« im Leske-Verlag entnehmen lässt. Die westlichen Alliierten seien gegen die Einheit, weil sie ihnen Furcht einjage, heißt es da, und weiter: »Es gäbe wieder ein freies Spiel der Kräfte im politischen Raum, und Gott behüte, wozu wäre dann der 2. Weltkrieg gut gewesen, der dem deutschen Volk das Recht auf demokratische Selbstbestimmung für immer nehmen sollte, von dem es unter Hitler einen schlechten Gebrauch gemacht hatte?«

Auch so konnte man Augstein lesen. Aber rechts im Sinne von nationalistisch war er sicher nicht. Er hatte sich damals offensichtlich zu sehr in das Werk des von ihm bewunderten Reichsgründers Bismarck vertieft, über den er schon im Frühsommer 1950 eine freundliche Titelgeschichte geschrieben hatte. Was er vorschlug, war eine von nationalen Interessen bestimmte Außenpolitik, die in der Tat an Bismarcks Gleichgewichtspolitik erinnerte und die Möglichkeiten der jungen Bundesrepublik grandios überschätzte. Sein Feldzug war umso tollkühner, als er ihn im Alleingang betrieb, nicht nur gegen Adenauer, sondern auch gegen Kurt Schumacher und Ernst Reuter, die beiden wichtigsten Figuren bei den Sozialdemokraten, die nach der Zwangsvereinigung von SPD und KPD im Osten und der Blockade Westberlins die Sowjets anders als Augstein für gefährlich hielten. Von Schumacher war sein ehemaliger Bewunderer Augstein besonders enttäuscht, weil dieser, nationalistischer als Augstein, nicht nur über ein Zusammengehen von Bundesrepublik und DDR reden wollte, sondern auch über die Ostgebiete jenseits von Oder und Neiße. Die Grenzfrage, so realistisch war er immerhin, hat Augstein aber nie aufgeworfen.

Dennoch waren seine Vorstellungen immer noch von der Realität und dem damals Erreichbaren weit entfernt. Deutschland könne nur vereint werden, schrieb er, wenn die Bundesrepublik – und später auch das ganze Land – jedem Bündnis fernbleibe, sowohl einem europäischen als auch einem atlantischen. Heftig bekämpft er deshalb die Wiederaufrüstung im Rahmen eines westlichen Bündnisses und alle Anfänge der deutsch-französischen Verständigung sowie der europäischen Zusammenarbeit. Ob Montanunion, Schuman-Plan, Pleven-Plan oder Europäische Verteidigungsgemeinschaft (EVG) – immer sagt Jens Daniel vehement Nein: »In seiner derzeitigen

Milde für den Eisernen Kanzler: Rudolf Augsteins Titelgeschichte über den zeitlebens von ihm bewunderten Reichsgründer Otto von Bismarck.

Ulbricht lässt sich vom Spiegel nicht umdrehen: Rudolf Augstein, Hans Detlev Becker und Hans Dieter Jaene mit dem SED-Chef in Ostberlin.

Schwäche ist Frankreich weder für Amerika noch für uns ein tragfähiger Bundesgenosse. Mit wem verbinden wir uns, mit wem wollen wir uns integrieren? Mit den eingeborensten Feinden der deutschen Einheit, die in der Welt existieren, mit den Franzosen.« Richtig nimmt er an, dass Pleven-Plan und EVG, die Versuche einer militärischen Zusammenarbeit zwischen Paris und Bonn, an der Furcht der Franzosen vor deutschen Divisionen scheitern werden. Er nimmt es aber Washington übel, dass es nach Wegen sucht, die Bundesrepublik in die »Atlantische Gemeinschaft« einzufügen und damit, wie er meint, in das Glacis eines künftigen Weltkrieges zu verwandeln:

> »Von Belang ist, daß wir politisch und finanziell unabhängig von Amerika werden ... Wir brauchen keinen Marshall-Dollar, wenn man uns gestattet, unsere Kohle zum Weltmarktpreis zu verkaufen, wenn man unseren Export frei laufen läßt und wenn man die sonstigen Diskriminierungen wirtschaftlicher Art aufhebt. Allein mit unserer Kohle leisten wir Reparationen, die zwei Fünftel sämtlicher Marshall-Gelder und Sachlieferungen aus Amerika an uns ausmachen. Wir sind in der Lage, ohne Marshall-Plan zu leben, wenn man uns läßt ... Wir sind darüber hinaus in der Lage, die von uns gewünschte Zahl von 250 000 Mann samt Ausrüstung und Material zu unterhalten. Obwohl unser Kriegspotential willkürlich zerschlagen worden ist, könnten wir sie sogar aufstellen, wenn unsere Wirtschaft frei arbeiten dürfte und wenn unsere Besatzungskosten restlos gestrichen würden.«

Der Gedanke an die »deutsche Kohle«, die nun »ganz Europa gehören« soll, lässt ihn nicht in Ruhe.

Auch der »Generalvertrag«, der spätere Deutschland-Vertrag, der Bonn 1952 ein Stück Souveränität zurückgab, durfte nach der Meinung von Jens Daniel nicht unterzeichnet werden, weil er einen deutschen Verteidigungsbeitrag – noch in Form der später gescheiterten Europäischen Verteidigungsgemeinschaft (EVG) – vorsah. Für ihn war es nur »Schein-Souveränität«: »Es ist zweifellos unsittlich, einem Gefangenen die Ketten zu lockern unter der Voraussetzung, daß er für den bisherigen Herrn Waffen trägt.« Die »Westlösung« für das halbe Deutschland ist für ihn nur ein »schmerzlicher Notbehelf«: »Das törichte Wort vom ›zweiten Versailles‹ ist gefallen. Aber Versailles gefährdete nicht die nationale Existenz. Wer nicht blind ist, mußte sehen, daß diese Verträge das nationale Weiterleben der deutschen Nation gefährden und ihrer Natur nach gefährden müssen.«

Und die Sowjets? Ihnen müssten wir, schreibt Jens Daniel, »in einem jahrelangen, nicht ganz risikolosen Kampf beibringen, daß sie sich mit ihrer Spekulation, uns kalt zu frühstücken, verrechnet haben«. Er hält es für einleuchtend, dass die Russen zur Freigabe der DDR bereit sein könnten, wenn Deutschland neutral und dem westlichen Bündnis fernbleibe. Er ist dagegen, sie zu »verteufeln«. Adenauer, der fürchtet, ein neutralisiertes Deutschland wäre eine leichte Beute für die Sowjets, hält er entgegen: »Ein Volk von 70 Millionen, das über dem Ruhrgebiet hockt, das wird so leicht keine Beute der Sowjets, weil nämlich die Amerikaner und Engländer ganz genau wissen, was dann die Stunde geschlagen hat.« Dass es dann aber zu spät gewesen wäre, ist dem sonst so scharfsinnigen Jens Daniel entgangen. So hat auch die Stalin-Note von 1952, die einem neutralisierten Deutschland sogar eine eigene Armee konzediert, bei den Westmächten und bei Adenauer keine Chance. Augstein tritt für Verhandlungen darüber ein. Sein Auslandsredakteur Georg Wolff, von ihm »der Deutsche« genannt, sieht das klarer und sagt es in einer Hausmitteilung, die Leo Brawand aufbewahrt hat: »Sechs Wochen vor der Ratifizierung des geplanten Vertrages schickt Stalin seine Noten? Und daraufhin hätte Adenauer in Bismarck-

Stiefel umsteigen sollen? Wie hätten wir wohl dagestanden: Die Bundesrepublik, wirtschaftlich sich eben aufrappelnd, moralisch kaputt, als charakterlos und hinterlistig diffamiert – dies Restdeutschland hätte den Bismarckschen Kraftakt des Spiels mit den Westmächten, des Jongleurs der Weltmacht-Gewichte beginnen sollen? Man soll die Sowjets nicht ›verteufeln‹! Bloß Teufel hin, Teufel her – warum sollte man sich mit Stalin auf ein jahrelanges Verhandeln über freie Wahlen in der DDR und eine Wiederbewaffnung einlassen? Verlassen von den bitter enttäuschten Westmächten, dem Kremlherrn ausgeliefert.«

In der Entscheidungsschlacht um die Wiederaufrüstung, die Wiedervereinigung und Adenauers Politik der Westbindung, die damals die westdeutsche Öffentlichkeit erregte und spaltete, war der junge Rudolf Augstein sicherlich die wichtigste einzelne Stimme. In seinem bekanntesten, häufig zitierten Jens-Daniel-Kommentar »Ein Lebewohl den Brüdern im Osten« fasst er Anfang 1952 alle seine Argumente gegen Adenauers Politik zusammen. Seine darin mit messerscharfem Verstand vorgetragene Warnung, dass die »Westlösung« die Spaltung Deutschlands auf fünfzig Jahre zementieren werde, hat fast aufs Jahr gestimmt. Er konnte es selber noch erleben. Was er damals unterschätzte, war der Furor des Kalten Krieges, gegen den die Deutschen allein nichts ausrichten konnten. Die Besatzungsmächte waren stärker. Sie hätten die Stalin-Note auch zurückgewiesen, wenn Adenauer für ein Gespräch darüber eingetreten wäre. Die Nation, in deren Namen Augstein focht, war gründlicher untergegangen, als er es glauben wollte. Und sie hatte von den Siegern so viele Opfer gefordert, dass diese auch nur das Risiko neuer Opfer nicht eingehen wollten, zumal nun durch die Sowjetunion eine neue Gefahr drohte. Adenauers Politik war verlässlicher als die seiner Gegner. Und Adenauer war nicht zu erschüttern; von der Richtigkeit seiner Politik überzeugt, ging er unbeirrt seinen Weg.

Daniel war in Wahrheit David gegen Goliath, zumal er auch noch auf Amerikaner, Franzosen und – am Rande – auf Engländer losging. Die Amerikaner hielt er für naiv, dumm und gefährlich. »Er glaubte, sie bekämpfen zu müssen wie alle, die er für dumm und deshalb für gefährlich hielt«, sagte Claus Jacobi, sein späterer Chefredakteur, darüber. Er mochte die Amerikaner nie richtig. Nur einen nahm er davon ausdrücklich aus, seinen »Freund« Henry Kissinger, aber der in Fürth Geborene war kein richtiger Amerikaner. Die Franzosen fand er schwach, chaotisch und eigensüchtig. Die Engländer kamen etwas besser weg, aber von Churchill hielt er nicht viel mehr als von de Gaulle.

Augstein betrachtete sich als den zornigen jungen Mann, der nach den »Stahlgewittern« der Zeit nichts und niemandem mehr glaubt. Die Opposition war sein Element, umso mehr, als sie ihm Macht verlieh. Mit seinem Kampf gegen Adenauer und die Alliierten war er plötzlich bekannt und bei einem Teil seines Publikums auch populär geworden. Er spürte sehr genau, was »ankam«. Zum Beispiel: »Ich hatte ein Bestreben, ich wollte die widerliche Schmeichelei dieser Deutschen vor ihren Besiegern nicht gerne mitmachen. Es ging von Anfang an scharf gegen die Besatzungsmächte; die ganze Umerziehung und all der Quatsch, der stank mir natürlich. Erzogen wollte ich wohl werden, aber doch nicht umerzogen, da gab's nichts umzuerziehen. Was sollten die mir denn erzählen, ich hatte mit den Nazis ja nichts zu tun.« Das entsprach einer weit verbreiteten Stimmung. Nach Umfragen der Amerikaner war bis Mitte der fünfziger Jahre ein großer Teil der Deutschen gegen die Sieger und »Besatzer«.

Augstein hoffte auch, dass die Opposition gegen Adenauer zunehmen werde. Noch tobte der Kampf um die Wiederbewaffnung. Immer wieder wies er in seinen Kolumen darauf hin, dass die Politik des Bundeskanzlers nicht den »Ohne uns«-Wünschen des Volkes entspreche; auch, dass sie den Rechten nicht gefalle und diese stärken werde, wozu er mit seinem Appell an das Nationale freilich einiges beitrug. Aber er täuschte sich. Je länger die Auseinandersetzung um die Wiederbewaffnung dauerte, desto mehr erlahmte die Opposition dagegen. Jens Daniels Kassandrarufe waren verhallt. Die Westdeutschen begannen inzwischen ihr »Wirtschaftswunder« zu genießen. Als 1954 nach der Ablehnung der EVG durch die französische Nationalversammlung die Aufnahme der Bundesrepublik in die Nato beschlossen wurde und der Deutschland-Vertrag 1955 endgültig in Kraft trat, hatte Augstein seinen Kampf verloren. Schon am 20. Januar 1956 konnte Adenauer in Andernach die erste Bundeswehr-Einheit auf das neue Vaterland einschwören.

Dennoch waren diese Jahre Augsteins beste Zeit. Die Jens-Daniel-Kolumnen waren trotz ihrer Fehleinschätzungen und Irrtümer publizistische Glanzstücke. Anders als in der Auseinandersetzung mit Franz Josef Strauß, die in einem harten Machtkampf endete, ging es im damaligen Kampf mit Adenauer um politische und moralische Schicksalsfragen der Nation. Augstein ist immer nachgesagt worden, dass er kein Konzept habe, dass er »nur mäkeln und warnen« könne, wie es Wolff nannte, aber in seiner Kritik an Adenauer war er einem außenpolitischen Konzept am nächsten, auch wenn es sich hart an den Realitäten stieß. Augstein hat später selber eingesehen, dass er an dem großen alten Mann gewachsen war. In die Abneigung mischt sich gelegentlich auch widerwilliger Respekt, so nach der Bundestagswahl von 1953, die Adenauer wider Erwarten gewann und damit auch die Zustimmung der Wähler zu seiner Politik. »Dr. Adenauer hat sich durch seinen beispiellosen Sieg unter die wichtigsten zehn Staatsmänner der Erde eingereiht, unter die Eisenhower, Churchill, Nehru und Malenkow«, schrieb er, »wir ziehen den Hut, wenn auch mit äußerster Sorge.«

Adenauer rührte auch das wenig. Seit der Schmeißer-Geschichte war der Spiegel für ihn das »Drecksblatt«. Wenige Jahre später beschäftigte er sich sogar ernsthaft mit dem Vorschlag, ein neues Magazin zu gründen oder Augsteins Anteile am Spiegel zu kaufen. Der Plan für ein neues Magazin stammte vom Münchner Verleger Edmund Banaschewski (Werk-Verlag), der beim bayerischen Ministerpräsidenten Hanns Seidel Unterstützung suchte. Seidel machte Adenauer mit dem Projekt vertraut, der seinen Pressechef Felix von Eckardt und Gerd Bucerius (damals noch CDU-Bundestagsabgeordneter) zu Rate zog. Das Ergebnis seiner Sondierungen teilte er Seidel in einem Brief vom 6. Juni 1959 mit:

> »Sehr geehrter Herr Seidel, ich habe über die Angelegenheit mit Herrn von Eckardt gesprochen. Er glaubte – ich bitte das aber vertraulich zu behandeln –, daß die Anteile Augsteins am ›Spiegel‹ käuflich zu erwerben seien. Er hielt einen solchen Erwerb für wesentlich besser als eine Neugründung ... Ich habe dann über die Angelegenheit mit Herrn Bucerius gesprochen ... Herr Bucerius erklärte mir, daß die Mitteilung des Herrn von Eckardt unzutreffend sei. Augstein habe vor längerer Zeit an einen solchen Verkauf gedacht, jetzt nicht mehr.«

Von einer Neugründung hielt Bucerius auch nichts.

Da die Jens-Daniel-Kommentare und die unfreundlichen Geschichten im Spiegel Adenauer nichts anhaben konnten, beschloss Augstein, den Kampf mit politischen Mitteln fortzusetzen. Er trat in die FDP ein. Als die Düsseldorfer »Jungtürken« um Wolfgang Döring, Walter Scheel und Willi Weyer 1956 die Koalition mit dem CDU-Ministerpräsidenten Arnold sprengten und eine Regierung mit der SPD bildeten, sah er darin ein Signal zum Sturm auf Bonn. »Der Kanzler muß weg«, schrieb Jens Daniel Ende 1956, weil er unfähig sei, die Spaltung zu überwinden und den Staat zum eigenen und zum Machterhalt der CDU zur Beute nehme. 1957 wollte er zum ersten Mal für den Bundestag kandidieren. Seine neuen Freunde in Düsseldorf, allen voran Wolfgang Döring, wollten ihn im Wahlkreis Rheydt–Mönchengladbach–Viersen aufstellen. Erich Mende, zu der Zeit FDP-Fraktionsvorsitzender im Bundestag, Gegner der »Jungtürken« und Befürworter der Koalition mit der CDU/CSU, war dagegen. An eine Besprechung über die Kandidatur in seinem Godesberger Haus mit Döring, Scheel, Weyer und Augstein hatte er keine guten Erinnerungen. In seinen Memoiren schrieb er über Augstein: »Eine eiskalte, brutale Kämpfernatur von eindrucksvoller Härte, voller Ironie und bissigen Spotts. Augstein entwarf als einzige Alternative das Bild einer gegen die CDU/CSU gerichteten Mehrheit aus SPD und FDP. Dabei steigerte er sich in einen solchen Haß gegen Konrad Adenauer und Franz Josef Strauß, daß die sachlichen Überlegungen einschließlich der allgemeinen Stimmung im Land zwangsläufig zurücktraten.« Wenig später erkannte aber auch Augstein die allgemeine Stimmung im Land und zog seine Kandidatur zurück: Es konnte keinen Zweifel mehr geben, dass Adenauer und die Union die absolute Mehrheit erringen würden.

Der Hass auf Strauß war über Nacht entstanden. Augstein begegnete dem »Holzhacker-Siegfried« aus München zunächst mit Sympathie. Er sah in ihm einen verwandten Schnelldenker, dessen humanistische Bildung der seinen entsprach, dessen Witz und Schlagfertigkeit er ebenso schätzte wie seinen Spaß an der Freud', andere die eigene Überlegenheit fühlen zu lassen. Last but not least: Auch Strauß war kein Freund Adenauers. Diese Phase dauerte aber nur ein gutes Jahr. Der andere Strauß, der Haut-den-Lukas-Politiker, lehrt Augstein schnell das Fürchten. Der Stimmungsumschwung kommt buchstäblich über Nacht. Augstein hat den frisch gebackenen Verteidigungsminister zu einem Bierabend am 9. März 1957 in sein Haus am Maienweg eingeladen, an dem auch einige Spiegel-Redakteure teilnehmen. Der Abend soll eigentlich der Kontaktpflege dienen; er beginnt in lockerer Stimmung. Hans Detlev Becker trägt erst einmal ein Gedicht auf den Niedersachsen-König Ernst-August vor, das er noch aus seiner Schulzeit auswendig kann.

»Im Wollen fest,
kalt in Gefahr,
noch jugendfrisch
im Silberhaar,
jedweder Zoll
ein Heldenbild,
Gerechtigkeit
sein Ehrenschild
und seines Volkes
Stolz und Lust,
das war König
Ernst-August.«

»Der Abend entwickelt sich zur ›Saufarie‹ (Augstein)«, beschreibt Leo Brawand, der dabei war, die Eskalation der Stimmung. Strauß verfällt nun in den Ton des Stammtischstrategen: Die Sowjets – Kruzifix, was seien die gefährlich! Hans Schmelz, Ex-Major und später einer der Autoren des Fallex-Artikels, der die Spiegel-Affäre auslöst, will gehört haben, dass der Gast sie mit Sittlichkeitsverbrechern vergleiche. »Dann schlagen Sie sie doch zusammen«, nimmt er Strauß hoch. Das habe er nicht gesagt, brüllt der Minister zurück. Augstein schickt Schmelz vor die Tür. Im Eifer des Gefechts verpasst Strauß den letzten Zug nach Bonn und kommt zurück. Nun muss er sich von Spiegel-Redakteuren anhören, was Augstein alias Jens Daniel schon x-mal geschrieben hat: Dass sich die Bundesregierung zu servil an die Amerikaner, an den Westen, binde und dafür auch noch Steuergelder hinauswerfe für die Montanunion, die Frankreich wolle, um an die Ruhrkohle heranzukommen, und für die Stationierungskosten.

Schließlich kommt es wegen einer Bemerkung des ehemaligen SS-Offiziers Horst Mahnke über das Dritte Reich zum nächsten Eklat. Es geht offensichtlich um die Frage, ob Hitler ein Lump und Verbrecher war. Augstein versucht klarzustellen, dass ihn jeder im Raum dafür halte. Im Bierpegel versackt nun aber jede Verständigung. Unbeherrscht raunzt der Holzhacker-Siegfried: »Wann's so reden wollt, ladet's euch Zuhälter oder Ganoven ein, aber nicht einen Minister der Bundesregierung.«

Auf einige Zechkameraden hat Strauß an diesem Abend eher als exotischer, komischer Bajuware gewirkt, auf andere dagegen als gefährlicher Machtmensch. Zu denen gehört auch Rudolf Augstein. Ihm kommen Zweifel, ob Strauß für das Amt des Bundeskanzlers geeignet sei, zumal er nun bald ernstere Proben für seine Machtversessenheit liefert. Seine Anti-Strauß-Artikel erscheinen von nun an unter dem Pseudonym ›Moritz Pfeil‹. Genüsslich schlachtet der Spiegel die »Hahlbohm-Affäre« aus. Vom Bonner Polizeipräsidenten und vom nordrhein-westfälischen Innenminister hatte Strauß die Versetzung und Bestrafung des Verkehrspolizisten Siegfried Hahlbohm verlangt, der, vor der Kreuzung am Kanzleramt den Verkehr regelnd, völlig korrekt darauf bestand, dass der Minister und dessen Fahrer sein Stoppzeichen beachten. »Ich werde dafür sorgen, daß Sie von der Kreuzung verschwinden«, hatte Strauß den Polizeibeamten angeschrieen.

Was Augstein jedoch mehr beunruhigt als der Hunger des bayerischen Naturburschen nach Macht, ist sein Griff nach Atomwaffen. Nachdem Strauß CSU-Vorsitzender geworden war, rechnet er in einer sich über 15 Seiten erstreckenden Titelgeschichte, die er selber schreibt, Anfang April 1961 mit seinem Gegner ab. Der Titel »Der Endkampf« bezieht sich auf die Behauptung des Möchtegern-Atomstrategen, dass die Sowjetunion aufrüste, »um den Endkampf mit den USA zu wagen«. In der ersten Hälfte beschreibt Augstein den Endkampf von Strauß um das

Strauß wird neuer CSU-Chef: In einer von ihm geschriebenen Titelgeschichte warnt Augstein vor dem »Endkampf« des Bajuwaren um die Macht in Bonn.

Kanzleramt, wie er ihn vorher sieht. Danach will dieser nach den Wahlen im September Ludwig Erhard ins Kanzleramt verhelfen und selber Außenminister werden, um dann dessen Nachfolge als Kanzler antreten zu können. Strauß hielt wie Adenauer ein schnelles Scheitern Erhards für wahrscheinlich. Zitat um Zitat trägt der Spiegel-Chef in der zweiten Hälfte die Atom-Strategie des Verteidigungsministers zusammen. Nur die vereinte atomare Macht des Westens könne die kommunistische Expansion aufhalten. Die Russen müssten wissen, dass die Atomwaffen der Amerikaner und der Nato sie vernichten könnten. Für Strauß folgt daraus, dass auch die Bundesrepublik wenigstens taktische Atomwaffen in eigener Verfügungsgewalt haben müsse, um die Sowjets vor einem örtlichen Vorstoß abzuschrecken und notfalls die USA, auch gegen ihren Willen, in einen nuklearen Krieg hineinzuziehen. Wie de Gaulle hegt Strauß ein tiefes Misstrauen gegenüber den Amerikanern. Würden sie das selbstmörderische Risiko eines nuklearen Weltkrieges und der eigenen Vernichtung eingehen, wenn es Moskau nur auf Deutschland oder Europa abgesehen hat?

Zieht man die bramarbasierende Sprache des Alpenkriegers ab, reflektierte sein Gerede auch die strategische Debatte in den USA. Augsteins späterer Freund Henry Kissinger, damals noch Professor und Berater von Präsident John F. Kennedy, dachte ebenfalls über einen begrenzten nuklearen Krieg und eine »abgestufte Abschreckung« nach. Jeder Stufe der Eskalation sollte eine Warnung an Moskau vorausgehen. Das bedeutete auch für Kissinger, dass die europäischen Streitkräfte der Nato, auch die Bundeswehr, mit taktischen Atomwaffen ausgerüstet sein müssten. Die amerikanischen Generäle wussten es besser; sie glaubten nicht an einen begrenzten Atomkrieg. Kissinger und Strauß dann plötzlich auch nicht mehr, zumal Kennedy einen deutschen Finger am Abzugshahn ablehnte. Völlig ließ Strauß das Verlangen nach Atomwaffen aber nicht los.

Für den Spiegel-Chef gab es nur eine Schlussfolgerung: »Ob die CDU oder die SPD künftig Wahlen gewinnen wird, ist nicht mehr so sehr von Belang. Wichtig erscheint allein, ob Franz Josef Strauß ein Stück weiter auf jenes Amt zumarschieren kann, das er ohne Krieg und Umsturz schwerlich wieder verlassen müßte.« Denn er werde, so vermutete Augstein in seinem »Endkampf«-Artikel, das Wahlrecht manipulieren, die Todesstrafe ebenso wie die Pressezensur wieder einführen sowie Gerichte und demokratische Institutionen missachten. Selbst die Eignung zum Amt des Außenministers sprach er ihm wenig später ab.

Der Artikel liest sich wie eine Kriegserklärung Augsteins an Strauß. Er ist der Beginn seines Endkampfes gegen den machtlüsternen Bajuwaren. Wie schon bei Adenauer fürchtet er auch bei Strauß, dass durch die Schuld der Bonner Politiker aus dem Streit um das geteilte Deutschland ein Atomkrieg entstehen könne. Das ist nicht nur ein für den innenpolitischen Kampf aufgeblasenes Schreckgespenst. Augstein hält die Gefahr durchaus für real. Er war, wie viele bezeugen, die ihn näher kannten, ein Mann, der sich schnell fürchtete; sie führten seine Kriegsfurcht auch auf seine Kriegserlebnisse zurück. Es ist aber auch eine Furcht, die aus dem Intellekt kommt, die sich aus seiner Neigung ergibt, alles »zu Ende zu denken«. Immer rechnet er mit dem Schlimmsten, mit dem größten anzunehmenden Unfall (GAU). Es ist eine Furcht, die psychologisch seine Aggressivität erklären würde. Daraus ergibt sich auch ein Hang, den Jacobi so beschreibt: »Ein Gegner, der so groß war, daß er sich an ihm rieb, mußte kontrolliert werden.«

Bei Strauß war es nicht nur der Machttrieb, der kontrolliert werden musste, sondern auch seine Anfälligkeit für undurchsichtige Geschäfte.Unter dem Titel »Hans und Franz« veröffentlichte der Spiegel Ende Mai 1961 eine haarsträubende Geschichte, die Anfang 1962 zur Einsetzung eines Bundestagsuntersuchungsausschusses, des so genannten FIBAG-Ausschusses, führte. FIBAG war die Abkürzung für Finanz-Bau-AG. Sie sollte Geld auftreiben für den Bau von über 5000 Wohnungen für amerikanische Besatzungsangehörige. Von dem Projekt versprachen sich Hans Kapfinger, Verleger der Passauer Neuen Presse und dicker Spezi des Ministers, sowie der mittellose Münchner Kaufmann Lothar Schloß riesige Gewinne. Zunächst musste aber Strauß gewonnen werden, ein Empfehlungsschreiben für die beiden auszustellen und den amerikanischen Verteidigungsminister Gates um Unterstützung zu bitten. In beiden Fällen war Strauß zu Diensten. Dem amerikanischen Kollegen schrieb Strauß, die Vorschläge von Schloß seien »hier geprüft und als brauchbar bezeichnet« worden; er bitte den Kollegen darum, den Plan ebenfalls »prüfen zu lassen und zu verfolgen«. Zu diesem Zeitpunkt, im Sommer 1960, gab es aber nur ein paar dürftige Unterlagen. »Duzfreund« Kapfinger schien jedoch bereits mit dem Dollar-Segen zu rechnen. Seinen Partnern soll er gesagt haben: »Schade, daß ich mit Strauß teilen muß.« Kapfinger bestritt diese Äußerung, als die Sache ruchbar wurde. Augstein bedrängte Strauß, gegen Kapfinger wegen Verleumdung zu klagen, weil sonst angenommen werden müsse, dass die Äußerung stimme. Der Minister lehnte ab; Kapfinger sei von seinen Partnern verleumdet worden. Außer einer eidesstattlichen Erklärung seiner ehemaligen Geschäftsfreunde gab es keinen Beleg für Kapfingers Bemerkung. Auch der Spiegel konnte den letzten Beweis nicht erbringen. So erteilte eine sehr knappe Mehrheit des FIBAG-Ausschusses dem Minister am 25. Oktober 1962 Absolution. Vielleicht wäre es dabei nicht geblieben, aber am 26. Oktober begann die Spiegel-Affäre.

Zwei Tage vorher hatte ein anderer Strauß-Skandal den Bundestag beschäftigt. Ende September 1962 hatte der Spiegel enthüllt, wie sich »Onkel Aloys« und der Kissinger Rechtsanwalt Peter Deeg durch ihre Beziehungen zum Verteidigungsminister bei Rüstungsgeschäften bereichert hatten. Aloys Brandenstein war ein Nennonkel von Frau Marianne Strauß. 1957 noch völlig bankrott, tauchte er 1958 als gut bezahlter »Berater« der Remscheider Panzerkettenfabrik Backhaus auf, deren einziger Auftraggeber die Bundeswehr war. Auch in diesem Fall fehlte dem Spiegel aber der dokumentarische Nachweis für die Freundesdienste des Ministers. Auf Anfrage der SPD-Fraktion erteilte Strauß dem Bundestag eine ausweichende Antwort. Wiederum musste er mit einem Untersuchungsausschuss rechnen. Dazu kam es aber nicht mehr. Innerhalb weniger Stunden überschlugen sich die Ereignisse.

Augstein wollte Strauß mit rauchendem Colt erwischen, um ihn zu stürzen. Bis dahin hatte er sein Ziel nicht erreicht. Der Minister war durch die Skandale schwer angeschlagen, aber immer noch nicht in die Knie gezwungen. Er fühlte sich zu Unrecht verfolgt. Seinen Plan, sich in München in Sicherheit zu bringen und sich um den Posten des bayerischen Ministerpräsidenten zu bemühen, hatte er wieder aufgegeben. Der Rückzug war ihm praktisch auch von Augstein mit der Ankündigung verlegt worden, wenn Strauß sich nach Bayern zurückziehe, werde der Spiegel seine Kampagne gegen ihn einstellen. Der Holzhacker-Siegfried entschloss sich nun zum Kampf, weil sonst Augstein bald bestimmen werde, »wer in einer Spitzenposition sein darf oder wer was wird«. Der Spiegel hatte inzwischen sein schwerstes Geschütz in Stellung gebracht. Der Minister sollte auf seinem eigenen Felde geschlagen, seine Kompetenz als Verteidigungsminister und Stratege in Frage gestellt werden. Den Anlass bot das Nato-Manöver »Fallex 62«, das den Beginn des Dritten Weltkrieges durchspielte. Nach dem Manöverplan griffen die Sowjets die USA mit Wasserstoffbomben an und versuchten nach Atombombenabwürfen in Europa den Durchbruch zum Atlantik. Auch der atomare Gegenschlag der Nato konnte die roten Divisionen nicht sofort zum Halten bringen. Große Teile Nordwestdeutschlands einschließlich Schleswig-Holsteins wurden von ihnen besetzt, viele Millionen Menschen getötet. Mit dem Manöver sollten die militärische Bereitschaft der Nato, die Funktionsfähigkeit der Führungsstäbe und die Notstandsplanung für die Bevölkerung geprüft werden. Die dabei zutage getretenen Mängel der Bundeswehr qualifizierten sie nur als »bedingt abwehrbereit« (dies war auch der Titel des Artikels). Das vernichtende Resümee der Manöverkritik, das Augstein besonders wichtig war, lautete:

> »Mit Raketen anstelle von Brigaden und mit Atomgranatwerfern anstelle von Soldaten ist eine Vorwärtsverteidigung der Bundeswehr nicht möglich, eine wirksame Abschreckung bleibt fraglich.«

Die Ausgabe mit dem Artikel wurde bereits am Samstag, dem 8. Oktober 1962, verkauft, zwei Tage vor dem offiziellen Erscheinungstermin. Die Spiegel-Redaktion wusste, dass er wie eine Bombe einschlagen würde. Strauß hatte nun endlich den Vorwand, den er brauchte, um gegen den Spiegel vorzugehen.

Für die Bundesanwaltschaft, die den Artikel ebenfalls bereits prüfte, ließ er in seinem Hause ein »vorläufiges Gutachten« anfertigen, das dem Spiegel den Verrat von Staatsgeheimnissen in 41 Fällen vorwarf. Er ließ sich zunächst aber Zeit, vermutlich, weil er erst den Persilschein des FIBAG-Ausschusses in der Sitzung vom 25. Oktober abwarten wollte, um sich nicht dem Vorwurf der Rache auszusetzen. Erst am 18. Oktober zog er den Bundeskanzler ins Vertrauen, von dem er eine Blanko-Vollmacht erhoffte – und auch erhielt, was Adenauer später geschickt zu verschleiern wusste. Der wenige Tage zurückliegende Ausbruch der Kuba-Krise half ihm außerdem, die Sache zu dramatisieren. Sein Staatssekretär Hopf setzte die Bundesanwaltschaft unter Druck, in deren Händen der Fall offiziell lag. Auch das Hamburger Pressehaus erreichten Informationen, dass etwas in der Luft lag. Conrad Ahlers, stellvertretender Chefredakteur und einer der beiden Verfasser des Artikels, verfügte über gute Beziehungen zum Verteidigungsministerium. Zu seinen Hintergrundinformanten hatte auch Oberst im Generalstab Alfred Martin gehört, der die Atompläne seines Ministers ablehnte. Vorsichtshalber verschloß Ahlers seine Gesprächsnotizen und Unterlagen in einem Kuvert und übergab sie seiner Sekretärin zur Verwahrung, bevor er nach Spanien in den Urlaub fuhr.

Niemand aber ahnte die Nacht- und Nebelaktion, die dann in den späten Abendstunden des 26. Oktober über Hamburg hereinbrach. Mehrere Bundesanwälte und ein Richter des Bundesgerichtshofs rückten mit einem Trupp der Sicherungsgruppe Bonn des Bundeskriminalamtes und drei Dutzend Kripo-Beamten an, riegelten das Pressehaus ab, durchsuchten die Redaktionsbüros, beschlagnahmten wahllos Material und nahmen die beiden Chefredakteure, Claus Jacobi und Johannes K. Engel, unter dem Verdacht des Landesverrats vorläufig fest. Die beiden »Hauptverdächtigen« Augstein und Ahlers fanden sie nicht. Augstein hatte bereits das Büro verlassen, war aber nicht in sei-

Der »Fallex«-Titel: angeblich Landesverrat.

nem Haus, sondern in einer Wohnung im Hamburger Leinpfad mit seiner späteren Frau Maria Carlsson zusammen. Von seinem Bruder Josef, seinem Anwalt, über die Aktion telefonisch informiert, ließ er die Bundesanwaltschaft wissen, dass er sich am nächsten Vormittag um 12.00 Uhr selber stellen werde. Den von der Bundesanwaltschaft vorgeschlagenen Termin um 10.00 Uhr lehnte er als zu früh ab.

Ahlers machte Urlaub im spanischen Torremolinos. Bei Ahlers schien Flucht- und Verdunklungsgefahr vorzuliegen. Jedenfalls nahmen das Strauß, die Bundesanwaltschaft und wohl auch Adenauer an, den der Minister noch in der Nacht angerufen und informiert hatte, dass Ahlers »von Spanien nach Tanger weiterreisen« wolle. Wegen seiner Verbindungen ins Verteidigungsministerium galt er als Schlüsselfigur des »Verräter«-Rings. Vom Kanzler ermutigt, »alles Notwendige zu tun«, griff der Minister zum Diensttelefon und rief den deutschen Militärattaché Achim Oster in Madrid an, der mit Ahlers befreundet war und wahrscheinlich wusste, wo Ahlers sich aufhielt. Er log Oster vor, dass Ahlers militärische Geheimnisse verraten und die Sicherheit der

Auf dem Weg in die Untersuchungshaft im Hamburger Strafjustizgebäude nach der Festnahme zu Beginn der Spiegel-Affäre.

Untersuchungshäftling Augstein wird während der Spiegel-Affäre zur Vernehmung durch die Bundesanwaltschaft geführt.

Bundesrepublik gefährdet habe, noch dazu auf dem Höhepunkt der Kuba-Krise. Der Spiegel-Herausgeber Augstein sei schon auf dem Weg nach Kuba, schwindelte er weiter. Obwohl er nicht zuständig war, befahl er Oster, bei den spanischen Behörden die Verhaftung von Ahlers in dessen Urlaubsort Torremolinos zu veranlassen. Ein Haftbefehl von Interpol sei bereits unterwegs. Auch das war wahrheitswidrig. Einen solchen Haftbefehl gab es nicht und konnte es nicht geben, weil Interpol für politische Straftaten nicht zuständig ist. Ahlers wurde noch in der Nacht von der spanischen Polizei festgenommen, flog aber am nächsten Vormittag freiwillig mit einer Lufthansa-Maschine nach Hamburg zurück. An Flucht hatte er schon deshalb nicht gedacht, weil er sich keiner Schuld bewusst war.

Die Spiegel-Affäre, die eigentlich eine Strauß-Affäre war, hatte vorher schon allen staatsrechtlichen Grundsätzen Hohn gesprochen. Ein Indiz dafür war, dass der eigentlich zuständige Justizminister Stammberger (FDP) umgangen worden war, einmal mit der Begründung, dass er seinen Parteifreund Augstein hätte warnen können, ein andermal mit der Behauptung, Stammberger werde wegen angeblicher Verfehlungen während seiner Wehrmachtszeit vom Spiegel erpresst. Mit dem Anruf von Strauß bei Oster erhielt das Vorgehen der Staatsgewalt kriminelle Züge. In der erregten Bundestagsdebatte vom 8. November versuchte Adenauer ein letztes Mal das Verhalten von Strauß und das Vorgehen der Regierung zu rechtfertigen. »Nun, meine Damen und Herren, wir haben einen Abgrund von Landesverrat im Lande«, entgegnete er kritischen Zurufern. Und: »Wenn von einem Blatt, das in einer Auflage von 500 000 Exemplaren erscheint, systematisch, um Geld zu verdienen, Landesverrat getrieben wird ... «

Der Rest ging im Tumult unter.

Strauß war nicht zu helfen. Er redete sich um Kopf und Kragen. Erst belog er den Bundestag hinsichtlich seiner Rolle in der Spiegel-Affäre, dann gab er einen Teil der Wahrheit zu. Zu wenig und zu spät. Die düpierte FDP ließ die Regierung platzen, Strauß war nicht mehr zu halten, auch in der CDU nicht, und Adenauer konnte seinen Kopf nur retten, weil er den Freien Demokraten für den Wiedereintritt in die Koalition das Versprechen gab, im Laufe des Jahres 1963 sein Amt aufzugeben.

Augstein saß während dieser Zeit als Untersuchungsgefangener in Koblenz im Gefängnis. Er durfte über politische Themen nicht schreiben. Sonst hätte er wahrscheinlich seine Fehde mit Mende wieder aufgenommen und die Rückkehr der FDP in eine Adenauer-Regierung verurteilt. Eine Philippika gegen die

Parteien hatte er zwar geschrieben, sie war aber nicht gedruckt worden. Widerstrebend ließ er sich von seinem Freund Wolfgang Döring, der ihn in der Bundestagsdebatte mutig gegen die Vorverurteilung durch Adenauer verteidigt hatte, überzeugen, dass der FDP keine Wahl blieb. Adenauer hatte schon mit dem SPD-Fraktionsvorsitzenden Herbert Wehner Kontakt aufgenommen, der zu einer Großen Koalition bereit gewesen wäre, allerdings nur unter der Bedingung einer Wahlrechtsänderung, um der FDP den Garaus zu machen. Döring war allerdings von der Fortsetzung der Koalition mit der CDU/CSU selber nicht überzeugt. Die aufregenden Wochen seit der Spiegel-Affäre hatten sein krankes Herz überanstrengt. Wenige Wochen nach dem Besuch bei Augstein im Gefängnis erlag er einem Herzinfarkt.

Die Haftbedingungen waren für Augstein relativ komfortabel, die Vernehmungen durch die Bundesanwälte eher eine Farce. In erster Linie wollten sie von ihm wissen, ob er den Artikel »Bedingt abwehrbereit« vor der Veröffentlichung gekannt und gelesen habe. Er übernehme zwar die Verantwortung, ließ sich Augstein ein, habe in der fraglichen Zeit aber unter »Drehschwindel« gelitten, so dass er das Manuskript nicht habe lesen können. Obwohl die Anwälte dies für eine »Falschaussage« hielten, richtete sich ihre Aufmerksamkeit nun auf Jacobi, der als verantwortlicher Chefredakteur das Blatt eingerichtet hatte. Die Verantwortung war, wie Jacobi sagt, »nach unten« verschoben worden. Später ist gelegentlich behauptet worden, das Verhältnis der beiden habe darunter gelitten. Jacobi bestreitet das heute. Die Geschichte habe keine Bedeutung gehabt und seine Beziehung zu Augstein nicht belastet. Sie hat Jacobi auch kaum geschadet. Viel früher als für seinen Chef öffneten sich für ihn die Gefängnistüren. Augstein musste dagegen wegen »Falschaussagen« länger sitzen als alle anderen. Was Jacobi den Bundesanwälten nicht erzählte, waren Einzelheiten aus der Entstehungsgeschichte des Artikels. Augstein hatte »Conny« Ahlers immer wieder gedrängt, die Story zu schreiben, um Strauß nachzuweisen, dass Atomwaffen für die Verteidigung der Bundesrepublik ungeeignet seien. Die ersten Entwürfe für den Artikel, die vorwiegend auf Gesprächen mit Offizieren, Politikern, Wissenschaftlern und Archivmaterial beruhten, waren mehrmals umgeschrieben worden, weil sie langweilig und für Laien ziemlich unverständlich waren. Weder Ahlers noch Augstein waren damit zufrieden. Erst die Erkenntnisse aus dem Fallex-Manöver verliehen der Geschichte die erwünschte Schärfe und Eindeutigkeit. Augstein gefiel sie immer noch nicht, sie wurde nun aber schnell veröffentlicht.

Conrad Ahlers hatte sich vorher noch vergewissert, ob die Titelgeschichte Geheimhaltungsvorschriften verletze. Er hatte sie dem damaligen Hamburger Innensenator und künftigen Verteidigungsminister Helmut Schmidt zum Lesen gegeben. Schmidt war sich in einigen Punkten nicht sicher und empfahl deren Überprüfung. Dennoch wurde auch gegen ihn ermittelt, sogar länger als gegen den Spiegel, unter anderem wegen des Verdachts, den Spiegel vor der Aktion der Bundesanwaltschaft gewarnt zu haben. Der außerdem um Durchsicht des Manuskripts gebetene Hamburger Resident des Bundesnachrichtendienstes, Oberst Adolf Wicht, zu dem Hans Detlev Becker gute Beziehungen unterhielt, hatte nur Einwände gegen eine Stelle, die Ahlers herausnahm. Das Verteidigungsministerium und die Bundesanwaltschaft listeten dagegen 41 »zum Teil äußerst wichtige« militärische Geheimnisse auf, die der Spiegel verraten haben sollte. Die angeblichen Geheimnisse waren jedoch, wie die Redaktion von Anfang an nachweisen konnte, alle schon einmal veröffentlicht worden und nicht mehr geheim. Dennoch beantragte der Generalbundesanwalt im Oktober 1964, das Hauptverfahren gegen Augstein, Ahlers und Oberst Martin zu eröffnen. Erst nachdem dem Bundesgerichtshof von amerikanischen

Sie kamen in der Nacht: Titelgeschichte über die Spiegel-Aktion in der Ausgabe vom 7. November 1962.

und deutschen Gutachtern dargelegt worden war, dass von Geheimnisverrat keine Rede sein könne, lehnte der 3. Strafsenat des Bundesgerichtshofs 1965 die Eröffnung des Hauptverfahrens ab.

Augstein war im Februar 1963 nach 103 Tagen aus der Untersuchungshaft entlassen worden. Er habe Glück gehabt, sagte er im Rückblick. Er meinte damit nicht die erwiesene Haltlosigkeit der Vorwürfe, sondern das Überleben des Spiegel in einer seine Existenz bedrohenden Situation. Als die Affäre begann, war er überzeugt, dass der Spiegel vernichtet werden sollte. Die Polizeiaktion drohte das Erscheinen der nächsten Ausgaben des Blattes zu verhindern und damit einen kaum wieder gutzumachenden wirtschaftlichen Schaden anzurichten. Dass Adenauer und Strauß dies zumindest billigend in Kauf genommen haben, kann man nach ihren Äußerungen annehmen. Adenauers Behauptung, der Spiegel verdiene mit Landesverrat Geld, war eine eindeutige Rufschädigung, und Strauß hatte sich noch am Vorabend der Affäre vor Dritten, allerdings im besoffenen Zustand, gefreut, dem Spiegel gehe es nun bald »an den Kragen«. Es kam jedoch, dank der Hilfe der anderen Hamburger Verlagshäuser und ihrer Redaktionen, insbesondere der Zeit und des Constanze-Verlages, nicht dazu. John Jahr übernahm, obwohl er gerade den Spiegel verlassen hatte, noch einmal für einige Tage das Kommando und legte es dann im Einverständnis mit Augstein in die Hände von Hans Detlev Becker, der ebenfalls für einige Tage festgenommen worden war. Selbst das Haus Springer bot seine Hilfe an. Das Angebot stammte allerdings von Springers Generalbevollmächtigten Kracht, mit dem Becker befreundet war. Als Axel Cäsar davon erfuhr, bekam er einen Tobsuchtsanfall und machte es rückgängig. Die Verluste durch die Affäre, von Augstein mit über zwei Millionen Mark beziffert, wurden sehr schnell durch den Anstieg der Auflage wettgemacht. Sie stieg innerhalb weniger Wochen von 520 000 auf 700 000 Exemplare, fiel dann aber wieder auf 600 000 zurück.

Adenauer und Strauß hatten offensichtlich die Stimmung in großen Teilen der Bevölkerung völlig falsch eingeschätzt. Den »Abgrund von Landesverrat« konnten viele Bundesbürger, insbesondere jüngere, nicht sehen. Sie sahen stattdessen die Hybris der Macht, den Angriff auf Rechtsstaatlichkeit und Pressefreiheit. Hunderte von Intellektuellen, Schriftstellern und Professoren protestierten, Tausende von Studenten gingen auf die Straße. Vor dem Tor des Hamburger Untersuchungsgefängnisses, in dem Augstein in den ersten Tagen einsaß, hielten Demonstranten ein Schild mit der Aufschrift hoch »Spiegel tot – Freiheit tot«. Unter Augsteins Zellenfenster in Koblenz demonstrierten Studenten und Spiegel-Leser mit dem Plakat »Augstein raus – Strauß rein«.

Adenauers autokratischer Regierungsstil hatte im ersten Nachkriegsjahrzehnt durchaus Vorzüge. Er half den älteren Generationen, sich an den Übergang von der Diktatur zur Demokratie zu gewöhnen. Doch nun hatte sich das verknöcherte Adenauer-Regime überlebt. Die Reste des Obrigkeitsstaates waren eine Gefahr für die Demokratie geworden. Die Spiegel-Krise verhalf einer tief greifenden Veränderung von Staat und Gesellschaft zum Durchbruch. Augstein hatte mehr erreicht, als er wollte und ahnen konnte: Die Demokratie hatte ihre erste Bewährungsprobe bestanden, das Ende Adenauers und der Nachkriegszeit war besiegelt, Strauß war gestürzt und konnte sich von dem Machtverlust nie wieder erholen. Der Spiegel war gerettet. Ein Jahr nach der Affäre sagte Augstein in einem Interview mit der Zeit: »Selten ist eine Haft so gut angelegt gewesen wie diese.«

Aber auch Augstein zahlte einen Preis. Auch er hatte sich von der Hybris der Macht leiten lassen. Er hatte sich mit Eifer in den Kampf mit den beiden mächtigsten Männern des Landes gestürzt. Die Bundesrepublik hatte sich zwar verändert, aber mit dem Sturz von Strauß und der Schwächung Adenauers hatte auch er ein Stück seiner Macht verloren. Die Geschichte der Bundesrepublik begann nun in normale Zeiten einzumünden. Es gab keine übergroßen Helden mehr, die er kontrollieren musste, sondern nur noch Parteien, mit denen er nicht viel anzufangen wusste. Er war als »Retter der Demokratie und der Pressefreiheit« selber zur Ikone geworden, aber es gab nun nichts mehr zu retten. Der Spiegel konnte kein Kampfblatt mehr sein. Was blieb, war das normale »Wächteramt« der Presse. Das spürte er selber nur zu genau, empfand es aber auch als Machtverlust. Es konnte auch ohne ihn gehen. Jacobi sah darin eine Chance. In einer offenen, pluralistischen Gesellschaft, in der die existentiellen Fragen entschieden waren, in der der tägliche Meinungsstreit nicht als Kontroverse, sondern als Bemühen um Konsens ausgetragen wurde, gab es keinen Anlass mehr für große Meinungsschlachten. Der Erfolg gab ihm Recht, wie sich sehr schnell am Anstieg der Auflage bis an die Millionengrenze zeigte. Langjährige Spiegel-Leser trauerten allerdings dem alten Spiegel nach, was Augstein ungern hörte.

Noch war auch ein Rattenschwanz von Prozessen aufzuarbeiten, zu denen neue hinzukamen. Augstein konnte es nicht verwinden, dass es ihm nicht gelungen war, Strauß völlig aus dem politischen Leben zu vertreiben. Die Spiegel-Affäre hatte ein langes Nachspiel, bei dem Strauß mehr Glück hatte als Augstein. Zunächst schlugen die Versuche fehl, Strauß auch rechtlich zur Rechenschaft zu ziehen. Er und Hopf waren wegen »Amtsanmaßung und Freiheitsberaubung« im Fall Ahlers angezeigt worden. Die zuständige Bonner Staatsanwaltschaft stellte das Ermittlungsverfahren aber im Juni 1965 ein, weil beide in einem »unvermeidbaren Verbotsirrtum« gehandelt haben könnten. Das Bundesverfassungsgericht lehnte ein Jahr später einen Antrag des Spiegel-Verlages ab, die Nacht-und-Nebel-Aktion für verfassungswidrig zu erklären.

Im April 1964 hatte Augstein noch einmal zu einem Vernichtungsschlag gegen Strauß ausgeholt. Unter dem Titel »Unheilbar gesund« hatte er alles aufgezählt, was sich der ehemalige Minister in seiner Amtszeit an Vorwürfen, korrupt zu sein, gefallen lassen hatte. Dann ging es Schlag auf Schlag. Strauß nannte bei einem Besuch in Israel den Spiegel in ungebrochener bajuwarischer Deftigkeit die »Gestapo unserer Tage«. Nun fühlte sich Augstein beleidigt, scheiterte aber mit einem Antrag beim Bundestag, die Immunität des Abgeordneten Franz Josef Strauß aufheben zu lassen. Der antwortete mit einer Zivilklage, in der er den Widerruf der Behauptungen und Schmerzensgeld verlangte. Vom Landgericht München bekam er im Juli 1965 teilweise Recht. Es erlegte Augstein die Zahlung eines Schmerzensgeldes in Höhe von 25 000 DM auf und verbot ihm, die Behauptung aufrechtzuerhalten oder zu wiederholen, Strauß »sei ein der Korruption schuldiger Minister, der während seiner Ministerzeit Geld angenommen hatte, das ihm nicht gehörte«.

Das war Augstein zu viel und Strauß zu wenig. Beide legten Berufung ein. Überraschend verschärfte das Oberlandesgericht

München das erstinstanzliche Urteil. Obwohl sich Augstein darauf berief, nur aus anderen Zeitungen und Zeitschriften zitiert zu haben, befand das Gericht, Augstein habe seine Beschuldigungen leichtfertig erhoben. Seine Anwälte hatten den Vorwurf der Korruption nicht eindeutig beweisen können. Dazu das Gericht: »Die Pressefreiheit legitimiert nicht die Behauptung oder Verarbeitung unwahrer ehrenrühriger Tatsachen.« Es hielt die Zahlung des Schmerzensgeldes aufrecht und verurteilte Augstein zu einem Widerruf in vier Punkten, der mit seiner eigenhändigen Unterschrift gezeichnet sein musste. Der Beklagte hielt diese in der Tat ungewöhnliche Forderung für unvereinbar mit seiner Menschenwürde. So blieb ihm nur der Gang nach Karlsruhe. Die Zeitung Christ und Welt schrieb dazu: »Die Spiegel-Affäre ist nicht ohne beträchtlichen Nutzen für die deutsche Demokratie verlaufen … Der Nutzen freilich wäre noch größer gewesen, wenn sich Augstein nicht schon bald in einen blinden Haß hineingeredet hätte, der seltsamerweise unter dem berüchtigen Motto, der Zweck heiligt die Mittel, zu stehen begann.«

Der Bundesgerichtshof bestätigte das Münchner Urteil. Nun blieb nur noch das Bundesverfassungsgericht. Dort ging Augsteins Beschwerde gegen den Bundesgerichtshof wegen eines Formfehlers zu spät ein. Die Verfassungsrichter bauten ihm aber eine Brücke: Eine Verurteilung zum Widerruf bedeute nicht, dass der Betreffende von der Unrichtigkeit seiner Behauptung überzeugt sein müsse. Auch solle er dadurch weder gedemütigt noch sein Wille gebrochen werden. Man verlange von ihm nicht, seine Überzeugung zu ändern und diesen Wandel nach außen zu bekennen. Er könne in seiner Erklärung auch sagen, dass er sie nur wegen der gerichtlichen Auflage abgebe. Inzwischen war es Januar 1970. Das Münchner Landgericht verurteilte den Spiegel-Herausgeber zu einer Beugestrafe von 250 000 Mark, falls er sich nicht sofort zur Abgabe des Widerrufs bequeme. Mit den ihm von den Verfassungsrichtern in die Feder diktierten Vorbehalten »widerrief« Augstein nun unter anderem, dass Strauß ein der Korruption schuldiger Minister sei, dass ihm Onkel Aloys einen Koffer oder eine große Aktentasche »voll nagelneuer Fünfzigmarkscheine« gebracht und dass er mit Kapfinger die Teilung der FIBAG-Gewinne verabredet habe.

Die Prozesse verselbständigten sich allmählich. Augstein musste einsehen, dass die Verteufelung seinem Erzfeind mehr half als schadete, und verlor die Lust daran. Ohnehin wirkte das Nachtarocken in dem milder gewordenen Spiegel wie ein Überbleibsel aus vergangenen Zeiten. Als CSU-Vorsitzender blieb Strauß eine politische Kraft, mit der man rechnen, mit der man aber auch wieder reden musste. Nach der Wahl von 1965, in der die CDU/CSU erneut stärkste Kraft geworden war, sprach sich Augstein selber dafür aus, mit Strauß wieder ins Gespräch zu kommen. Auch Strauß war daran interessiert. Mit Hilfe des Autors, der damals Spiegel-Reporter war, wurde ein erster Kontakt zwischen Ahlers und seinem ehemaligen Verfolger hergestellt. Schon Anfang 1967 kam es dann zu einem ersten Spiegel-Gespräch mit dem ungeliebten Bajuwaren, an dem auch Augstein teilnahm. Strauß hatte gerade als Finanzminister der Großen Koalition, gegen die Augstein vergeblich angeschrieben hatte, sein Comeback in der Bundespolitik angetreten. Ahlers sah ihn nun wieder öfter, denn er hatte sich vom Spiegel getrennt und war mit dem SPD-Ticket stellvertretender Pressechef der Großen Koalition geworden. Die Berufung von Ahlers war ein schlauer Einfall von Herbert Wehner. Er wollte Täter und Opfer der Spiegel-Affäre in der Regierung zusammenspannen, um so dem Vorwurf zu begegnen, die SPD habe Strauß in der Großen Koalition wieder hoffähig gemacht.

Nachdem Adenauers ungeliebter Nachfolger Ludwig Erhard gescheitert war und die Große Koalition unter Kurt Georg Kiesinger seine Nachfolge angetreten hatte, begann sich Augstein seines großen Gegners mit zunehmendem Respekt zu erinnern. Im Herbst 1966 besprach er kritisch-distanziert den gerade erschienenen zweiten Band von Adenauers Memoiren. Er nennt ihn einerseits einen »Staatsmann«, einen »instinktsicheren Taktiker« und »geborenen Führer«, andererseits fehle ihm »die gedankliche Kraft des Analysierens«, sei er einer »aus bürgerlichen Vorurteilen geronnenen ideologischen Fixierung verhaftet«. Die alten Geschichten waren Geschichte. Fast erscheint ihm der »Alte« nun als eine Art rheinischer Bismarck. Adenauer scheint den Unterton von Bewunderung zu spüren. Er dankt Augstein am 9. November 1966 mit einem handgeschriebenen Brief:

> »Sehr geehrter Herr Augstein! Erlauben Sie mir, Ihnen zu danken für die große Arbeit, die Sie auf die Kritik des 2. Bandes meiner Erinnerungen verwandt haben. Ich habe sie mit großem Interesse gelesen. Mit ausgesprochener Hochachtung, Ihr ergebener Adenauer«.

Daraus ergab sich wenige Wochen später, am 9. Dezember 1966, ein Gespräch zwischen Adenauer und Augstein, das dritte und letzte, über das der Spiegel-Herausgeber ein Gedächtnisprotokoll veröffentlicht:

> »*Augstein:* (Murmelt etwas von einer gewissen Rührung, den Dr. Adenauer nach langen Jahren, in denen viel passiert sei, wiederzusehen.)
> *Adenauer:* Ich erinnere mich noch gut, daß … Sie eine deutsche ›Time‹ gründen wollten. Sie sind dann eine Zeitlang im trüben Gewässer gefahren, aber das haben Sie mir ja damals gleich gesagt, daß Sie eine Zeitlang durch trübe Gewässer würden fahren müssen. Inzwischen sind Sie da ja durch.«

Damit ist die Vergangenheit abgehakt. Kein Wort über die alten Kämpfe, kein Wort über die Spiegel-Affäre. Stattdessen Geplauder über den »Herrn Erhard«, der, wie Adenauer nun zu Recht sagen kann, kein »politischer Mensch« sei, und über die Gesundheit des »Herrn Wehner«, über den Adenauer wegen der Koalition sich Sorgen macht: »Wenn der ausfällt, dann … (Er hebt die Arme.)«

Im Alter wurde Augsteins Urteil über Adenauer dann immer milder. Zu seinem 70. Geburtstag sagte er in einem Interview mit der Zeit: »Aber vielleicht ist letzten Endes doch Adenauer die bedeutendste Figur, der ich begegnet bin. Es hat mich schon sehr gefreut, daß ich ihn zwei Wochen vor seinem Tod noch besuchen durfte. Zum Schluß habe ich den Alten wirklich geliebt.« Adenauer starb am 25. April 1967.

Eine bis heute offene Frage konnte auch Augstein in seinem letzten Gespräch mit Adenauer nicht klären. Nach der Spiegel-Affäre gehörte auch Adenauer zu den Verlierern. Er hatte sich durch Strauß in die Affäre hineinziehen lassen, den er ebenso wenig mochte wie Augstein. Die Machtgelüste des undisziplinierten Bayern-Fürsten waren auch ihm unheimlich, nicht zuletzt weil er fürchtete, dass Strauß nach seinem Amt griff. Warum hatte er nicht rechtzeitig die Gelegenheit genutzt, seinen Verteidigungsminister zu entlassen? Eine Erklärung liegt in der Annahme, dass er Strauß schon für zu mächtig hielt, dass er ihn zu lange gedeckt hatte und nun fürchtete, mit ihm zu stürzen. Der »Vater« des Wirtschaftswunders, Ludwig Erhard, und seine Freunde in der CDU/CSU und in der FDP standen schon ante portas. Zwar war ihm klar, dass seine Tage im Palais Schaumburg gezählt waren – er war nun schon 85 –, aber er klammerte sich an das Amt. Außerdem trieb ihn die Furcht um: »Mein Gott, was soll aus Deutschland werden, wenn ich nicht mehr bin!« Diese Worte, geäußert 1954 während der Londoner Viermächte-Konferenz, auf der über den Verteidigungsbeitrag der Bundesrepu-

»Ich habe ihm das persönlich nicht übel genommen«: Begegnung mit Strauß lange nach der Spiegel-Affäre.

blik verhandelt wurde, waren um die Welt gegangen, nachdem der Spiegel sie veröffentlicht hatte. Dessen Korrespondent Lothar Ruehl hatte zufällig neben der Säule des Claridge-Hotels gesessen, hinter der Adenauer privat mit Belgiens Außenminister Paul-Henri Spaak über seine Ängste sprach. Ruehl berichtete weiter: »Die Furcht vor dem Wiedererstarken eines zynisch-bornierten deutschen Nationalismus, die tief in Konrad Adenauer sitzt, schien ihn gänzlich ergriffen zu haben.« Augstein kommentierte damals: »Welch ehrfurchtgebietende Hybris!«

Von Strauß war Augsteins Abschied weniger respektvoll. Er hatte ihm die Spiegel-Affäre zwar vergeben. (Nach dessen Tod am 3. Oktober 1988 sagte er in einem Interview: »Ich habe ihm das persönlich nicht übelgenommen. Er hatte ja verloren.«) Aber er hatte sie nicht vergessen; er wollte sie auch in seinem Nachruf im Spiegel nicht übersehen, »obwohl ich diesem flamboyanten Alt-Bayern so wohlgesinnt war wie nur irgendeiner«. Er hielt auch an seinem Urteil fest, dass Strauß als Außenminister oder

Bundeskanzler »ein Alptraum« gewesen wäre. Dennoch hatten die beiden wieder häufiger miteinander geredet. Augstein schloss seinen Nachruf: »Privat, unter uns beiden, war die Sache ja längst begraben. Wir hatten sogar einen ›Kamerad-weißt-du-noch-Abend‹ (schriftlich) vereinbart. Gott mit dir, Franz Josef Strauß.«

KAPITEL 8

Auf der Sinnsuche

Die Untersuchungshaft während der Spiegel-Affäre hatte Rudolf Augstein verändert. Kollegen und Freunde fanden ihn nachdenklicher geworden. Er durchlebte in der Haft eine Lebenskrise, erinnert sich Claus Jacobi, sein zeitweiliger Haftgenosse. Warum bin ich hier, was mache ich hier, habe er sich gefragt. Und natürlich auch, wie es weitergehen solle. Die Auseinandersetzung mit Adenauer und Strauß war zu Ende; sie hatte die politische Welt der Bundesrepublik verändert. Es war ein Schicksalskampf gewesen, der sich nicht wiederholen konnte. Sein spekulativer Geist wandte sich Sinn- und Glaubensfragen zu, angeregt durch die Lektüre der beiden Bibeln, die ihm der evangelische und der katholische Gefängnispfarrer in die Zelle gebracht hatten. Aus einer streng katholischen Familie stammend, lebte er offenbar ohnehin in ständiger Auseinandersetzung mit seinem Glauben, auch nachdem er sich längst von ihm getrennt hatte. Aus der Bibel-Lektüre auf der »kommoden Matratze« der Zelle entstehen zwei Briefe an die lieben Spiegel-Leser mit »einigen religiösen Reflexionen, gespickt mit zur Lage passenden Bibel-Zitaten aus dem Alten Testament«. Und der Schlussfolgerung: »So ergreifend sich die Bibel liest: Ich werde einen Trennungsstrich ziehen müssen zwischen dem Gott des Alten Testaments und mir. Mein Gott ist's nicht, der aus dem Opferrausch von Hekatomben getöteter Menschen spricht. Mir hat er zuviel Ähnlichkeit mit der ›Vorsehung‹.« Nach der ersten Glosse flatterten hunderte von Briefen in seine Zelle, »Briefe fast durchweg voller Sympathie, aber durchweg voller Bedauern über den Unverstand, der aus meiner Bibelglosse in Nr. 47 spricht«. Mit gespielter Reue räumt er ein, dass dieser Glosse »die angemessene Form« gefehlt habe.

Augstein fasste »schnell wieder Tritt«, beobachtete Jacobi, aber der Weg führte ihn zunächst weg von Politik und Publizistik. Nachdem die Prozesswelle abgeebbt war, hatte er auch wieder mehr Zeit. Außerdem war er nun eine Berühmtheit, die zu Vorträgen, Podiumsdiskussionen und Streitgespächen eingeladen wurde, häufig auch an Universitäten. Das schmeichelte seinem alten Ehrgeiz, Professor zu werden. Dass er nicht studiert hatte, schleppte er lange Zeit als Komplex mit sich herum. Ende der vierziger Jahre fragte er bei zwei Universitäten an, ob er ein Studium bis zum Abschluss absolvieren könne, ohne seine tägliche Arbeit in der Redaktion aufgeben zu müssen. Er wurde abschlägig beschieden. Er hätte gerne studiert, verriet er in einem Interview mit der Zeit zu seinem 44. Geburtstag. Aber: »Wozu brauchte ich zu studieren? Ich kann systematisch und methodisch denken, das würde genügen, um eine Doktorarbeit zu schreiben.« Inzwischen hatte er sich als Autodidakt ein immenses Wissen angelesen. Auf die Frage, ob ihn eine Lehrtätigkeit interessieren würde, sagte er: »Falls eine Berufung erfolgen würde, wäre ich sofort bereit.«

Die Themen seiner öffentlichen Auftritte erstreckten sich über ein weites Spektrum: Zum 600-jährigen Bestehen der Universität Wien sprach er »Über die Chancen der Intellektuellen«, die er in einem »Utopia« zwischen den »politischen Systemen in Ost und West« sah; an der Freien Universität Berlin diskutierte er mit dem Strauß-Gegner und CSU-Politiker Guttenberg »Über Wege zur Wiedervereinigung: Brauchen wir eine neue Deutschlandpolitik?«; in der Berliner Kongresshalle hielt er einen Vortrag »So stell ich mir die Christen vor«. Andere Auftritte befassten sich mit der deutschen Geschichte, mit Deutschlands Verhältnis zu Frankreich, mit dem Arbeiteraufstand am 17. Juni 1953 in der DDR, mit der Frage »Ist die SPD (noch) zu retten?« (Streitgespräch mit Helmut Schmidt). Es war keine Frage, dass alles vom ersten bis zum letzten Wort im Spiegel veröffentlicht werden musste. Aber wie? Die Texte waren weder Spiegel-Stories noch Kommentare und hätten – auch wegen ihrer Länge – den Rahmen des Blattes völlig gesprengt. So kamen Jacobi und Engel auf die Idee, die Augstein-Erkenntnisse als gelbe Blätter beizuheften. Uninteressierte Leser hätten dann leicht darüber hinwegblättern können. Und mit viel Interesse rechneten die beiden Chefredakteure nicht. »Wir haben uns geirrt«, gibt Jacobi heute zu, »die gelben Blätter waren ein großer Erfolg.«

In den Themen drückte sich auch Augsteins Leiden am Zustand der Welt aus. Er hatte zwar kein Konzept, wie man sie verbessern könne, und je älter er wurde, desto mehr zweifelte er, ob sie überhaupt zu verbessern sei, aber sein Hang zum aufgeklärten Idealismus konnte sich damit nur schwer abfinden. Er begann Antwort auf seine Fragen bei Philosophen zu suchen, bei Ernst Bloch, Karl Jaspers und Martin Heidegger. Jaspers und Heidegger zögern zunächst, sich dem gefürchteten Spiegel-Mann anzuvertrauen. Jaspers hielt den Spiegel als »bellenden Köter« zwar für notwendig, will sich mit ihm aber nicht einlassen. Auf Anraten von Hannah Arendt tut er es dann doch. Wegen seiner Gespräche mit dem Spiegel kritisiert, schreibt er 1967: »Denken wir das Dasein des Spiegel weg, so wäre die Wahrheit in Deutschland außerordentlich viel ärmer und machtloser.« Und über Augstein: »Welche Freude ist es, einem bedeutenden Mann im Gespräch zu begegnen, der so präzis, so kenntnisreich, so unbefangen, so radikal, mit solcher Souveränität auch über sich selber, mit solcher Schärfe zu sprechen vermag!« Gelegentlich ist ihm die Schärfe aber auch unheimlich. Nach einem Gespräch mit Aug-

Wohin treibt die Bundesrepublik? Gespräch mit Karl Jaspers 1965.

stein schreibt er im März 1965 an Hannah Arendt. »Es war mir, als ob ich Verwandtschaft spüre und dann den Abgrund ...«

Heidegger, der wegen seines umstrittenen Verhaltens in der Nazi-Zeit besonders empfindlich ist, lässt sich von dem Schriftsteller Erhart Kästner umstimmen. Er habe, schreibt Kästner an Heidegger, den Eindruck, »als ob der Herr Augstein seinen Indianerkopfschmuck mit Philosophenfedern anzureichern strebt«. Wenn dabei herauskomme, »daß der öffentliche Ton zu Heidegger umschlägt, sollte man damit hochzufrieden sein«. Der Philosoph stimmt unter der Bedingung zu, dass das Gespräch erst nach seinem Tode veröffentlicht werden darf. Es erschien erst 1976.

An Heidegger ist Augstein besonders interessiert, genießt er doch die größte Autorität unter den lebenden Philosophen. Im Oktober 1966 reist Augstein mit Georg Wolff zu Heidegger nach Todtnauberg im Schwarzwald. Über die Vergangenheit wird zwar geredet, aber ohne jede Schärfe. In der Sache bleibt das Ge-

Keine Lebenshilfe von den Philosophen: Augstein mit Martin Heidegger 1966 in Todtnauberg.

spräch unbefriedigend. Heidegger sieht den modernen Menschen nicht in der Lage, mit der Macht der Technik fertig zu werden: »Die Philosophie wird keine unmittelbare Veränderung des jetzigen Weltzustandes bewirken können ... Die Philosophie ist am Ende.« Augstein ist enttäuscht: »Wir Politiker, Halbpolitiker, Staatsbürger, Journalisten et cetera, wir müssen unablässig eine Entscheidung treffen. Und da hören wir nun: Ich kann euch nicht helfen.« Darauf der Philosoph: »Kann ich auch nicht.« Augstein wagt einen letzten Versuch: Verfehle nicht der Philosoph einen Teil seines Berufs und seiner Berufung, wenn er keine Hinweise gebe, wie er sich eine Lebensmöglichkeit vorstelle. Heidegger: »Soweit ich sehe, ist ein einzelner vom Denken her nicht imstande, die Welt im ganzen so zu durchschauen, daß er praktische Anweisungen geben könnte.« Sein Fazit: »Nur noch ein Gott kann uns retten.«

Mit dieser Antwort kann Augstein nichts anfangen. Für ihn ist Gott schon lange tot, der Gott der katholischen Kirche schon seit seiner frühen Jugend. Den Zweifel datiert er, bis dahin »energischer Kirchgänger«, auf sein 15. Lebensjahr. Damals habe er dem »für uns Jungs zuständigen Jesuitenpater die Gewissensfrage« gestellt: »Kann man ohne eigene Schuld aus der Gnade fallen? Dessen Antwort: Da gibt es bei uns Jesuiten zwei Denkschulen: Die eine, man kann nicht, die andere, man kann. Ich hielt mich an die letztere.« Das Thema ließ ihn aber nicht los. Aus dem Gefängnis schrieb er in seinem ersten Brief an die Leser: »Wer sich mit der versteinerten Dogmatik der Kirche nicht abfinden kann, hat kaum eine Möglichkeit zur Diskussion, ja kaum eine Möglichkeit zu glauben.«

Die Reflexionen im Gefängnis waren für Augstein der endgültige Anstoß, sich selbst als Leben-Jesu-Forscher zu betätigen. Er ging aber nicht als Forscher vor, der die Beweislage objektiv betrachtet und der auch unvoreingenommen die Erkenntnisse wertet, die seinen eigenen Annahmen entgegenstehen. Das erklärt die Entrüstung, die sein Buch später bei den Fachleuten, den Theologen, hervorrief, die er doch ausgiebig zitiert. Es geht ihm aber nicht um die »Wahrheit«, sondern um die Befreiung von einem Glauben, der ihn seit seiner Kindheit und Jugend offensichtlich bedrängt hat. Am Anfang und am Ende des Buches sagt er, warum er es so schreiben musste, wie er es geschrieben hat. Die Schlusssätze klingen fast wie ein erleichternder Stoßseufzer: »Verdrängen ist gut, Bewußtmachen ist besser. Jedermann, hat ein kluger Mensch gesagt, ist stets dabei, seine Jugend abzubüßen. Rationale Aufarbeitung hat mir gutgetan und tut der Gesellschaft not. Von der eigenen Vergangenheit werden wir unbewußt gerade dann beherrscht, wenn wir sie nicht kennen. Da war in der Geschichte kein ›Sündenfall‹, den es zu reparieren galt.« Und als geistigen Urvater für sein Befreiungswerk zitiert er ausgerechnet den aufgeklärten Preußenkönig Friedrich den Großen, den er in seinem erstem Buch »Preußens Friedrich und die Deutschen« für fast alles verantwortlich macht, was in der deutschen Geschichte in der historischen Katastrophe Hitler gipfelt. Friedrich hatte 1770 an den französischen Aufklärer Jean le Rond d'Alembert geschrieben: »Gestatten Sie mir, Ihnen zu entgegnen, daß unsere heutigen Religionen der Religion Christi so wenig gleichen wie der der Irokesen … Da die Priester gemerkt haben, welche Macht ihr Idealkredit ihnen über den Geist der Völker verlieh, haben sie die Religion zum Werkzeug ihres Ehrgeizes erniedrigt.«

Was ihn stört, sagt Augstein wenige Absätze später: Dass die Kirchen mit der »historischen Gestalt Jesu« Missbrauch treiben, um ihren Machtanspruch mit »übermenschlicher Autorität« behaupten zu können. Das gilt vorwiegend der katholischen Kirche, aber nicht nur: »Ob Abtreibung oder nicht, ob, wann und wie Ehescheidung, ob Pille und Sterilisation, Retortenkinder und geklonte Lebewesen, Zerstörung der Umwelt, ob Todesstrafe, Sterbehilfe oder Atomkrieg – über all das mag es verschiedene Ansichten geben, verschieden auch nach Ethik, Moral und Sittlichkeit; nur gibt es darüber keine absolute Ansicht, von einem göttlichen Meister den Kirchen zur Auslegung und Anwendung überantwortet. Der Schlüssel des Himmels liegt im Schloß auf dem Mond.«

Auf fast vierhundert Seiten versucht Augstein nachzuweisen, dass es den »historischen Jesu« nicht gegeben hat und auch nicht hat geben können. Er scheut davor zurück, seine Existenz überhaupt zu leugnen, bezeichnet ihn aber als eine »Kunstfigur«, die lange nach seinem Tod von den ersten christlichen Gemeinden erfunden worden sei, um den göttlichen Ursprung der Kirche zu rechtfertigen.

Er will demonstrieren, »mit welchem Recht die christlichen Kirchen sich auf einen Jesus berufen, den es nicht gab, auf Lehren, die er nicht gelehrt, auf eine Vollmacht, die er nicht erteilt, und auf eine Gottessohnschaft, die er selbst nicht für möglich gehalten und nicht beansprucht hat«. Die urchristliche Gemeinde habe Jesus »Worte in den Mund gelegt, die er nicht gesprochen hat, und Taten von ihm berichtet, die er nicht getan hat«. Die Wunder, die Bergpredigt, die Auferstehung – alles Erfindungen der Gemeinde.

In seinem Buch werde kaum eine Erkenntnis verbreitet, die nicht öffentlich zu haben wäre, schreibt Augstein einleitend. Er zitiert dazu aus achtzig theologischen Standardwerken und beruft sich mit Vorliebe auf »liberale« moderne Theologen, die selber an der historischen Existenz Jesu Zweifel haben, aber wie Heinz Zahrnt auch dann Christ bleiben wollen, wenn man »den Nachweis brächte, daß Jesus von Nazareth nicht gelebt hätte«. Zu diesen undogmatischen Theologen gehörte auch der Jesuitenpater Karl Rahner, der von Spiegel-Chefredakteur Günter Gaus kurz vor Erscheinen des Werkes zur Buchmesse 1972 um eine Rezension gebeten wurde. Rahner geht mit Augstein hart ins Gericht. Sein Vorwurf »Destruktion des Glaubens, verständnis- und mitleidlose Abrechnung mit der Kirche« ist offensichtlich zu hart für Gaus. Er bittet Rahner um Verständnis dafür, dass die Rezension »angesichts der vorverlegten Bundestagswahl« erst nach den Wahlen erscheinen könne. Rahner knüpft sein Verständnis an die Bedingung, dass auch Augsteins Buch erst nach den Wahlen erscheine. Davon wollen Verlag und Autor aber nichts wissen. Die Startauflage von 50 000 kommt zur Buchmesse auf den Markt. Rahners Kritik auch – aber nicht im Spiegel, sondern in der Frankfurter Allgemeinen Zeitung.

Ein halbes Jahr später erscheint im Spiegel eine Kritik von Heinrich Böll, der Augstein freundschaftlich zugetan ist. Er steht der Kirche kritisch gegenüber, hat sich aber einen beinahe naiven Glauben bewahrt. Nachsichtig, aber unmissverständlich äußert er seine Einwände. Zwar nimmt er Augstein gegen den Vorwurf der Blasphemie, Polemik und Schnoddrigkeit in Schutz, bedauert aber, dass dieser gar nicht auf die Probleme der einfachen Katholiken eingegangen ist: »Leider ist auch Augsteins Buch so gar nicht vulgär oder populär, und der Streit wird wieder einmal zu einem Theologenstreit. Geschenkt. Es ist schade, daß Augstein, möglicherweise in einer modischen Furcht vor ›Emotionen‹, weder ein religiöses noch ein antireligiöses, sondern eben ein theologisches Buch publiziert hat.« Augsteins Irrtümer seien fast die gleichen wie die der klassischen Theologie. Für Böll ist es »eines der erstaunlichsten Wunder, daß sich nicht nur Religion, auch Glaube trotz der Theologie erhalten haben und daß sogar noch Ansätze von ›Kirche‹ da sind.« Er kann sich nur schwer vorstellen, »daß Glaube ohne eine mystische, persönliche Komponente möglich sei«. Beinahe mitleidig schreibt er: »Ich habe den Eindruck – und sollte er täuschen und als Unterstellung empfunden werden, bitte ich um Pardon – daß Augstein etwas Irrationales, das ihm verlorengegangen ist, in diesem Buch mit nur rationalen Mitteln als objektiv und endgültig verloren erklärt.«

Böll trifft den entscheidenden Punkt. Anders formuliert es Rahner, der über Augsteins mitleidslose Härte entsetzt ist. Augstein müsste doch »wohlwollendes Verständnis« für die Kirche haben, »weil auch er ja keine Rezepte weiß, wie die Menschheit aus ihrer Misere herauskommen kann. Denn eigentlich fortschrittsgläubig ist ja Augstein auch nicht.« Das war er in der Tat nicht. Aber Rahner verkennt Augsteins Denkweise, der nicht an die Freiheit der Christenmenschen glaubt, Gottes Schöpfung zu retten. Augstein zitiert eine große Reihe erlauchter Geister, von Nietzsche über Marx, Freud, Heidegger und Hawking, die überzeugt sind, dass Gott tot sei, ja, dass es ihn nicht gebe und nie gegeben habe. Deren Gedanken seien logisch, aber Christen hindere ihr Glaube, »bis zu Ende mitzudenken«. Augstein kann es. Er hält es für möglich, dass die Menschheit ausstirbt wie »jene vorsintflutlichen Ungeheuer ..., die keinen Dreh zur Anpassung mehr fanden«. Die Menschheit schlittere in eine offene, ungedeckte Zukunft hinein, niemand wisse, ob und wann sie sich dabei »übersteuert«, zitiert er den Soziologen Arnold Gehlen und im gleichen Atemzug Theodor W. Adorno, den die Ahnung plagt, dass der Fortschritt der Naturbeherrschung Unheil über die Menschheit bringen werde. Da helfe kein Gott, keine Kirche, kein Glaube. »Das reale Überleben vieler oder aller steht zur Debatte«, folgert er. Der ewige Sinnsucher Augstein hat den »Sinn«, den »letzten Seinsgrund« in der Religion gesucht und nicht gefunden. »Können wir ohne Religion leben?«, fragt er und antwortet: »Wir werden es wohl müssen.« Religion könne dem Menschen nicht mehr, wie ehedem, ersparen, »ins Nichts hinauszuhängen«, schreibt er, wiederum Gehlen zitierend.

So bleibt ihm am Ende nichts als eine apokalyptische Vision. Er hat sie immer, wenn er überzeugt ist, eine Sache zu Ende zu denken. Sein scharfer Geist kann nicht anders; er ruht nicht, bevor sich nicht alles in Nichts aufgelöst hat, sei es nun Gott oder auch eine vergleichsweise relative Belanglosigkeit wie das nach seiner Ansicht in die Krise geratene System der parlamentarischen Demokratie, das sich nicht selber retten kann: »Es muß bescheiden auf den Umsturz warten, der es von außen wegpustet.« Das ist ein Schlüsselsatz seines von tiefem Pessimismus geprägten Denkens. 1966, zu Beginn der Großen Koalition, die er für das Ende der Demokratie hält, sagt er voller Skepsis in einem Interview:

> »Man kann heute keine Aufklärung im philosophisch-historischen Sinn mehr treiben, denn das setzt doch den Glauben an die menschliche Vernunft voraus. Es setzt die Annahme voraus, daß der Mensch erzogen, veredelt werden kann, daß sich unter günstigen Umständen großartige Gemeinwesen entwickeln würden. Das alles glauben wir doch heute nicht mehr. Unser politisch-existentielles System zwingt uns aber, diesen Glauben dennoch zu haben. Wir sind also in einer gebrochenen Lage. Wir müssen uns politisch für etwas einsetzen, an das wir philosophisch nicht mehr glauben. Das ist jedenfalls meine Lage.«

Zehn Jahre hat sich Augstein mit seinem Jesus-Buch geplagt. Es wäre nie zustande gekommen, wenn dafür nicht sechs Archivare in die Spiegel-Dokumentation eingestellt worden wären, darunter ein Theologie-Student, der nur für Augstein arbeitete. Als das Buch fertig war, fühlte er sich zu alt, um sein Studium fortzusetzen. Er blieb als Archivar beim Spiegel.

Es blieb ja auch Beschäftigung genug für ihn. Die Jesus-Forschung, als deren großer Vertreter Augstein nie erwähnt und nie zitiert wurde, auch im Spiegel nicht, schritt fort. Die 1999 erschienene zweite Auflage musste auf den neuesten Stand gebracht und modernisiert werden.

Augstein brauchte große Gegner, an denen er sich reiben und messen, gegen die er polemisieren konnte; Männer, die wie

Adenauer und Strauß nach seiner Ansicht eine Gefahr für Deutschland waren. Spötter vermuteten, dass er sich mit Jesus und Friedrich II. Ersatz-Gegner gesucht hatte. Die Zerstörung ihres Mythos gab er jedenfalls als historisch notwendige Tat aus. War »Jesus« wirklich ein adäquater neuer Gegner? Er konnte es nicht sein, denn nach Augsteins Überzeugung hatte es ihn nie gegeben, jedenfalls nicht als Stifter einer neuen Weltreligion und deren Kirche. Erst recht nicht war 1970 eine aktuelle konkrete Bedrohung von ihm zu befürchten. Waren es dann die »Erfinder« der Jesus-Legende, die Evangelisten und Kirchengründer? Auch sie konnten es nicht sein, denn – wenn je – am Ende des 20. Jahrhunderts ging keine Gefahr mehr von ihnen aus. Ohnehin kommen sie bei Augstein als stümperhafte Geschichtenerzähler vor, deren Nachforschungen über den Christus, den sie schon selber nicht mehr gekannt hatten, den Anforderungen einer Spiegel-Recherche nicht genügt hätten. Wenn es überhaupt einen Gegner gab für das Buch, dann ist es die Kirche des Papstes Johannes Paul II., an der Augstein seit seiner Kindheit litt, und in ihrem Gefolge, aber in weitem Abstand die protestantische Kirche. Dass das Buch kurzfristig beinahe zu einem Bestseller wurde, trotz seiner theologischen Haarspaltereien und Spitzfindigkeiten, verdankte es offensichtlich den weit verbreiteten Ressentiments gegen die Kirchen.

War Friedrich der Große, der zweite Gegenstand des Historiker-Ehrgeizes von Rudolf Augstein, eine angemessene Gegner-Figur? Gegen Ende des letzten Jahrhunderts war er in der Erinnerung einiger Deutscher vielleicht noch in ein paar Anekdoten lebendig; sein Preußen war längst untergegangen, und selbst nach der Wiedervereinigung konnte sich kein Mensch die Bildung eines Bundeslandes Preußen vorstellen. Aber es bedurfte keines Augstein, um festzustellen, dass die Geschichte Friedrichs Preußen und das Reich Bismarcks und Hitlers endgültig hinweggefegt hatte. Sein Buch »Preußens Friedrich und die Deutschen« schaffte es nicht in die Bestseller-Liste. Seine These, die Kontinuität der deutschen Geschichte und die Rolle Friedrichs als Wegbereiter Hitlers, wobei er den von ihm bewunderten Bismarck gnädiger behandelt, war weder neu noch geeignet, ein größeres Publikum zu begeistern. Wie das Jesus-Buch ist es kein Lesebuch. Mehr als an seinen »Helden« reibt er sich an ihren Apologeten, Theologen, Historikern und Schriftstellern, denen er ihre Irrtümer und Fehler nachzuweisen versucht. Um seine Gelehrtheit zu belegen, dokumentiert er die von der Spiegel-Dokumentation gesammelten Quellen- und Literaturhinweise jeweils in einem umfangreichen Anhang, der beim Friedrich-Buch 150 von 406 Seiten ausmacht und beim Jesus-Werk 100 von 560 Seiten. Das macht die Lektüre über weite Strecken anstrengend.

Die Frage bleibt auch hier: Was hat Augstein an Friedrich gereizt? Einer seiner Kritiker, der Historiker Hans Joachim Schoeps, vermutet etwas schnodderig einen »Mordversuch an Otto Gebühr«. Der wäre allerdings verständlich, denn Augstein ist mit Gebührs Friedrich aufgewachsen. Fast zwanzig Jahre lang verkörperte der »Staatsschauspieler« Otto Gebühr den »Alten Fritz« in einer Serie von Fridericus-Rex-Filmen. Sie waren der Western-Ersatz der Ufa. Der Fridericus-Kult begann schon 1923, im Geburtsjahr Rudolf Augsteins. Immer tritt der Preußenkönig gegen Deutschlands Schmach und Ohnmacht auf, sei es nun die Niederlage im Ersten Weltkrieg, der Versailles Friedensvertrag, die wirtschaftliche Not nach dem Kriege oder das System von Weimar. Den Höhepunkt des Kultes bildet 1930 der Ufa-Film »Der Choral von Leuthen«, in dem Friedrichs Durchhaltewillen die Schicksalswende im fast schon verlorenen Siebenjährigen Krieg erzwingt. Goebbels spannt den Fridericus-Mythos auch für seine Propaganda ein. 1942 spielt Gebühr den unbezwingbaren Preußen-Recken zum letzten Mal im Film »Der große König«. In der Durchhaltepropaganda von Joseph

Goebbels war der »Alte Fritz« die Idealfigur. Trotz der Überlegenheit der Feinde entgeht er dank seines Heldenmutes und seiner Schläue immer dem Untergang und bleibt am Ende der Sieger. Wie kaum eine andere historische Figur ist er von der nationalen Rechten für ihre Propaganda missbraucht worden. Nicht ohne Tadel weist Augstein darauf hin, dass im Führerbunker bis zu Hitlers letztem Tag ein Bild Friedrichs des Großen hing. Bestärkt durch Goebbels, hoffte der Führer, wie Friedrich durch ein Wunder gerettet zu werden. Wäre dessen Feindin, die Zarin Elisabeth nicht gestorben und Russland nicht aus der Koalition seiner Gegner ausgeschieden, hätte Friedrich den Siebenjährigen Krieg verloren. Ein ähnliches Wunder erhoffte Hitler vom Tod des amerikanischen Präsidenten Franklin D. Roosevelt am 12. April 1945.

Trotz einiger sehr oberflächlicher psychischer Ähnlichkeiten wie der Bereitschaft, alles aufs Spiel zu setzen, auch das eigene Leben – schon Friedrich hatte Giftampullen in der Tasche, als er mit dem Ende rechnen musste –, hatten Hitler und Friedrich aber wenig gemeinsam. Um eine Legende zu zerstören, muss Augstein eine neue aufrichten und verwickelt sich dabei in Widersprüche. Friedrich ging es bei seinen abenteuerlichen Kriegen nicht um das deutsche Reich, sondern einzig um die Vergrößerung Preußens und um dessen Rolle als europäische Großmacht. Mit seinem Kampf gegen Österreich erschütterte er das alte Deutsche Reich bis ins Mark und schwächte dessen Kaiser, der ein Habsburger war. Anschließend war es für Napoleon ein Leichtes, dieses Reich hinwegzufegen. Auch Augstein kann das nicht übersehen. Ausführlich zitiert er Ernst Moritz Arndt, den romantischen Dichter und Sänger deutscher Einheit (»Was ist des Deutschen Vaterland«), der Friedrich »wildesten Despotismus« und Verrat an der deutschen Sache vorgeworfen hatte. Ein Despot war er ja. Da hat sich Augstein auch nicht durch die von Friedrich selbst kultivierte Rolle als Aufklärer, Dichter und Musikant auf dem Königsthron täuschen lassen. Und richtig bleibt auch, dass sich die Deutschen immer dann gerne an den bizarren Hasardeur aus Potsdam erinnerten, wenn sie sich von einer Welt von Feinden umringt glaubten, wie 1914, als Thomas Mann den Preußenkönig umjubelte.

Sebastian Haffner blieb dennoch skeptisch, ob Augsteins Buch gelungen sei. In einem Interview mit dem NDR fragt er, »ob man einen Mann für das, was man aus ihm gemacht hat, verantwortlich machen kann«, und hält Augstein vor, das Buch nach der »Spiegelmethode« geschrieben zu haben. Davon sei »manchmal etwas Verhängnisvolles im Buch drin, nämlich ein ungeheures Ansammeln von Tatsachen, um eine vorgefaßte These auszustaffieren«.

Man könnte bei beiden Augstein-Büchern darüber streiten, ob Haffners Vorwurf zutrifft, und Fachleute haben das auch getan. Augstein hat aber nie einen Hehl daraus gemacht, dass er auch provozieren wollte. Bewusst ließ er sich auf das ein, was ein ehemaliger leitender Spiegel-Redakteur als »Erbkrankheit« des Spiegel beklagt, die »furchtbare Einseitigkeit« , das »Konzentrieren auf einen einzigen Aspekt eines Themas«.

KAPITEL 9

Der Spiegel ist nicht genug

In einem Briefwechsel mit dem Verleger der Wochenzeitung Die Zeit, Gerd Bucerius, legte Rudolf Augstein Ende Februar 1961 ein seltsames Bekenntis ab:

> »Wäre ich ein junger Mann von 23 Jahren, würde ich, sofern ich Journalist werden wollte, schwerlich zum Spiegel gehen, sondern viel eher zur Zeit. Damit glaube ich beantwortet zu haben, wieso ich meine oder überhaupt eine politische Meinung im Spiegel nicht durchsetzen kann. Sie wird von meinen Mitarbeitern zur Kenntnis genommen, aber nicht verarbeitet. Dies ist das Gefängnis, aus dem ich manchmal gerne ausbrechen würde. Wohin ausbrechen? In die Politik oder in den Meinungsjournalismus. Denn solange ich im Spiegel bin, bleibe ich an die Magazintechnik geschmiedet wie Prometheus an den Kaukasus ...«

Augstein war zu dieser Zeit 38 Jahre alt. Er war nun immerhin seit 14 Jahren Chefredakteur, Herausgeber und Verleger des Spiegel. Ohne ihn hätte es die Technik des Nachrichtenmagazins in Deutschland damals nicht gegeben, obwohl sie – mit seiner Billigung und Unterstützung – von Hans Detlev Becker stärker geprägt worden ist als von ihm. Die Zeilen an Bucerius waren aber alles andere als ein theatralischer Ausbruch. Schon 1951 hatte der gefesselte Prometheus, damals 27 Jahre alt, seinem Freund Michael Thomas gestanden, der Spiegel fange an, ihn zu langweilen; das Einzige, was ihn wirklich noch reizen würde, wäre eine Tageszeitung. Es war ein Traum, den er lange hegte, bis er ihn, müde geworden, Ende der sechziger Jahre endgültig aufgab. Seine Erfüllung war ihm trotz mehrerer Anläufe verwehrt geblieben. Der Spiegel war ihm zu groß geworden, zu stark am Massengeschmack orientiert; was ihm vorschwebte und notwendig erschien, war ein politisch engagiertes Intelligenzblatt, eine »geistig anspruchsvolle Zeitung«.

Die erste Gelegenheit schien sich 1956 zu bieten, als seine FDP-Freunde in Düsseldorf, Wolfgang Döring, Walter Scheel und Willy Weyer, ein paar Millionen Mark für eine liberale Tageszeitung aufzutreiben versuchten. Augstein war an dem Projekt interessiert und hatte schon mit der Anwerbung von Journalisten begonnen. Chefredakteur sollte Paul Sethe werden, wie Augstein und die FDP-Rebellen ein Kritiker Adenauers und seiner Politik, der deshalb auf Druck des Kanzlers seine Position als Herausgeber der Frankfurter Allgemeinen Zeitung hatte verlassen müssen. Ebenso wie Augstein sollte Sethe 1957 als FDP-Bundestagskandidat antreten. Das Unternehmen platzte jedoch sehr schnell, nachdem die »Jungtürken« in Düsseldorf die Koalition mit der CDU gesprengt und ihren Marsch auf Bonn angekündigt hatten. Die potentiellen Geldgeber aus der nordrhein-westfälischen Industrie zogen daraufhin ihre Finanzierungszusagen zurück.

Unmittelbar danach nahm der Traum wieder eine verlockende Gestalt an, diesmal unmittelbar vor der Haustür. Der Hamburger Zeitschriftenmarkt war wieder einmal in Bewegung geraten. Besitzerwechsel und Firmenneugründungen hielten ihn bis in die siebziger Jahre hinein in ständiger Unruhe. Dafür sorgten vor allem die umtriebigen, kämpferischen Verleger Gerd Bucerius und John Jahr sowie der reiche Drucker Richard Gruner. Ihr Streben nach Profitmaximierung und verlegerischer Macht verwandelte den Markt oft in einen undurchsichtigen

Dschungel, in dem man sich entweder die Beute teilte oder um sie stritt, oft auch vor Gericht. Axel »Cäsar« Springer hielt sich von diesen nicht gerade hanseatischen Geschäftspraktiken fern und baute ungestört sein eigenes Imperium aus. Rudolf Augstein hätte gerne mitgespielt, aber ihm fehlte das kaufmännische Geschick, die unternehmerische Weitsicht und zu der Zeit auch das Geld für den großen Einsatz.

1957 trieb die schon seit ihrer Gründung im Jahr 1948 andauernde Krise bei dem Hamburger Blatt Die Zeit ihrem Höhepunkt zu. Ursprünglich war es von den Briten als anspruchsvolle, liberale Wochenzeitung für Politik, Wirtschaft und Kultur lizenziert worden. Die fünf Lizenzträger, darunter Gerd Bucerius, stritten sich jedoch bald um die politische Linie der Zeitung und nach der Währungsreform auch um die wirtschaftliche Grundlage. Unter ihren ersten beiden Chefredakteuren Ernst Friedländer und Richard Tüngel war das Blatt immer stärker in ein nationalkonservatives Fahrwasser abgedriftet. Es stand »rechts von der CDU«, was selbst den liberalkonservativen CDU-Politiker Bucerius störte. Auch Marion Gräfin Dönhoff, von Anfang an dabei und damals noch nicht die »rote Gräfin«, ärgerte sich über die Nazi-Autoren im Blatt und verließ vorübergehend die Redaktion. Sie wurde später von Bucerius als Chefredakteurin zurückgeholt. Mit ihrem Namen verband sich der Aufstieg der Zeit zu einer bedeutenden Stimme – einerseits liberal, andererseits aber auch von einer protestantisch-preußischen Moral geprägt. 1956 hatte Bucerius den Kampf um die Zeit schon fast gewonnen. Er hatte zwei Lizenzträger hinausgedrängt und besaß bereits eine Mehrheit der Anteile. Auch beim Stern war er inzwischen Mehrheitsgesellschafter geworden, nachdem er eine finanzielle Schwäche des Nannen-Verlages benutzt hatte, das Unternehmen mit seinem Kompagnon Richard Gruner zusammen zu übernehmen. Henri Nannen war nun nur noch Herausgeber und Chefredakteur des Stern.

Das ständig wachsende Unternehmen des Gerd Bucerius musste den Appetit der anderen Presselords wecken. Die Gelegenheit zum Zugreifen schien gekommen, als Bucerius zum letzten Gefecht gegen seine beiden noch verbliebenen Mitgesellschafter bei der Zeit blies, gegen Richard Tüngel und gegen den als Geschäftsführer tätigen Ewald Schmidt di Simoni. Bucerius machte beide für die Schwierigkeiten der Zeit verantwortlich und strengte ein schiedsgerichtliches Ausschlussverfahren gegen sie an. Die beiden anderen revanchierten sich mit einem gleichen Verfahren gegen Bucerius. Sie erhielten dabei Unterstützung von den beiden Spiegel-Gesellschaftern Augstein und Jahr, die ihre Anwaltskosten übernahmen und mit ihnen für den Fall des Obsiegens offensichtlich Absprachen getroffen hatten. Augstein hoffte nach einer Niederlage von Bucerius die Kontrolle über die Zeit zu erlangen und damit seinem Traum von einer Tages- oder Wochenzeitung näher zu kommen, und Jahr war wie immer auf der Suche nach einer gewinnbringenden Geldanlage. Ihre Erwartungen zerbrachen jedoch am Spruch des Schiedsgerichts: »Das Unternehmen selbst kann nur demjenigen Gesellschafter zugesprochen werden, der es unter Einsatz seines persönlichen Vermögens und seiner Fähigkeiten in Zeiten der Not am Leben erhalten hat.« Und das war Bucerius, der nun Anfang 1957 Alleinbesitzer des Zeit-Verlages war und die beiden anderen auszahlte.

Hans Dieter Jaene, damals stellvertretender Chefredakteur des Spiegel, erinnerte sich an Augsteins Reaktion: »Nach dem Tag des Schiedsspruchs trug er eine Hand im Verband. Er hatte sich verletzt, als er voll Wut mit einem Brieföffner in einen Polstersessel stechen wollte.«

Augstein gibt seinen Traum nicht auf. Gemeinsam begeistert er sich 1959 mit einer Gruppe von Welt-Redakteuren, darunter Paul Sethe, Gerd von Pascensky und Peter Grubbe, für den Plan, die Deutsche Allgemeine Zeitung wiederzubeleben. Die Welt-

Leute waren zunehmend enttäuscht von dem größenwahnsinnig gewordenen Axel »Cäsar« Springer, der nach seinem missglückten Versuch, in Moskau mit Chruschtschow die Wiedervereinigung auszuhandeln, der Welt einen antikommunistischen Rechtskurs verordnet hatte und dafür auch Auflageneinbußen hinnahm. In den Gängen der Welt-Redaktion fragten sich die Redakteure nicht mehr »Wer geht?«, sondern »Wer bleibt?« Die Deutsche Allgemeine Zeitung (zur Bismarck-Zeit gegründet und vom Eisernen Kanzler als »Sprachrohr« benutzt) galt als liberal-konservatives bürgerliches Blatt, bevor sie von den Nazis gleichgeschaltet wurde. Als Chefredakteur für die Neugründung war wiederum Paul Sethe vorgesehen, dem sich Augstein nach wie vor verbunden fühlte. Geplant war ein unabhängiges liberales Blatt, das zunächst als Wochenzeitung und später als Tageszeitung erscheinen sollte.

Der Spiegel hatte in den voraufgegangenen drei Jahren einen Gewinn abgeworfen, Augstein sein »erstes Geld« gemacht, wie es einer der damals Beteiligten nannte. Allerdings war es keine große Millionensumme, denn die andere Hälfte stand John Jahr zu. Es musste also gerechnet werden, falls Jahr nicht mitmachte. Der erfahrene Verleger hielt das Risiko aber nicht für berechenbar. »Nach Jahren der Mühsal haben wir endlich den Durchbruch geschafft«, sagte er Augstein, »ich mache bei der Zeitung nicht mit.« Weil er erkannte, dass Augstein von seinem Traum nicht lassen würde, entschloss er sich zum Ausstieg. Er wollte sich mit seinem beinahe zum Ziehsohn gewordenen Juniorpartner nicht streiten; außerdem lag es ihm nicht, den steinigen Acker der öffentlichen Meinung zu bearbeiten, er grub lieber nach kräftig sprudelnden Anzeigen-Brunnen.

Vom Zeitungsgeschäft verstand der Spiegel-Gründer wenig. Wie teuer die Gründung einer neuen überregionalen Zeitung sein würde, wusste er nicht.

Er hatte zwar fast ein Dutzend namhafter Journalisten unter

Vertrag genommen, er hatte zwar bereits von einem britischen Designer Layout-Entwürfe machen lassen, aber nicht richtig bedacht, was sonst alles zu dem kostspieligen Unternehmen gehören würde – eine Druckerei, ein bundesweiter Vertriebsapparat, eine tüchtige Anzeigenabteilung. Nachdem er das begriffen und noch einmal sein Geld gezählt hatte, wusste er: Es reicht nicht. Allein konnte er es nicht schaffen. Und vor Bankschulden hatte er zeit seines Lebens eine große Scheu. Die Entscheidung, die Finger von dem Projekt zu lassen, wurde ihm zudem von der damals in Köln erscheinenden Deutschen Zeitung erleichtert. Sie erwirkte ein Urteil, das ihm die Verwendung des Titels Deutsche Allgemeine Zeitung wegen Verwechselungsgefahr untersagte. Das Urteil war aber nicht die eigentliche Ursache für den Zusammenbruch der hochfliegenden Pläne. Nach dem »Nein« von Jahr, hatte er wohl, wie es Sethe wenig später formulierte, »den Glauben an die Durchschlagskraft des Projektes verloren«. Er verzichtete deshalb auch darauf, das Kölner Urteil anzufechten. Der Traum von der großen Zeitung war immer noch nicht aufgegeben, aber er verschwand nun erst einmal in der Wiedervorlage.

Augstein hatte nun auch dringendere Sorgen. Er musste einen neuen Partner finden, denn sein Geld reichte auch nicht, um den Anteil von John Jahr selber zu kaufen. Axel »Cäsar« Springer ist von Augstein immer als »genialer Kaufmann« bewundert worden, aber der Springer von 1960 war ein anderer als der von 1950. Er war nicht nur rechter, sondern auch mächtiger. Zu ihm konnte Augstein nicht mehr gehen. Vielmehr kam ihm nun die Idee, die Ausdehnung des Springer-Imperiums einzudämmen. In einem Brief an John Jahr, Gerd Bucerius und Richard Gruner schlug er den drei Verlegern Ende 1960 die Bildung eines Anti-Springer-Konzerns vor: »Wir repräsentieren persönlich und quantitativ ein Verlagspotential, das sich sehen lassen kann, sogar verglichen mit dem Springers, dessen schöpferisches Ingenium uns allerdings allen abgeht. Wir sind verrückt, wenn wir nicht alles tun, um den Konzern auf die Beine zu bringen.«

Jahr, schon auf dem Absprung vom Spiegel, hatte kein Interesse, Bucerius und sein Kompagnon beim Stern, Richard Gruner, waren gesprächsbereit. Gruner bezeichnete das Projekt mit dem Spitznamen »Tinte gesoffen«: »Stern Zeit Spiegel, Zeit Spiegel Stern, Spiegel Stern Zeit – wir hätten Tinte gesoffen, wenn wir den Konzern nicht gründen würden.«

Das Projekt stand jedoch unter keinem guten Stern. Als gute Hanseaten waren die Herren zu vornehm, den anderen offen und ehrlich zu sagen, welche Ziele sie verfolgten. Wäre Augstein ein besserer Menschenkenner gewesen, hätte er vielleicht damit gerechnet, dass Bucerius den erst wenige Jahre zurückliegenden »Kampf bis aufs Messer« um die Zeit nicht vergessen haben würde. Bucerius war eine eindrucksvolle Figur, gebildet, wendig, in der CDU, für die er als Abgeordneter im Bundestag saß, umstritten, als Advokat und Geschäftsmann mit allen Wassern gewaschen und so unberechenbar wie die Kosten der Deutschen Allgemeinen Zeitung. Er wusste, was er wollte: Er wollte Augstein nicht helfen, die auf Grund liegende DAZ wieder flott zu machen. Er war gegen jede Wochenzeitung, die eine Konkurrenz zur Zeit werden konnte. Er wollte aber auch verhindern, dass Augstein in einem gemeinsamen Unternehmen über die Zeit mitredet und sie unter seinen Einfluss bringt. Genau das war aber Augsteins Hintergedanke. Schon vor Vertragsabschluss kam es zu einem ersten Geplänkel. Bucerius wollte sichergestellt wissen, dass jeder der beiden Gesprächspartner in seinem Blatt das letzte Wort haben müsse, er bei der Zeit, Augstein beim Spiegel. Augstein gefiel das nicht. Jeder müsse mit seinen Erfahrungen doch auch das Blatt des anderen beeinflussen können. »Ihr (überwiegend politisch-humanitärer) und mein (überwiegend redaktioneller) Geist müssen eine Symbiose eingehen«, schrieb er an seinen künftigen Partner. Das gefiel Bucerius nun wieder nicht.

Dennoch einigten sie sich nach monatelangen Verhandlungen auf einen Vertrag, der vorsah, dass Rudolf Augstein am 1. Dezember 1961 fünfzig Prozent am Zeit-Verlag übernehmen und Jahrs Anteil am Spiegel-Verlag zu gleichen Teilen an Bucerius und dessen Geschäftspartner Gruner übergehen sollte. Doch kaum war die Unterschriften-Tinte unter dem Projekt »Tinte gesoffen« trocken, kam es Anfang 1961 schon zu einem Disput zwischen den beiden, der schnell an Schärfe zunahm und dazu führte, dass jeder dem anderen in seine Geschäfte hineinredete. Bucerius fing damit an. Mit Grippe daniederliegend, hatte er zwei Nummern des Spiegel gründlich gelesen und Augstein eine »Blattkritik« geschickt. Darin bemängelte er, dass Konrad Adenauer und der Krupp-Bevollmächtigte Berthold Beitz zu negativ behandelt worden seien. Augstein antwortete postwendend mit dem ironischen PS: »Bitte seien Sie nicht allzuoft krank, damit Sie nicht allzu oft Gelegenheit nehmen, den Spiegel so ausführlich zu lesen.« In der Sache blieb er hart. »Bitte, fragen Sie mich nicht, ob Dinge, die im Spiegel stehen, wirklich meine Meinung seien. Meine Meinung schreibe ich in namentlich gezeichneten Artikeln. Wollte ich anfangen, den Redakteuren meine Meinung aufzuoktroyieren, so müßte ich einpacken. Erschrecken Sie nicht über die Abgründe, die sich hier vor Ihnen auftun. Wenn Sie sich stark und gesund genug glauben, den Spiegel anders zu führen, so sagen Sie es mir. Ich bin selbstverständlich der Gefangene meines Systems, das mich zwingt, das Handwerk über die Politik und über die Meinung zu stellen.«

In seiner Antwort an den »Dear Partner« wird Bucerius grundsätzlicher:

> »Sie fühlen sich als Gefangener Ihres Systems gezwungen, das Handwerk über die Politik und und über die Meinung

zu stellen. Um Gottes willen, *wer* zwingt Sie dazu? Und: können Sie das überhaupt ertragen? Die meisten lesen den Spiegel doch, weil sie an ihn (und an Sie) glauben (siehe die Leserbriefe). Und diesen Leuten stecken Sie in Gedanken die Zunge heraus: was schert mich Politik und Meinung – Handwerk! Der Spiegel macht auch Meinung; hundertfach schallt uns in Diskussionen die vom Spiegel geprägte Meinung entgegen. Dieser Einfluß verlangt Verantwortung, nicht Handwerk. Daraus *kann* ich Sie nicht entlassen, Partner … Sie *müssen* aus den Abgründen heraus. Wie können Sie mit Abgründen am Spiegel und ohne Abgründe an der Zeit arbeiten? Diese Bewußtseinsspaltung nimmt uns doch niemand ab.«

Nun reagiert Augstein schon leicht gekränkt.

»Aber Sie dürfen versichert sein, daß ich all die Jahre hindurch die Verantwortung wohl gefühlt habe, aus der Sie mich nicht entlassen wollen … Freilich verstehe ich nicht, wie leicht Sie die Aufspaltung in verantwortungsloser Stern-Verleger und verantwortungsvoller Zeit-Verleger bewältigen … Sie machen sich über die Natur unseres Berufes die herrlichsten Illusionen, weil Sie, wenn es um Auflage geht, Stern-Verleger sind, wenn es aber um Verantwortung geht, Zeit-Verleger. Diese wohltätige Schizophrenie war mir bisher nicht gegönnt, leider noch nicht!«

Aus dem Urlaub in Arosa schreibt Bucerius zurück, nun wohl schon in Gedanken an eine Trennung:

»… was mich noch verfolgt, ist Ihre Meinung, Der Spiegel ist und bleibt zwiespältig, was zu ändern ich nicht der Mann bin …

So darf selbst ein Stümper nicht Zeitung machen, am wenigsten einer unserer besten Journalisten, der die Meinung und – wichtiger noch – die moralische Haltung der Nation beeinflußt. Wozu soll ich überhaupt noch den Spiegel lesen, wenn ich erfahre, daß jeder Fehler (in Politik und Meinung) damit beantwortet wird, das sei eben Handwerk?
Schade, wir beide zusammen, wir könnten ein kleines Stück unserer (deutschen) Welt aus den Angeln heben. Sie wissen, wie sehr ich mich darauf gefreut hatte. Daß wir (über Politisches) oft verschiedene Meinungen haben würden – was hätte es geschadet? Glauben Sie, ich wäre immer mit Marions Politik in der Zeit einverstanden? Aber die Maßstäbe stimmen zwischen ihr und mir. Das Schillernde und Zwiespältige suchen wir klarzustellen, nicht zu pflegen. Die Welt soll nach unseren bescheidenen Kräften klarer und eindeutiger werden.«

In einem zehn Seiten langen Brief versucht Augstein, den Bruch zu verhindern. Er erklärt dem »Dear Partner« die Magazin-Technik, das »Handwerk«, das »System«, dessen »Gefangener« er sei. Das Magazin sei »oppositioneller, respektloser, hintersinniger« als eine analysierende Meinungszeitung. Toleranz und Wohlwollen kämen dabei oft zu kurz. Journalisten mit leidenschaftlichen politischen Ansichten seien schwer für ein solches Magazin zu gewinnen. Er selber sei mit seinen politischen Meinungsartikeln ein »Fremdkörper« im Spiegel. »An diesen ›Abgründen‹, um das von mir scherzhaft gebrauchte Wort letztmalig aufzugreifen, müssen wir dahin wandeln, wie John Foster Dulles am Rande des Krieges.« Zum Schluss wirbt er mit jenen Sätzen um Vertrauen, die zu den meistzitierten aus seiner Feder gehören: »Sie müssen mir konzedieren, daß ich bei allem, was ich tue, etwas für den Spiegel Gutes und etwas für die Allgemeinheit Moralisches erreichen will.«

Zu spät. Bucerius antwortet nicht; die Trennung ist nicht mehr aufzuhalten.

Augstein als der Offenere und Naivere der beiden war Bucerius offensichtlich ins Messer gelaufen. Er hatte zu spät erkannt, dass Bucerius einen Vorwand suchte, um aus dem Vertrag wieder auszusteigen. »Sie dürfen mir nun nicht verübeln, daß ich Sie nach den Gründen frage, die Sie dazu bewogen haben, aus unbedeutenden Anlässen heraus diesen überflüssigen Streit vom Zaun zu brechen«, fragte er erst in seinem letzten Brief an den Partner. Bucerius hat die Gründe nie offen genannt. Alles spricht dafür, dass ihn schon bald nach Vertragsabschluss die Furcht ergriff, Augstein einen zu hohen Anteil am Zeit-Verlag eingeräumt und sich damit der Möglichkeit begeben zu haben, dessen Mitsprache bei der Zeit wirksam zu verhindern.

Der Briefwechsel bleibt auch aus einem anderen Grund ein Stück moderner Mediengeschichte. Augstein und Bucerius sind beide »Gefangene« ihres »Systems«, der Herausgabe von Medien, die sich für ihr Überleben und ihren wirtschaftlichen Erfolg an Markt und Auflage orientieren müssen. Zynismus und Moral gehen ineinander über. Augstein ist offener, mildert seinen Zynismus zum Schluss aber, weil er nicht missverstanden werden will. Er möchte seine schonungslose Offenheit auch als Moral verstanden wissen. Bucerius, der klassische liberale Verleger, hält seine moralischen Grundsätze hoch, kann die Fragen nach seiner verlegerischen Doppelrolle aber nicht beantworten; das Streben nach Auflage und öffentliche Verantwortung sind nicht immer vereinbar.

Das Nachspiel der missglückten Verlegerehe fand vor Gericht statt. Augstein klagte auf die Rückübertragung seiner Anteile am Zeit-Verlag, die er mit Gewinn zurück erhielt. Bucerius gab seine Anteile am Spiegel-Verlag zum Jahr-Preis minus einer Million Mark zurück. Gegen den Willen Augsteins behielt Gruner seinen Anteil von 25 Prozent ohne Gegenleistung des Stern-

Verlages. Augstein besaß nun 75 Prozent des Spiegel-Verlages. Erst Jahre später gelang es ihm, Gruner nach einem Streit über dessen Beteiligung am Verlagshaus Gruner+Jahr durch eine Ausschlussklage loszuwerden. Wegen des wirtschaftlichen Interessenkonflikts war Gruner zum »lästigen Gesellschafter« geworden. Für seinen Anteil musste Augstein nun aber 40 Millionen Mark zahlen. Der Betrag war zu hoch, aber er zahlte ihn gerne. Für kurze Zeit war er Alleininhaber des Spiegel-Verlages.

Seinen Traum, ein Meinungsblatt herauszugeben, hatte er aber immer noch nicht aufgegeben. In seinen Bekenntnissen gegenüber Bucerius offenbarte er auch eigene Unzufriedenheit, beinahe so etwas wie persönliche Tragik. Der Spiegel ist sein Instrument, aber inzwischen gleicht er mehr einem schwerfälligen Schlachtschiff, dessen Kurs er kaum noch ändern kann; nur die Bordkanonen kann er mal hierhin und mal dahin drehen, und das reicht ihm nicht. Die Wirkung, die er damit erzielt, bleibt begrenzt, so furchterregend und mächtig sich sein Panzerkreuzer auch ausnimmt. Selbst in der für ihn glücklich verlaufenen Spiegel-Affäre hat er dies erfahren müssen. Was er sich von einem feinen Intelligenzblatt verspricht, ist aber eine Illusion, der unmittelbare Einfluss auf eine kleine Elite, mit deren Hilfe sich die Verhältnisse ändern ließen.

Dennoch versucht er es Mitte der sechziger Jahre noch einmal. Ihn treibt auch der Ehrgeiz, ein Großverleger zu werden und seine Macht über den Spiegel hinaus auszudehnen. Dafür bietet sich Westberlin an, wo die lokalen Zeitungen notleidend sind und ein anderer Großverleger sich gerade in den Vordergrund drängt: Axel »Cäsar« Springer. Augstein hasste und bewunderte Springer, aber in diesem Moment hatte er noch ein besonderes Problem: Der Druckvertrag mit Springer machte ihm zu schaffen. Er musste das angeschlagene linksliberale Renommee des Spiegel wiederherstellen und Gerüchten entgegentreten, dass die zahmere Linie des Blattes etwas mit dem Druckvertrag zu tun habe. Deshalb wollte er Springer in Berlin den Kampf ansagen, weil eine Auseinandersetzung über das ganze Bundesgebiet nach seiner Meinung finanziell nicht hätte verkraftet werden können. Für einen begrenzten Krieg in Berlin reichten dagegen die Mittel. Ohnehin wollte er überschüssiges Geld anlegen. Das intelligente Berliner Publikum wartete darauf. Es war der Springer-Presse und des provinziellen Niveaus der anderen Berliner Blätter müde. Der Kabarettist Wolfgang Neuss flehte Augstein an, die Ehre der Zeitungsstadt Berlin zu retten:

> »Den Rudi Augstein bitt' ich glatt:
> Er vermache unserer Stadt
> etwas, was den Morgenkaffee uns versüßt,
> eine neue Zeitung,
> die man ohne sich zu schämen liest.«

Augsteins Berliner Projekt sollte eine anspruchsvolle Wochenzeitung mit dem Titel Heute werden. Als Autoren waren bereits Sebastian Haffner, Erich Kuby und Uwe Johnson im Gespräch. Als Blattmacher engagierte Augstein Stefan Reisner, der früher bei Konkret war und sich mit Uwe Johnson und Günter Grass an der misslungenen Rettung des Spandauer Volksblattes versucht hatte. Ihm zur Seite stand Karl Guggomos, der von der sozialdemokratischen Parteizeitung Vorwärts kam. Beide waren keine Springer-Freunde, aber wohl auch keine genialen Blattgestalter. Die ersten beiden Probenummern fielen nicht zur Begeisterung Augsteins aus. So verzögerte er den Start, als er erfuhr, dass sich das Berliner Boulevardblatt Der Kurier in ernsten Schwierigkeiten befand. Das Blatt war nach dem Kriege mit französischer Lizenz von dem damaligen CDU-Vorsitzenden Ernst Lemmer als Herausgeber gegründet worden und befand sich noch im Besitz der CDU. Es zehrte von seinem Ruf, einmal ein ungwöhnlich anspruchsvoll gemachtes Boulevardblatt gewesen zu sein. Gegen die Einwände seiner beiden Chefredakteure Jacobi und Engel wollte Augstein die Zeitung kaufen. Auch für den der SPD gehörenden Berliner Telegraf interessierte er sich damals. Es gab Sondierungsgespräche mit der CDU und der SPD. Beide Parteien wären wohl bereit gewesen, ihre Blätter zu verkaufen, wenn sie ordentlich Geld dafür bekommen hätten. Aber sie wollten ihren Einfluss nicht völlig aufgeben. Der Zustand der beiden Zeitungen war jedoch so erbärmlich, dass auch Augstein bald das Interesse verlor, zumal Gruner ohnehin gegen alle Zeitungspläne war. Außerdem spürte er wohl, dass die Berliner Parteien eher abgeneigt waren, sich einen zweiten Presselord in die Stadt zu holen. Einer, Springer, der als Berlin-Förderer gerne gesehen war, reichte ihnen, und die Vorstellung, dass sich beide auf Berliner Boden befehden, wirkte abschreckend.

Springer genoss damals Vorzugsbedingungen in Berlin. Er wurde dafür belohnt, dass er nach dem Bau der Mauer seinen Firmensitz nach Berlin verlegt und das Verlagshochhaus in der Kochstraße gebaut hatte. Mit achtzig Prozent der verkauften Auflage beherrschten seine Zeitungen den Berliner Zeitungsmarkt. In die restlichen zwanzig Prozent teilten sich Tagesspiegel, Telegraf, Kurier und Spandauer Volksblatt. Aber auch Springer konnte nicht alles durchsetzen. Auch er wollte den Telegraf kaufen und dann mit der Berliner Morgenpost zusammenlegen. Er bot sogar an, den Chefredakteursposten für eine gewisse Zeit einvernehmlich mit der Partei zu besetzen. Willy Brandt, damals noch Regierender Bürgermeister, war bereit, Springer zu unterstützen, wie sich sein damaliger Vertrauter Egon Bahr erinnert. Das Geschäft scheiterte aber am Einspruch von Alfred Nau, dem SPD-Schatzmeister, und von Fritz Heine, dem Chef der parteieigenen Presse-Konzentration GmbH. Beide wollten den politischen Einfluss der SPD auf eine »Parteizeitung« erhalten. Als dann im März 1966 Augstein bei Brandt anklopfte, konnte ihm der »Regierende« nur mitteilen, dass eine Trennung vom Telegraf nur unter der Bedingung vorstellbar sei, dass die SPD einen Anteil und ein Mitspracherecht behalte. Darauf wollte der Spiegel-Herausgeber nicht eingehen.

Dass sich Augstein überhaupt auf die aberwitzige Idee eingelassen hatte, Springer da anzugreifen, wo er am stärksten war, in Berlin, wurde in der Spiegel-Führungsetage auch mit seinem »phantastischen Plan« (Georg Wolff) erklärt, eine Zeitungsgruppe nach dem Vorbild des Zeitschriftenkonzerns Gruner + Jahr zu bilden. Er hoffte offensichtlich auf eine Kooperation mit Anti-Springer-Blättern in der Bundesrepublik wie der Frankfurter Rundschau. Nachdem sein Versuch, Springer auf dem Berliner Markt anzugreifen, gescheitert war, verlor Augstein auch die Lust an seinem Heute-Projekt. Ohnehin hatte sich sein ungeliebter Kompagnon Richard Gruner inzwischen dagegen ausgesprochen. Dennoch hatte er seinen Traum von einer eigenen Tageszeitung nicht völlig aufgegeben. Im Zeit-Interview mit Ben Witter sagte er im Herbst 1967, er werde noch eine Tageszeitung machen und das volle Risiko tragen: »Den Plan gebe ich nicht auf, ich arbeite ununterbrochen daran.« Vielleicht dachte er in diesem Moment an den Mittag. Springer hatte das marode Düsseldorfer Boulevardblatt Der Mittag übernommen, konnte dessen Niedergang aber nicht aufhalten. Augstein bot eine Million Mark für das Blatt und wollte sich verpflichten, die Zeitung mindestens zwei Jahre weiterzuführen. Springer und sein Generalbevollmächtigter Christian Kracht gönnten dem Spiegel aber nicht einmal diese Brosamen. Sie lehnten Augsteins Angebot ab.

Es war sein letzter Versuch. Kurze Zeit danach trennte er sich von Gruner. Er war nun, seit Anfang 1969, Alleinbesitzer des Spiegel – aber nur für wenige Jahre. In dieser Zeit drückten ihn die Schulden für die Abfindung von Gruner; er sah sich außerdem in einen Kampf mit der Redaktion um die Mitbestimmung verstrickt. Für Zeitungsgründungen war weder Geld noch Zeit vorhanden. Als alles zu Ende war – die Schulden durch den Verkauf des Gruner-Anteils an Gruner + Jahr erlöst, die aufsässigen Redakteure durch den Fünfzig-Prozent-Anteil zufrieden gestellt waren –, hatte sich die Situation völlig verändert, für Augstein und auf dem Hamburger Zeitschriftenmarkt. Augstein war kein armer Mann, aber er besaß nur noch 25 Prozent am Spiegel-Verlag. Bisher war er an seinen Partnern, an Jahr, Bucerius und Gruner, gescheitert, aber mit dem neuen Teilhaber Gruner + Jahr sowie mit der auf ihre Gewinnausschüttung bedachten Mitarbeiter-KG konnte er erst recht nicht mehr an die Gründung einer Zeitung denken.

Auf dem Hamburger Zeitschriftenmarkt war auch nichts mehr zu bewegen. Bucerius, Gruner und Jahr hatten 1965 die Gruner + Jahr GmbH & Co gegründet, das zweitgrößte deutsche Presseunternehmen nach dem Axel-Springer-Verlag. Augstein war nicht einmal gefragt worden, ob er sich beteiligen wolle. Ihm erschien der Dreier-Pakt zwischen seinen beiden Ex-Partnern Bucerius und Jahr sowie seinem Noch-Partner Gruner zunächst »unheimlich«. Hier war ein neuer Medienriese entstanden, gegen den er machtlos war, den er aber dann doch schon bald am Spiegel beteiligte, weil er Geld brauchte. Nachdem die beiden Unruhestifter Gruner und Bucerius ihre Anteile an G + J an Reinhard Mohn verkauft hatten, war nun auch der Bertelsmann-Konzern am Spiegel beteiligt. Die Konzentration von Inhaber-Macht beunruhigte Augstein aber wenig, da er zumindest zu seinen Lebzeiten die Unabhängigkeit des Spiegel gesichert wusste. Weiter reichte sein Ehrgeiz nicht mehr. Als Bucerius 1996 die Zeit, die er aus allen seinen Transaktionen als seinen Alleinbesitz herausgehalten hatte, an die Verlagsgruppe Holtzbrinck verkaufte, war Augsteins Interesse an der Wochenzeitung längst erloschen. Die mutwillige Einmischung Augsteins und Jahrs in die inneren Turbulenzen des Zeit-Verlags im Jahr 1957 hatte am Ende zu einer Situation geführt, die am Anfang niemand hätte wollen können. Das Verhältnis zwischen Bucerius und Augstein war von Misstrauen belastet; und Jahr begannen die Zeitungsträume Augsteins unheimlich zu werden. Hätten die drei ihre unternehmerischen Ziele gemeinsam verwirklichen können, wäre es nie zur Gründung von Gruner + Jahr gekommen. Rückblickend betrachtet, haben sich Augstein und Jahr viel vergeben, als sie ihre Verbindung lösten. Sie gingen ihre eigenen Wege, haben dabei aber nicht gewonnen, auch Jahr nicht. Augsteins großer Traum von der eigenen Zeitung war endgültig aus. Er war noch keine 50 Jahre alt.

Bei den Zeitungsprojekten folgte Augstein einem inneren Antrieb. Seine sonstigen geschäftlichen Unternehmungen betrieb er ohne Leidenschaft. Sie endeten alle erfolglos – mit einer Ausnahme: Spiegel-TV. Den Erfolg des Fernseh-Ablegers verdankt er vor allem Stefan Aust, was schließlich für dessen Berufung zum Spiegel-Chefredakteur den Ausschlag gab. Schon Ende der vierziger Jahre hatte der Verlag versucht, den Spiegel durch einem Sportspiegel zu ergänzen. Die Leser lohnten die Mühe nicht, und Augstein war stolz darauf, das fehlgeschlagene Experiment schon nach der fünften Nummer eingestellt zu haben. Kaum glücklicher verlief die Herausgabe einer Filmzeitschrift in den fünfziger Jahren, der Star-Revue. Der von Augstein angeheuerte Chefredakteur Heinz Kuntze-Just, ein ehemaliger SS-Kriegsberichter bei der Deutschen Wochenschau, war unfähig und hatte kein Konzept. Seine einzige Leistung war die Stiftung eines Filmpreises, einer Goldenen Muschel mit einer echten Perle darin. Sie wurde ein einziges Mal mit großem Pomp in München verliehen. Augstein trat dabei in Gesellschaft von Agnes Finck und Bernhard Wicki auf, der ihn später zur Anschaffung eines Maserati-Cabriolets inspirierte. Auch Becker, als Verlagskommissar vorgeschickt, konnte das notleidende Blatt nicht retten. Augstein verkaufte es an seinen Partner John Jahr, der es in seiner Frauenzeitschrift Brigitte auf- oder untergehen ließ. Ebenso lustlos beteiligte sich Augstein später an dem von Hans

Magnus Enzensberger gegründeten Reportagemagazin Transatlantik, das trotz der Wiederbelebungsversuche des Verlages nicht in die Erfolgszone gebracht werden konnte und schließlich eingestellt wurde. Besser erging es dem zum Verlag gehörenden Manager Magazin, das trotz anfänglicher Management-Fehler im Auf und Ab der Konjunkturzyklen bis heute überlebt hat, mal besser, mal schlechter.

Am »Filmverlag der Autoren« beteiligte sich Augstein 1977 wohl nur seiner vierten Frau Gisela Stelly zuliebe, die als Buchautorin und Filmemacherin sein Interesse für das Unternehmen weckte. Für den Filmverlag war Augstein mehr eine Art Mäzen, der den Konkurs des hoch verschuldeten Unternehmens aber nur hinauszögern konnte. Eine Chance, Film-Mogul zu werden, hatte er nicht. Er nahm einmal am Film-Festival in Cannes teil, stand dort aber, wie die Presse berichtete, ziemlich verloren herum. Auch geniale Filmemacher wie Rainer Werner Fassbinder und Wim Wenders konnten den Niedergang des deutschen Films damals nicht mehr aufhalten, der im Kampf mit dem Fernsehen um Zuschauer immer seichter wurde. Am Fernsehgeschäft war Augstein immer stärker interessiert, aber ohne Alexander Kluge und Stefan Aust wäre auch Spiegel-TV nicht vom Fleck gekommen. Schon das »Adenauer-Fernsehen« reizte ihn. Der damalige Bundeskanzler wollte als Gegenstück zu den nach seiner Ansicht parteipolitisch einseitigen, weil der Opposition nahe stehenden öffentlich-rechtlichen Sendern ein privates Fernsehen aus der Taufe heben. Der Plan wurde auch vom Spiegel bekämpft und vom Bundesverfassungsgericht verworfen, nach dessen Urteil es zur Gründung des Zweiten Deutschen Fernsehens als einer Gemeinschaftsanstalt der Bundesländer kam. Augstein gestand viel später, 1993 in einem Interview zu seinem 70. Geburtstag: »Ich hatte schon beim Adenauer-Fernsehen den Standpunkt, es soll nie kommen, es darf nie kommen, aber wenn es kommt, dann mußt du unbedingt dabeisein.«

KAPITEL 10

Die Jugend läuft davon

Rudolf Augstein hätte ein Mann nach dem Geschmack der rebellischen Studenten sein können. Er bekämpfte die Große Koalition, gegen die sich auch die außerparlamentarische Opposition richtete, er bezichtigte die SPD, aus Machtgier den Widerstand gegen die CDU aufgegeben zu haben, er verachtete die Parteien, er verdammte die Notstandsgesetzgebung, er sah das Ende der Demokratie gekommen und hielt das »System« für unreformierbar. Wie es nach dem Ende der Demokratie weitergehen sollte, wusste er indes auch nicht. Die geistigen Anführer der Apo wie Rudi Dutschke wussten es zwar auch nicht, aber Dutschke konnte wenigstens das »System« präziser benennen. »Das System sind die Produktionsverhältnisse«, erklärte er und sprach der Klarheit halber nur vom »kapitalistischen System«. Dazu gehörten für ihn auch die Mächtigen in Presse, Funk und Fernsehen, die durch »Manipulation« das Volk für dumm verkauften. Die Paradoxie, dass er ein »System« bekämpfte, dessen Repräsentant und Nutznießer er war, schien Augstein nicht so deutlich wahrzunehmen. Wie üblich stand er über allem. Die rebellischen Studenten sahen es umso klarer: Für sie war er ein Kapitalist, ein »reicher Mann«, dessen Millionengewinne von linken Zeitschriften wie Konkret genüsslich ausgebreitet wurden, und obendrein galt er nun auch als ein Komplize des verhassten Axel »Cäsar« Springer, in dessen Druckereien in Ahrensburg und Darmstadt er seit Anfang 1967 den Spiegel drucken ließ – damals für 25 Millionen Mark jährlich, auch das war bekannt.

Für Augstein war es neu und schockierend, dass die Studenten nun gegen ihn demonstrierten statt wie 1962 für ihn. Wie andere Mitglieder des liberalen und linksliberalen Establishments, wie Gerd Bucerius, der damals sogar aus der CDU austrat, wie Günter Grass, Heinrich Böll, Professor Theodor Adorno, Ralf Dahrendorf oder Carlo Schmid, suchte er Kontakt zu den aufsässigen Kindern und Enkeln der Nazi-Generation. Er nahm an Podiumsdiskussionen mit Studenten und ihren Sprechern vom Sozialistischen Deutschen Studentenbund teil. Fast überall wurden ihm kritische Transparente vorgehalten: »Spiegel – Bild am Montag« oder »Augstein – Spiegelbild Springers«. Besonders empört reagierten die jungen Radikalen auf einen Kommentar, in dem er ihre Forderung »Enteignet Springer!« zurückwies: »Wer Springer enteignen will, um eine Bresche für andere Enteignungen zu schlagen, wird die Eigentumsverhältnisse nur festigen.« Konkret höhnte: »Fürchtet er, daß nach Enteignet Springer, Enteignet Augstein kommt? Sieht er die Großdruckerei in Gefahr?« Dutschke versuchte sogar den Eindruck zu erwecken, als habe Augstein den SDS kaufen wollen. Öffentlich rief er aus: »Augstein soll sich nicht einbilden, daß er wegen der lumpigen 5000 Mark, die wir von ihm erhielten, von uns Rücksichten zu erwarten hat.« Er warf dem Spiegel-Herausgeber vor, die Aussagen der radikalen Studentengruppe nicht verstanden zu haben, und verbat sich dessen »platte Räsonniererei«.

Einer der Vordenker der jungen Linken war nicht Rudolf Augstein, sondern der linksintellektuelle Journalist und Schriftsteller Erich Kuby, der als Autor zwischen Stern und Spiegel hin- und herpendelte ebenso wie zwischen Kritik an und Respekt für Augstein. So überlebte ihre »Freundschaft« wenigstens bis zur Wiedervereinigung Deutschlands. Augstein schätzte an Kuby den scharfen Verstand, dem, wie seinem, keine Realität standhielt, und die pointierte Feder und nahm ihm offensichtlich auch die aphoristischen Strichzeichnungen seiner Entwicklung und seines Charakters nicht übel. So oft wie Kuby ist wahrscheinlich nur Walser über seinen Freund Rudi zitiert worden. Kuby hatte 1967 im Scherz-Verlag eine analytische Geschichte des Magazins herausgegeben. Darin nahm er zum Vergnügen der jungen Revoluzzer gründlich Maß. Konkret zitierte ihn in einer zweiteiligen »Augstein-Story« spaltenweise. Er schreibe »in memoriam«, behauptete Kuby in der Einleitung. Er halte den Spiegel, dem Augstein seinen Rang verdanke und für den ein ansehnlicher Teil der Jugend 1962 auf die Straße gegangen sei, »wenn nicht für tot, so doch für im Sterben begriffen«. Er nennt das Blatt »systemintegriert«, seine Kritik an den Mächtigen oberflächlich. Die Geschichte des Selfmademans Augstein sei »hübsch«, aber sie bedeute, »daß dieser Mann keine Phase wissenschaftlich-geistiger Auseinandersetzung durchlaufen hat«. Weil er nur die Schwächen und Fehler der Machtausübung kritisiere, das System selbst aber nie in Frage gestellt habe, konnte er »die Ideologie der pluralistischen Freiheit nicht als eine Scheinalternative zum Faschismus« durchschauen. Dass der Spiegel selber den Ausgang der Spiegel-Affäre als Bewährung der Demokratie hingestellt habe, »war der eigentliche Sieg einer autoritären Generaltendenz der Bundesrepublik über eine Formaldemokratie, die auch vom Spiegel schlecht verteidigt wurde«.

Hätte Augstein je gemacht, was Kuby von ihm erwartete, wäre aus dem Spiegel ein Sektiererblatt geworden, das schon 1967 vergilbt in den Archiven gelegen hätte. Stattdessen war der Spiegel nun, wie die Linken argwöhnten, das »Prestigeblatt der Wohlstandsbürger« mit einer Auflage in knapper Millionenhöhe, die zu dem Zeitpunkt »auf Glanzpapier« nur in Springers modernen Druckereien hergestellt werden konnte. Kubys Thesen vom faschistischen Charakter der Bundesrepublik, schon damals politisch falsch, lieferten den Jungrevolutionären aber die theoretische Bestätigung, dass Augstein kein Oppositioneller, geschweige denn einer der Ihren war.

Revolution ist keine Spielerei, fand nun auch allmählich der von den Jungen ausgebuhte Spiegel-Gewaltige. Sie sei doch nur ein »äußerstes Mittel aus einer äußersten Not heraus«, ermahnte er Dutschke im November 1967 in einer Debatte im Auditorium maximum der Hamburger Universität. Dutschke hielt die Not für gekommen und wollte wissen, »was an diesem System noch dran ist«.

Augstein wusste es auch nicht, aber im Räsonnieren war er ja geübt:

> »Ich muß sagen, ich habe wenig Optimismus, was Reformen angeht. Ich sehe im Augenblick keine Möglichkeit, wie das Bonner System, wenn Sie mir diesen abwertenden Ausdruck hier gestatten wollen, wie das Bonner System sich aus seiner eigenen Verstrickung losmachen will. Ich sehe das überhaupt nicht. Nur, die Frage ist doch: Wenn wir sagen, dieses System ist unmöglich, wir können es nicht verbessern, es produziert nicht die notdürftigsten Reformen, es sei denn, die Leute werden geprügelt von außen, wenn das so ist, so müssen wir uns trotzdem fragen, können wir es ändern, und wie können wir es ändern. Und ich glaube also, wir müssen Herrn Dutschke, und nicht nur ihn, zwingen, uns zu sagen: Welches System will er an die Stelle des jetzigen Systems setzen?«

Auf diesen Leim ließ sich Dutschke nicht locken. Er wollte erst einmal die »gesamtgesellschaftliche Bewußtlosigkeit durchbrochen« wissen. Und da konnte ihm Augstein nicht helfen.

Einige Tage später erhielt Augstein einen Brief von seinem alten Freund Michael Thomas, den er postwendend beantwortete. Der Briefwechsel ist ein ungewöhnliches Dokument der geistigen Spaltung in der Führungsschicht des Landes und der neuen, hilflosen Nachdenklichkeit Augsteins angesichts der Geister, die auch von ihm gerufen worden waren.

Michael Thomas schreibt:

»Lieber Rudolf!

Man hatte mich gedrängt, an diesem Abendessen vor der Veranstaltung im Auditorium maximum teilzunehmen. Als ich dann da war, fühlte ich mich ein bißchen überflüssig und vermied eine Teilnahme an dem Gespräch. Der Verlauf der Diskussion im Auditorium hat mich dann so deprimiert, daß ich mich zum anschließenden Glas Wein nicht mehr aufraffen konnte.

Ich war bestürzt, den Konsens von Podium und Publikum darüber festzustellen, daß an unserem heutigen Staat und an unserer heutigen Gesellschaftsordnung überhaupt nichts mehr dran sei, ja, daß Reformen gar nicht erst versucht werden sollten, weil man damit nur das Leben dieses kranken Körpers verlängern könnte. Das ganze System müsse weg. Deine einzige Einschränkung: man dürfe es nicht beseitigen, bevor man wüßte, was man an seine Stelle setzen könnte. Insofern seist Du gegen die Revolution. Aber, da Du auch nicht an Reformen glaubst, wie soll eigentlich dann das System beseitigt werden?

Dutschke glaubt an die Revolution, aber erst nachdem auf einem langen Marsch deren Thesen und Programme formuliert worden sind …

Ich frage mich, in welchem Land ein besseres System herrscht bzw., welches Land besser regiert wird als die Bundesrepublik?

Ich frage mich, ob Deutschland jemals in seiner Geschichte besser regiert worden ist als in den letzten zwanzig Jahren?

Ich frage mich – und ich war von je ein Gegner der Großen

Koalition –, wenn sie hier wirklich einen anonymen Terror ausübt, ob dieser nicht sehr viel erträglicher ist als der offene, der anderswo herrscht?
Von eh und je hat mich Dein Hang zur zerstörerischen Betrachtung der Umwelt, Deiner eigenen Ziele und Deiner selbst ebenso gereizt wie ich ihn bekämpft habe. Als Du Dich noch mehr freuen konntest, war es besser ... Heute findest Du Dich, von den Jüngeren aus gesehen, zumindest mit einem Bein im Lager des Establishments. Daß es überhaupt zu diesem rasanten Negativismus kommen konnte, dazu hat der Spiegel in den letzten 20 Jahren nicht zuletzt beigetragen.
Wo soll das alles hinführen? Das ist mehr als produktive geistige Unruhe, das ist wirklich der Beginn einer Zerstörung ohne Sinn und Ziel ...
Ist es nicht an der Zeit, das Steuer ganz herumzureißen, oder geht das nicht mehr?
Herzlich, Dein Michael«

Augstein antwortet:

»Lieber Michael!
Die Diskussion lief nicht gut, es hätte einer dasein müssen, der die bestehende Ordnung etwa mit Deinen Argumenten verteidigt hätte, und zwar ein rhetorisch geschickter Mensch. Dazu eigne ich mich nicht, nicht nur, weil ich kein Rhetor bin, sondern weil ich mit Entsetzen feststellen mußte, daß die Bonner Demokraten die Demokratie aufgegeben haben.
Was ich jetzt sehe, bestürzt mich, aber ich sehe darin doch nur jene Folgen, die ich jahrelang an die Wand gemalt hatte, obwohl ich sie mir im einzelnen auch nicht vorstellen konnte. Dies ist, da hast Du ganz recht, eine Zerstörung ohne Sinn und Ziel oder, kürzer, eine Zersetzung. Daß wir

kein Mittel mehr gegen sie wissen, bezeichnet den Verfall der von Dir im übrigen mit Recht gerühmten Ordnung.
Sollte irgendwann die Sache schiefgehen, was ja nicht notwendig und nicht notwendig bald geschehen muß, so hätten natürlich auch die Kritiker ihren Anteil an der Verantwortung zu tragen. Im Wesen politischer Kritik liegt es wohl, die Krisen, die aufgezeigt werden, immer noch zu verschärfen.
Nicht Adenauer, der SPD wird man das traurige Verdienst zuerkennen müssen, die Demokratie leichtherzig um momentaner Vorteile willen aufgegeben zu haben. Wenn Du glaubst, daß sich so etwas nicht rächt, dann irrst diesmal Du.
Was tun? Ich weiß es nicht. Ich habe, wie ich freimütig bekennen muß, nichts zu bieten. Meine Wirksamkeit steht und fällt mit dem alten System, das ich nie bekämpft habe, das ich vielmehr retten wollte. Laß uns abwarten, was bis 1973 vom parlamentarischen System noch übrig sein wird, wenn wir dann noch leben. Von Dutschke freilich wird bis dahin niemand mehr reden, wie ich denn überhaupt glaube, daß die Studentenrebellion in Kürze einem Katzenjammer Platz machen wird.
Ja, es wäre Zeit, das Steuer ganz herumzureißen, und zwar durch Einführung des Mehrheitswahlrechts für das Jahr 1969. Dazu wird es nicht kommen. Und wer soll das Steuer herumwerfen? Diejenigen, die unsere Institutionen haben aus dem Ruder laufen lassen? Glaube mir, der einzelne ist völlig machtlos, wenn die Institutionen erst einmal verdorben sind.
Es stimmt, daß unsere Wege im Politisch-Geistigen auseinandergegangen sind, sie führten von Anfang an in zwei ganz verschiedene Richtungen. Daß ich in dem, was meine eigentliche Tätigkeit ausmacht, von Dir nicht irritiert werden kann, erklärt sich so, ohne daß Du mir Hochmut unterstellen

mußt. Es geht ja nicht darum, ob Du recht hast oder ich. Erlebt beispielsweise dieser Staat oder ein gleichwertiger Nachfolger das Jahr 1987, so hast vermutlich Du recht gehabt.

Meine Position war, daß ich dem Untergang einer Staats- und Regierungsform kritisch beiwohnen mußte und ihn notabene dadurch auch gefördert habe. Dir war Adenauer im großen und ganzen recht, ich sah in ihm den Verderber der staatlichen Ordnung. Dazwischen konnte wenig vermittelt werden, es war eine Frage des Naturells und auch der beruflichen Ausrichtung.

In herzlicher Freundschaft, Dein Rudolf«

Thomas gibt sich nicht zufrieden. Er antwortet: »Du bist nicht so machtlos, wie Du Dich darstellst, und die Nutzlosigkeit einer Resignation wird noch übertroffen durch die Kopflosigkeit nichts einbringender Verzichte im Gewande fortschrittlich-konstruktiven Denkens.« Er verteidigt auch Wehners Eintreten für die Große Koalition. Erst wenn eine große Partei wie die SPD permanent von der Macht fern gehalten würde, werde die Demokratie wirklich zerbrechen. Noch sei die Demokratie nicht aufgegeben.

Augstein glaubte auch nicht, dass »die Sache schiefgehen« würde. Völlig richtig hatte er erkannt, dass es dann auch für ihn keinen Platz mehr geben würde. Das »System« mochte viele Fehler haben, aber seinen Kritikern ging es, solange sie Teil des Systems waren, gut darin. Eine zweite Spiegel-Affäre war nicht zu befürchten. Conrad Ahlers war nun sogar stellvertretender Regierungssprecher.

Täter und Opfer saßen friedlich in einer Regierung. Und Kurt Georg Kiesinger wäre nicht Bundeskanzler der Großen Koalition geworden, wenn er nicht mit Hilfe des Spiegel Vorwürfe wegen seiner Zugehörigkeit zur NSDAP und seines Dienstes in Ribbentrops Auswärtigem Amt hätte entkräften können.

Es war Ahlers, der Kiesinger mit Wissen Augsteins vor der geplanten Veröffentlichung im Spiegel eine Aufzeichnung aus Himmlers Stab zuspielte, in der es hieß, dass Kiesinger antijüdische Aktionen hemme, und zu denen gehöre, »die der Außenpolitik des Führers entgegengesetzt sein könnten«. Kiesinger ließ das Dokument sofort veröffentlichen, um seine Kritiker zum Schweigen zu bringen. Ahlers hatte dafür ein persönliches Motiv, das sicher nicht das von Augstein war. Politisch eher ein Konservativer, hatte er unter dem Vorwurf des Landesverrats gelitten. Er wollte das Regierungsamt, weil er es als Zeichen seiner Rehabilitierung auffasste.

Es gibt nicht den geringsten Zweifel an der Echtheit des Briefes von Augstein an seinen Freund Michael Thomas. Sonst könnte man in Frage stellen, ob er wirklich den Satz geschrieben hat: »Ja, es wäre Zeit, das Steuer ganz herumzureißen, und zwar durch Einführung des Mehrheitswahlrechts für das Jahr 1969.« War es nicht Augstein gewesen, der Adenauer und Wehner verurteilt hatte, weil sie mit dem Gedanken einer – noch dazu kurzfristigen – Einführung des Mehrheitswahlrechtes gespielt hatten, um der FDP, seiner Partei, den Garaus zu machen? War die Furcht davor nicht wenig später eins der Hauptargumente gegen die Große Koalition? Hätte nicht das Mehrheitswahlrecht die Macht von CDU/CSU und SPD gestärkt?

Augstein dachte in diesem Moment aber offensichtlich nur an seine Macht. Gerade hatte er zusammen mit Henri Nannen und einer Parteikamarilla den verhassten Parteivorsitzenden Erich Mende zum Rücktritt getrieben. Das nächste Ziel war eine SPD/FDP-Koalition und eine neue Deutschland-Politik. Aber noch war ein großer Teil der FDP dazu nicht bereit. Sollte dieses Ziel nicht erreichbar sein, dann, so hatte er geschrieben, verdient die Partei nicht zu überleben. Das klang mehr nach einer Drohung als nach dem Wunsch, das Ruder herumzureißen. Politisch konstruktiv wäre seine Überlegung nur gewesen, wenn er mit

Augstein: Revolution ist keine Spielerei.

Hilfe eines neuen Wahlrechts ein Zwei-Parteien-System nach angelsächsischem Vorbild angestrebt hätte. Doch so weit dachte er nicht.

Augstein war ein Mann des Systems geworden. Auch für ihn galt, dass es schwierig war, etwas zu ändern. Er musste sich von spöttischen Linken sagen lassen, dass er im Spiegel nichts mehr zu sagen habe und zusehen müsse, wie Jacobi und Engel das Blatt entpolitisierten. Das traf ihn. Er wollte doch auch von den jungen Rebellen geliebt und anerkannt werden. Zwar billigte er ihre Ziele nicht, aber Kritik am »System« hatte er doch auch schon immer formuliert. Er wollte mit ihnen im Gespräch bleiben, vor allem mit Dutschke, dessen Intelligenz ihn beeindruckte. Vergeblich versuchte er, Dutschke und den SDS von dem geplanten Springer-Tribunal abzuhalten und stattdessen nur ein Hearing zu veranstalten. Die Machtkonzentration in den Händen von Springer beunruhigte nicht nur die Linken, er war die Symbolfigur für die Reaktion im Staate, dessen Massenblätter, vor allem in Berlin, die fortschrittliche junge Linke verteufelten und ein schärferes Vorgehen der Polizei forderten. Das sorgte vor allem in Berlin für Erregung, wo im Jahr zuvor beim Besuch des Schahs der Student Benno Ohnesorg von Sicherheitskräften erschossen worden war. Die Stimmung wurde immer bedrohlicher. Handgreiflichkeiten der zu Gewalt bereiten Studenten gegenüber ihren angeblich autoritären Professoren nahmen zu, die Rufe nach einer Revolution vermischten sich mit Protesten gegen den Vietnam-Krieg und Sympathie-Kundgebungen für den Vietcong und ihren Anführer Ho Chi Minh.

Am Gründonnerstag 1968 wurde Rudi Dutschke in Berlin durch mehrere Schüsse in den Kopf lebensgefährlich verletzt. Der Attentäter, ein geistig verwirrter Mann, gab an, durch die Lektüre der Springer-Blätter zu seiner Tat angestiftet worden zu sein. Die Wut der Dutschke-Anhänger schlug nun über Springers Verlagshäusern zusammen, am schlimmsten in Berlin. Die Eingangshalle und Lieferwagen des Vertriebs standen in Flammen. In den Straßenschlachten mit der Polizei kamen zwei Menschen ums Leben, ein Student und ein Reporter. Für Augstein stand die Schuld außer Frage: »Die zwei Toten der Ostertage gehen auf das Konto des SDS.« Obwohl er für das krause revolutionäre Klassenkampfgerede Dutschkes (»er irrte genauso wie Marx«) nie viel übrig gehabt hatte, erhielt er ihm seine Sympathie. Nach dem Attentat, das Dutschke überlebte, half er ihm und seiner Familie mit erheblichen Geldmitteln.

Für den Spiegel-Herausgeber hätte es dieses schrecklichen Signals nicht bedurft, das Steuer im eigenen Bereich herumzureißen. Er wollte die Jugend als Leser des Spiegel nicht verlieren und einen weiteren Machtverlust verhindern. Gegen Ende 1968 fand er, dass Jacobi, dessen Sympathien für Springer offensichtlich waren, das Blatt »zu weit nach rechts redigiert« habe, und trennte sich von ihm. Seine Position übernahm Günter Gaus, dessen Nähe zur SPD eine »Repolitisierung« des Spiegel einleiten sollte. Die Redaktion, nach Meinung des Herausgebers

»autoritär geführt und verkrustet«, musste durch »frisches Blut« verjüngt werden. Neue Redakteure wurden direkt von der Universität weg engagiert.

Augstein glaubte, eine Krise gelöst zu haben, und stolperte direkt in die nächste.

KAPITEL 11

Aufstand im eigenen Haus

»Man kann nicht von dem Tiger absteigen, auf dem man sitzt«, sagte der Spiegel-Herausgeber Ende 1970 einem Redakteur der Süddeutschen Zeitung, der sich die Unruhe in seinem, von ihm selbst so genannten »Gemischtwarenladen« anschauen wollte. Er dachte auch gar nicht daran abzusteigen, er wollte den Tiger reiten. Der Tiger war eine Gruppe in der Redaktion, die plötzlich auch die »autoritäten Strukturen« im Spiegel entdeckte und Augstein in einen beinahe drei Jahre währenden, schwer durchschaubaren Machtkampf verstrickte. Als der Kampf begann, war er Alleinbesitzer, als er zu Ende war, gehörten ihm nur noch 25 Prozent.

Seit 1968 waren knapp hundert junge Mitarbeiter – viele direkt von der Hochschule weg – in den Spiegel eingezogen, vorwiegend in die Büros der Redaktion und der Dokumentation. Die Turnschuhgeneration brachte »frisches Blut« mit, aber auch das, was sie im Kampf gegen den »Muff« an den Universitäten und in den Roten Zellen der Außerparlamentarischen Opposition gelernt hatte. Augstein konnte es schon bald, Anfang April 1969, auf einem anonymen Flugblatt lesen, das eine »Aktionsgruppe kritischer Redakteure im Spiegel-Verlag« verfasst hatte:

> »Es ist höchste Zeit, auch in den publizistischen Massenmedien für eine demokratische Mitbestimmung der Produzenten zu kämpfen!

Das System ›Spiegel‹ ist ein System der Gewalt:

– Gewalt an der objektiven Nachricht, die zum bloßen Konsumartikel entstellt wird
– Gewalt gegen den einzelnen Journalisten, dem politische Erkenntnis und politisches Engagement systematisch ausgetrieben werden
– Gewalt am geistigen Produkt journalistischer Arbeit, dessen Stellenwert sich nur noch nach seinem Unterhaltungsfaktor bemißt.

Hohe Gehälter und ›optimale‹ Arbeitsbedingungen in einer Produktions-Kaserne, die sich mit idiotischem Aufwand als menschenfreundlich kaschiert, verschleiern dem Spiegel-Redakteur seinen unmündigen Status:

Wehren Sie sich gegen Ausbeutung und Entmündigung am Arbeitsplatz!«

Die sechs Mitglieder der Aktionsgruppe versprachen, »offen zu arbeiten, wenn wir stärker geworden sind«. Ihre Wortführer sind Hermann L. Gremliza und Bodo Zeuner, zwei neu eingestellte Redakteure im Deutschland-I-Ressort, deren Vorbild für den Spiegel die linke Kampfpostille Konkret zu sein scheint. Nicht zufällig wechselt Gremliza nach seinem Ausscheiden aus dem Spiegel auch als Herausgeber zu Konkret.

Das Unwahrscheinliche, womit Augstein nicht gerechnet hat, geschieht: Die Gruppe wird stärker. Sie findet auch Zulauf bei älteren und schon länger dienenden Redakteuren. In der Redaktion hatte sich schon seit längerem erheblicher Unmut aufgestaut. Er richtet sich zum einen gegen Hans Detlev Beckers strenges, überperfektioniertes und kommunikationsfeindliches Regiment und zum anderen gegen Jacobis »Entpolitisierung« des Spiegel zugunsten der Unterhaltung, der Auflage und des Anzeigengeschäfts. Zwar ist nun Günter Gaus Chefredakteur, aber die Art, wie er auf SPD-Kurs umschaltet, ohne die Redaktion zu befragen, gefällt vielen auch nicht. Und dann ist da immer noch der »Herrenclub«, das Establishment der Ressortchefs, die schon seit langem bestimmen, was ins Blatt kommt und wie es ins Blatt kommt. Sie gelten als die wahren Mächtigen in der Redaktion, und sie wachen über ihre Macht.

Auch Augstein sind sie manchmal zu mächtig. Er sieht es zunächst nicht ungern, dass sich die jungen Linken an ihnen reiben. Mit den intelligentesten unter ihnen, vor allem mit Hermann L. Gremliza, redet er gerne, aber er kann nicht verhindern, dass sie schnell entdecken, wer der Mächtigste ist. Und dass ihnen sein oft zweideutiger Zynismus und die Widersprüche in seinem Verhalten bewusst werden.

Niemand wird davon verschont. Die Standesgenossen und die Leser nicht: »Das kapitalistische Pressesystem beruht auf dem unveräußerlichen Grundrecht jedes Kaufmanns, dumme Käufer aufzusuchen und noch dümmer zu machen.«

Und die Spiegel-Redakteure auch nicht: »Die Spiegel-Redakteure betrachten sich als Durchschnittsleser ... das bedeutet, daß Spiegel-Redakteure nicht allzu klug sein dürfen.«

Augstein ist immer für Demokratie eingetreten, für mehr oder direktere Demokratie auch im Gegensatz zur Parteiendemokratie, aber im eigenen Haus will er das nicht gelten lassen. Die Aktionsgruppe fand dagegen: »Was sich 22 Jahre lang mühelos miteinander hatte verbinden lassen: progressiv-liberale Attitüde nach außen und autoritäre Herrschaft in der Redaktion, konnte nicht mehr einfach nebeneinander stehenbleiben ...« So schrieb es Bodo Zeuner, einer ihrer Wortführer, in seinem Buch »Veto gegen Augstein«, das einen ideologisch gefärbten, sachlich aber genauen Überblick über den Kampf in der Spiegel-Redaktion um die Mitbestimmung gibt. Nach dessen Ende hatten Zeuner und vier seiner Mitstreiter ihren Job verloren. »Wenn es um Macht oder Geld ging, hat Augstein nie Spaß verstanden«, sagt sein späterer Chefredakteur Erich

Böhme, der ihm im Kampf mit den Linken entscheidend geholfen hat.

Die Auseinandersetzung um mehr »innere Pressefreiheit«, um Redaktionsstatute, in denen die Mitspracherechte der Redakteure festgeschrieben wurden, tobte damals in vielen deutschen Verlagshäusern. Kernpunkt der Forderungen war fast immer ein Vetorecht bei der Berufung des Chefredakteurs. Im Stern war ein solches Statut bereits von Redaktion und Verlag vereinbart worden. Der Entwurf eines Statutes, das sieben Spiegel-Redakteure am 20. November 1969 vorlegten, ging aber beträchtlich darüber hinaus. Sie verlangten die Wahl eines Redaktionsrates, dem weitgehende Befugnisse zustehen sollten: Herausgeber, Chefredaktion bzw. Geschäftsführung sollten bei wichtigen Fragen nur noch im Einvernehmen mit dem Redaktionsrat entscheiden können; darunter fielen:

- strukturelle Veränderungen in der Redaktion
- die Berufung von Chefredakteuren
- die Bestellung geschäftsführender oder leitender Redakteure, Reporter und Kolumnisten
- die Kündigung von Redakteuren (Chefredakteure ausgenommen), Korrespondenten und Sachbearbeitern der Dokumentation
- wichtige unternehmerische Maßnahmen.

Gegen eine Zweidrittelmehrheit des Redakionsrates sollten Beschlüsse in diesen fünf Punkten nicht möglich sein. Außerdem sollten Eigentums-Übertragungen »in jedem Fall der Zustimmung« der Redaktionsvollversammlung bedürfen.

Innerhalb weniger Tage unterschrieben 146 von 198 Redaktionsmitgliedern die Forderung, eine Vollversammlung einzuberufen, auf der über den Entwurf diskutiert und abgestimmt werfen sollte.

Der Streich der Sieben, angeführt von Gremliza und Zeuner, war praktisch nichts weniger als der Versuch, Augstein zu entmachten. Augstein antwortete vier Wochen später auf einer Betriebsversammlung mit einer, wie er meinte, für die gesamte Branche wegweisenden Rede, von der er glaubte, dass sie den Rebellen den Wind aus den Segeln nehmen würde. Als »erster Redakteur des Blattes«, dem es nur darum gehe, die »publizistische Potenz« zu stärken, sah er die »einzigartige Chance, für ein publizistisches Unternehmen ein Modell zu entwickeln, das beispielhaft für andere Unternehmen sein könnte«. Das Ausscheiden von Richard Gruner mache es möglich, »einer rechtsfähigen Organisation der Mitarbeiter die Hälfte des Gewinns« zufließen zu lassen.

Allerdings knüpfte er dieses Angebot an zwei Bedingungen. Er habe Gruner für dessen Anteil 40 Millionen Mark zahlen müssen. Dafür habe er sich und den Verlag bis an die »Grenze des Erträglichen« verschulden müssen. Die Rückzahlungen müssten aus dem versteuerten Einkommen erfolgen. 30 Millionen stünden noch offen. Geteilt werden könne also in den ersten Jahren nur der versteuerte Gewinn, der nach Abzug der Schulden und Zinsen übrig bleibe. Dieser Gewinn solle für die Altersversorgung der Betriebsangehörigen angelegt werden, die dem Hause länger als 15 Jahre angehören. Eine Beteiligung der Mitarbeiter-Organisation am Unternehmen selbst scheine ihm bis zur Tilgung der Bankverpflichtungen nicht möglich. Sie sei aber »auf längere Sicht« anzustreben. »Solange ich hafte, muß ich auch bestimmen.« Für alle Fälle bot er aber eine Alternative an, von der er annahm, dass sie noch weniger Beifall finden werde. Wenn eine sofortige Beteiligung am Unternehmen gewünscht werde, sei er bereit, den ehemals Grunerschen Anteil in Höhe von 25 Prozent an die Mitarbeiter zu verkaufen. »Damit wäre ich schuldenfrei, der Anteil ... wäre aber mit dreißig Millionen Mark Schulden belastet.« Die Chance, das Geld zu beschaffen, schätzte er mit »maximal fifty-fifty ein«. Mit einem solchen Anteil wären die Betriebsangehörigen aber schon einmal »Minderheitsgesellschafter«, denen in bestimmten Fragen eine Sperrminorität eingeräumt werden könnte. Zugleich macht er klar, dass er keinem »Zwang« nachgeben würde. Die Befugnisse der Redaktions- und Geschäftsleitung dürften nicht eingeschränkt werden.

Augstein hatte zunächst Zeit gewonnen. Die Diskussion über Mitbestimmung und Statut war aufgeschoben. Die Redaktion redete sich ein Jahr lang über seine Mitbeteiligungsvorschläge die Köpfe heiß. Und sie zerstritt sich über die Wahl einer Verhandlungskommission. Die »Haus-Konservativen«, wie Zeuner sie nennt, hatten die Mitbestimmungsanhänger in die Minderheit gedrängt.

Die »Haus-Linken« begannen nun mit der Basisarbeit, der Gewinnung der »Unterprivilegierten«, zu denen alle unterhalb der stellvertretenden Ressortchefs gehörten. Der Siebener-Kreis gab seinen Kampf für ein Statut nicht auf. Er erhielt sogar Auftrieb, als Augstein, der in seiner Rede ein Statut noch für »zweckdienlich« gehalten hatte, nun plötzlich in einem Brief an Gremliza mitteilte, er sei nicht sicher, »daß wir ein Statut benötigen«. Auch sonst kehrte sich im Sommer 1970 die Stimmung wieder gegen Augstein. »Augstein, Becker, Engel, Gaus: Du mußt raus«, skandierten die Linken. Die Verhandlungen über eine Altersversorgung waren ins Stocken geraten; die Redakteure hatten herausgefunden, dass sie für ihren Anteil nach dem Augstein-Modell auch noch Steuern hätten zahlen müssen. Zu den Enttäuschten gehörte nun auch Alexander von Hoffmann, der Chef des Ressorts von »Deutschland I«, der sich mit seinem Stellvertreter Gremliza verbündete.

Ende Juni legten die Linken einen neuen Entwurf für ein Statut vor, der sich von dem alten nur unwesentlich unterschied. Innerhalb von zwei Tagen unterschrieben allein in der Hamburger Redaktion 120 Redakteure die Forderung nach diesem Statut. »Zunächst rund 80 einfache Redakteure, ein paar Stunden später sogar rund die Hälfte der Leitenden Redakteure«, wie Zeuner ausdrücklich festhält. Das war die Mehrheit der Redaktion. Augstein reagierte im Ton zurückhaltend, in der Sache aber ähnlich wie »konservative Universitätsprofessoren« (Zeuner): »Daß die Entscheidungen demokratisiert werden müßten, halte ich in unserem Bereich für einen Irrtum, der aus einem falsch verstandenen Demokratie-Begriff resultiert.«

Auf einer Vollversammlung können sich die Linken aber mit ihrer Forderung nach einer Verhandlungskommission durchsetzen. Nach einem heftigen Wahlkampf zwischen den Statut-Anhängern und dem »Herrenclub« (beide Fraktionen hatten eigene Kandidaten aufgestellt) siegen die Linken. Ihre Kandidaten, an der Spitze Alexander von Hoffmann, werden mit der absoluten Mehrheit der abgegebenen Stimmen gewählt. Schon im ersten Gespräch mit der Verhandlungskommission droht der Herausgeber, sein Angebot einer Gewinnbeteiligung zurückzuziehen. Er stellt ein Junktim zwischen seinem Angebot und dem Verzicht auf ein Vetorecht des Redaktionsrates her, das für ihn »völlig undenkbar« sei: »Abgesehen davon, daß ich es nicht will, geht es auch nicht. Die Banken würden das nicht mitmachen.« Die Kommission, bemüht eine Konfrontation zu vermeiden, mildert ihre Veto-Forderungen ab, aber wiederum sagt Augstein »Nein«. Er will dem Redaktionsrat nur den Anspruch auf Konsultation zugestehen.

Nach einem langen, ergebnislosen Hin und Her drohte die Kommission erneut mit der Einberufung einer Vollversammlung. Sie war sich ihrer Sache sicher, Augstein nicht mehr. Er legte ein neues Angebot vor, das logisch aussah, es aber nur scheinbar war. Wenn die Redakteure schon nicht auf die Mitbestimmung verzichten wollten, könnten sie doch gleich die Mitbeteiligung haben. Sein Vorschlag: Die Belegschaft übernimmt schon vom 1. Januar 1973 an (und nicht erst 1977 oder 1980, wie ursprünglich einmal angedacht) fünfzig Prozent des Unternehmenskapitals mit allen Rechten, wenn sie dafür bis zu jenem Zeitpunkt auf Gewinnbeteiligung und Altersversorgung verzichtet. Augstein verpflichtet sich, die vollen Gewinne der Jahre 1970 bis 1972 zur Tilgung seiner Bankschulden zu verwenden. Bis 1973 gibt es kein Redaktionsstatut, wohl aber könne es einen gewählten Redaktionsrat mit konsultativen Befugnissen geben. Danach könne ein Statut ausgehandelt werden. Der Redaktion würden dann neben Augstein auch die von ihr selbst gewählten Vertreter der am Unternehmen beteiligten Belegschaftsorganisation als Verhandlungspartner gegenüberstehen. So wollte er das Veto-Recht aushebeln.

Aber die Krise war damit nicht zu Ende; sie begann nun erst richtig zu eskalieren. Augstein hatte nun zwar das Redaktionsstatut abgewehrt, aber mehr betriebliche und redaktionelle Mitbestimmung zugestanden, als er eigentlich wollte. Den Fehler konnte er erst später im Gesellschafter-Vertrag notdürftig reparieren. Die Redakteure waren dennoch nicht begeistert, vor allem die älteren nicht, denn die Altersversorgung war nun erst einmal in weite Ferne gerückt. Aber kaum hatten sie sich zu der von Augstein geforderten Zustimmung mit absoluter Mehrheit durchgerungen, schockierte er sie mit seinem Plan, die ihm verbliebenen fünfzig Prozent an Gruner + Jahr zu verkaufen. Die Redaktion einschließlich ihres Chefredakteurs Günter Gaus war strikt dagegen. Die Haus-Linke war alarmiert. Sie sah die Unabhängigkeit des Spiegel gefährdet. Auch die Zusicherung Augsteins, er wolle weitere zehn Jahre Herausgeber bleiben und einen kleinen Anteil von Gruner + Jahr übernehmen, konnte sie nicht umstimmen. Die Redaktion lehnte nicht nur das Fünfzig-Prozent-Geschäft ab, sondern auch einen von Augstein ins Gespräch gebrachten Kompromiss, nur 25 Prozent an G + J zu verkaufen. Ein Vetorecht der Redaktion bei der 25-Prozent-Lösung wies Augstein aber zurück. Er habe sich stets vorbehalten, über seine »den Mitarbeitern nicht zugedachten Anteile in eigener Verantwortung zu verfügen«, und könne von den künftigen Miteigentümern verlangen, auf seine Interessen Rücksicht zu nehmen. Bis heute wird vermutet, dass Augstein die Veräußerung von fünfzig Prozent nur aus taktischen Gründen ins Gespräch gebracht habe, um sich die Hand für den Verkauf von 25 Prozent an G + J freizuhalten.

Der Widerstand nahm bald ab. Es gab wirtschaftliche Argumente für die Verflechtung. Gruner + Jahr war bereit, die Existenz des Spiegel bei kurz- und mittelfristigen Liquiditätsschwierigkeiten zu sichern. Das Blatt befand sich zwar nicht in einer Krise, aber auch den Linken war nicht entgangen, dass die internen Querelen einige große Anzeigenkunden abzuschrecken begannen. Der Industrie und den Arbeitgebern nahe stehende Blätter nahmen die linken Umtriebe beim Spiegel zum Vorwand, zu einem Anzeigenboykott aufzufordern. In einem Wirtschaftsdienst wurden die Unternehmer davor gewarnt, das Geld zu liefern, mit dem sie »liquidiert« werden sollten. In einigen Fällen war nachweisbar, dass Anzeigen aus politischen Gründen storniert wurden. Insgesamt gingen die Werbeeinnahmen in den Jahren 1971 und 1972 um rund ein Fünftel zurück. Auch die Auflage stagnierte. Außerdem entwickelte Claus Jacobi, nun im Dienst Springers stehend, ein Konkurrenz-Magazin. Auch er, sicher nicht frei von Rachegefühlen, schrieb in einem Unternehmerblatt: »Sie halten mit Ihren Inseraten eine Presse am Leben, die Ihren eigenen Untergang fordert.«

Auf einer Konferenz des Bauer-Verlages für Wirtschaftsmanager plädierte auch Franz Josef Strauß für einen Anzeigenboykott.

Betriebsrat und Redaktionskommission stellten sich Augstein nun nicht mehr in den Weg, obwohl sie das Gefühl hatten, von ihm über den Tisch gezogen worden zu sein. Er konnte die vollen Gewinne für die Jahre 1970 bis 1972 einstecken und erlöste außerdem für das 25-Prozent-Paket von Gruner + Jahr 40 Millionen Mark. Über Nacht war er nun schuldenfrei; er hatte ein gutes Geschäft gemacht und konnte sich obendrein noch als Wohltäter feiern lassen, der seinen Mitarbeitern die Hälfte seines Kapitals schenkt und auch noch einen Teil der Schenkungssteuer bezahlt. »Ihr könntet sie doch nicht bezahlen«, hatte er sich einmal über seine Redakteure lustig gemacht. Die Linken waren unzufrieden. Sie glaubten, ihre berechtigten Forderungen für das Linsengericht »kleinkapitalistischer Illusionen« verkauft zu haben. Von Gremliza darauf angesprochen, antwortete Augstein, in einer kapitalistisch verfassten Gesellschaft könne nur ein auf Kapitaleigentum fußendes Verfügungsrecht Bestand haben.

Enttäuscht und verbittert nahmen die Linken den Kampf um einen Redaktionsrat wieder auf. Zwischen ihnen und dem Herrenclub entbrannte eine heftige Kontroverse über die Modalitäten für die Wahl des Redaktionsrates und seine Befugnisse. Beide Seiten schrecken nicht vor Verdächtigungen und Diffamierungen zurück. »Die Linken machen das Blatt kaputt«, heißt es beim Herrenclub; die Konservativen zerstören das Recht auf Mitbestimmung, wird auf der anderen Seite geklagt. Schließlich bilden sich zwei Fraktionen, eine linke und eine gemäßigt-konservative, die jeweils eigene Listen aufstellen, über die getrennt abgestimmt wird. Mit knapper Mehrheit gewinnen die Konservativen. Sie stellen vier der sieben Vertreter des Redaktionsrates. Dennoch spricht Augstein dem neugewählten Rat sofort alle Befugnisse ab. Vor 1973, dem Inkrafttreten der Mitbeteiligung, dürfe es »keine Konfrontation über ein Statut« geben. Die nächste Konfrontation gibt es aber schon wenig später über die Wahl der fünf »Treuhänder«, die den Anteil der Mitarbeiter-Organisation verwalten und deren Interessen wahrnehmen sollen. Augstein favorisiert einen auf drei Jahre gewählten, nach Möglichkeit von den Konservativen beherrschten Treuhänderausschuss, der ihm für einige Zeit Ruhe verschaffen soll. Genau das wollen die Linken nicht; sie wollen eine kürzere Amtszeit und die nächsten Treuhänder der Kontrolle durch eine neu zu bestimmende Betriebsversammlung, also der Basis, unterwerfen. Und sie gewinnen. Ihre beiden Kandidaten, an der Spitze Alexander von Hoffmann, erhielten die meisten Stimmen.

Augstein musste erkennen, dass sich seine Großzügigkeit nicht ausgezahlt hatte, dass er wiederum um seine Macht als Herr im Hause kämpfen musste. Nun ging er, unterstützt von Hans Detlev Becker und Günter Gaus aufs Ganze. Zehn Tage nach seinem Wahlsieg wurde Alexander von Hoffmann vom Chefredakteur eröffnet, er sei seines Postens als Leiter des Ressorts Deutschland I enthoben. Das kam einer Kündigung gleich. Zur Begründung gab Gaus an, das Bonner Büro unter der Leitung von Erich Böhme lehne jede weitere Zusammenarbeit mit Hoffmann ab, weil das Verhältnis völlig zerrüttet sei. Unter diesen Umständen müsse der »leichter Ersetzbare« gehen. Es gab einen Sturm der Entrüstung, aber für einen Streikaufruf fand der Redaktionsrat keine ausreichende Mehrheit. So wurde mit Augstein, Becker und Gaus ein dreimonatiges »Moratorium« ausgehandelt, das beide Seiten nutzen sollten, noch einmal über den Rausschmiss von Hoffmann zu verhandeln. Zu ernsthaften Gesprächen kam es aber nicht; Augsteins ohnehin geringes Interesse erlosch völlig, als die Linken im Falle der Kündigung Hoffmanns die Übernahme der Ressortleitung durch Hermann Gremliza forderten. Am 8. September erhielt Hoffmann die endgültige Kündigung. Der Widerstandsgeist der Redaktion war nun schon so weit geschwächt, dass sie sich auf einer Vollversammlung weder zu einem Streik noch zu einem »Mißtrauensantrag« gegen Gaus durchringen konnte, der ohnehin nicht der wahre Schuldige war. Sie begnügte sich mit einer »Mißbilligung«.

Augstein nutzte die Gelegenheit, Redaktionsrat und Vollversammlung »Anarchie« und »selbstmörderisches Treiben« vorzuwerfen, an dem er und die Chefredaktion sich nicht mehr beteiligen wollten. Weitere Gespräche mit dem Redaktionsrat über Personalentscheidungen lehnte er ab. Er hatte sie schon vorbereitet. Drei Stunden nach dem Ende der Vollversammlung am 22. September teilte er den Ressortchefs mit, dass auch Gremliza und Zeuner aus dem Ressort Deutschland I entfernt werden sollten, und wollte wissen, ob mit einem Streik zu rechnen sei. Die Stimmung dafür war, wie die Ressortchefs schnell feststellen konnten, ziemlich schwach. Zwei Tage später erhielten Gremliza und Zeuner von Verlagsdirektor Becker ihre Kündigungsschreiben. Gremliza wurde von seiner Funktion entbunden und aufgefordert, den Spiegel zu verlassen, Zeuner wurde der Anstellungsvertrag sofort gekündigt.

Schon eine Stunde später rief Augstein die Ressortchefs zu einer Sondersitzung zusammen. Spöttisch heißt es dazu bei Zeuner: »Nach Art eines Hirtenbriefs verlas Augstein einen fünf Seiten langen Text, der unsere Kündigung begründete, verteilte ihn nach Verlesung an die Ressortchefs und beauftragte sie, den Text ihrerseits ihren Redakteuren vorzulesen.« Von Konkret wurde der Text als »Grabrede auf die eigene Legende« charakterisiert. In der Tat war es eine Rede, die jeder andere Großverleger auch hätte halten können, diktiert von der Sorge um die Macht im Hause. Die Kernsätze lauteten:

> »Der Spiegel muß wieder aus den Schlagzeilen heraus ... Eine Nacht der langen Messer findet nicht statt. Mitbestimmung, vollverantwortliche Selbst- und Mitbestimmung aus den bestehenden Institutionen heraus, bleibt unser Ziel ... Wir sind und bleiben eine liberale, eine im Zweifelsfall linke Redaktion.«
>
> »Demokratie bedeutet nicht, daß jeder überall Bescheid wissen und über alles mitbestimmen muß.«
>
> »Wollte man den formalen Demokratiebegriff des parlamentarischen Systems auf unseren Bereich übertragen, ... würde

das bedeuten, daß innerhalb der Redaktionsversammlung zwei oder mehr Fraktionen einen permanenten Wahlkampf gegeneinder führen müßten. Eine nichtarbeitende Opposition als Minderheit gegen die arbeitende Mehrheit tätig, dies Schreckensbild genügt, um die Untauglichkeit der parlamentarisch-demokratischen Regeln für unsere Arbeit darzutun.«

»Ließe man sie (die Wortführer) machen, würde das Blatt weder erscheinen noch den unerläßlichen wirtschaftlichen Kredit genießen ... Wir werden nicht mehr zulassen, daß Halbtagsredakteure auf Kosten der überlasteten ihre Zeit mit Hauspolitik zubringen. Das Wort Agitation soll hier künftig mit einem kleinen a geschrieben werden.«

»Alle, die in der jetzigen Spiegel-Arbeit einen Sinn erblicken, stehen vor der Wahl, mit uns den Spiegel weiterzumachen oder ihn mit anderen zu zerstören. Daß der Spiegel sich von Leuten trennt, die auf seinen Trümmern ein Fanal abschießen wollen, erscheint mir hingegen selbstverständlich. Ohne wechselseitige Loyalität und Kollegialität kann keine Redaktion existieren. Der gesamte Streit ... ist nicht aus dem Machtstreben der Chefredaktion entstanden, sondern daraus, daß eine kleine Gruppe ... anderen Gruppen des Hauses ihre politische Überzeugung und ihre hauspolitische Linie aufzwingen wollte.«

Nur zwei linke Redakteure stören dabei noch. Zu den Wortführern der Statut-Bewegung hatten auch Dieter Brumm, Redakteur im Ressort Geisteswissenschaften, und der Medienredakteur Otto Köhler gehört. Auch ihnen wurde gekündigt. Die eingeschüchterte Redaktion hielt still. Der Aufstand der Linken war gescheitert.

Augstein hatte den Tiger geritten. Am Ende saß ihm jedoch ein gehöriger Schreck in den Knochen. Er musste einsehen, dass der Fünfzig-Prozent-Anteil für die Redaktion einen schwer berechenbaren Machtfaktor darstellt. Da die andere Hälfte der Anteile zu je 25 Prozent G+J und der Rudolf Augstein GmbH gehörten, hätte Augstein zwar eine Sperrminorität besessen, Beschlüsse aber nicht mehr in seinem Sinne beeinflussen können. Seine Autorität reicht aber noch aus, im endgültigen Gesellschafter-Vertrag festzuschreiben, dass wichtige »Beschlüsse der Gesellschafterversammlung grundsätzlich einer Mehrheit von 76 Prozent der abgegebenen Stimmen bedürfen«, also praktisch einstimmig gefasst werden müssen. Dieses eine Prozent war Augsteins Sonderstimmrecht. Ohne ihn konnten keine Entscheidungen getroffen werden. Seine Macht war bis an sein Lebensende gerettet. Er stimmte aber zu, dass es nach seinem Tode nicht an seine Erben weitergegeben werden darf, sondern je zur Hälfte an die Mitarbeiter-KG und an Gruner+Jahr verkauft werden muss.

Bis an sein Lebensende hat Augstein die Frage verneint, ob der Verzicht auf die Hälfte des Eigentums am Spiegel nicht ein Fehler gewesen sei. Tapfer beharrte er darauf, ein Beispiel für fortschrittliches Unternehmertum gegeben zu haben, obwohl er mehrmals Gelegenheit gehabt hätte, seinen Schritt zu bereuen, und ihn wohl auch bereut hat. Er war ein Opfer seiner intellektuellen Eitelkeit geworden. Er wäre am liebsten selber der Anführer der Studenten-Rebellion gewesen, hatte aber ihre Ziele falsch eingeschätzt. Sie wollte, was Augstein vielleicht gehofft hatte, keine Hilfstruppe des Spiegel sein; sie wollte weder über das System noch über Reformen reden, sie wollte es abschaffen ebenso wie den Kapitalismus. Der Marsch durch die Institutionen machte vor dem Spiegel nicht Halt. Leichtfertig hatte sich Augstein die Kaderzellen selbst ins Haus geholt. Dennoch hätte der Ritt auf dem Tiger weniger gefährlich und folgenreich sein können, wenn er nicht überreagiert hätte. Wenn er das Potential der Revoluzzer nicht überschätzt und seine Redaktion gekannt hätte. Mit etwas Geschick hätte er die Forderungen nach einem Veto-Statut auf ein Maß zurückdrängen können, wie es damals von den Redaktionen des Stern oder der Süddeutschen Zeitung akzeptiert wurde – auf ein Veto gegen die Berufung des Chefredakteurs. Da es mit einem hohen Quorum, einer Zweidrittelmehrheit der gewählten Redaktionsausschüsse, beschwert war, hätte es auch im Spiegel pragmatisch gehandhabt werden können. In der Süddeutschen Zeitung funktioniert es heute noch, im Stern ist es inzwischen abgeschafft. Allerdings war Augstein kein normaler Verleger, er war auch Gründer und Herausgeber, und er fühlte sich auch als der eigentliche Chefredakteur. Seine Chefredakteure empfand er nur als Handlanger. Ein durch eine Abstimmung in der Redaktion legitimierter Chefredakteur hätte aber eine starke Position gehabt und seine Macht reduzieren können.

Mit der Panik-Reaktion »alle Macht dem Verleger« hatte Augstein eine Krise provoziert, die den Spiegel veränderte. Es war nicht seine letzte. Er war schon auf dem Weg in die nächste, die er wiederum seinem Griff nach Macht, diesmal nach politischer Macht, verdankte.

KAPITEL 12

Flucht in die Politik

»Ein Herr Augstein, der nicht mehr der Spiegel ist, wäre für uns natürlich viel weniger interessant«, schrieb am 18. Februar 1955 der zweite Hamburger Bürgermeister Edgar Engelhard »vertraulich« an den Vorsitzenden der FDP-Fraktion im Bundestag, Thomas Dehler. Engelhard berichtete Dehler über ein Gespräch mit Augstein, in dem ihm dieser mitgeteilt hatte, in ungefähr sechs Wochen, also Anfang April, der FDP in Hamburg beizutreten, die damals gemeinsam mit der CDU und der Deutschen Partei (DP) die Hansestadt regierte. Ein sofortiger Eintritt sei ihm aus »firmeninternen Gründen« nicht möglich.

Die geheimnisvolle Ankündigung des Spiegel-Herausgebers elektrisiert den Hamburger FDP-Chef. Er will den großen Fisch nicht von der Angel lassen, macht sich aber auch Sorgen über den Hinweis auf firmeninterne Gründe.

Er lässt Dehler wissen, was Augstein von der FDP erwartet: »Natürlich will ein Mann wie Augstein auch wirken können, und ich habe Vorsorge getroffen, daß im Hamburger Haupt- und Landesausschuß ein Platz für ihn freigehalten wird. Weiter möchte natürlich Herr Augstein in Pressefragen usw. Ihr Ratgeber sein, und daß er an den Beratungen des Außenpolitischen Ausschusses teilnehmen möchte, bedarf keiner Unterstreichung. Ich würde es sogar begrüßen, falls eine Sitzung im März stattfindet, wenn Sie ihn zu dieser bereits einladen würden.«

Trotzdem zerbricht sich Engelhard den Kopf, ob er wirklich

»alle Motive« für Augsteins Entschluss erkannt habe. Er schreibt weiter: »Im allgemeinen ist doch unter den Verlegern von sogenannten überparteilichen Zeitungen und Zeitschriften und den Chefredakteuren die Tendenz vorherrschend, sich ja nicht politisch zu binden. Ich habe auch aus verständlichen Gründen darauf verzichtet, nach den firmeninternen Gründen zu fragen, denn so ganz logisch erscheint mir der Hinweis nicht. Wenn die Gesellschafter von Augstein mit seinem Parteibeitritt heute unzufrieden wären, so sind die Gefühle in 6 Wochen doch sicher keine anderen. Bei diesen Überlegungen drängt sich natürlich der Gedanke auf, ob nicht im Hause des Spiegel gewisse Auseinandersetzungen sind, die vielleicht eine Trennung der Gesellschafter mit sich bringen. Ich versuche, das einmal vorsichtig zu recherchieren.«

Engelhards Ungewissheit über Augsteins Motive waren berechtigt. Bis zum Schluss seiner politischen »Karriere« nach dem Verzicht auf sein Bundestagsmandat im Januar 1973 blieb Augstein in der Partei ein Fremder. Ganz grundlos waren seine Sorgen dagegen nicht. Zwar gab es damals keine hausinternen Auseinandersetzungen unter den Gesellschaftern – niemand hätte sich damals von ihm trennen können oder wollen – und keine Bedenken aus der Redaktion, die Augstein ohnehin nicht um Erlaubnis gefragt hätte, aber John Jahr und Hans Detlev Becker waren von einem Ausflug ihres Herausgebers in die Politik nicht begeistert. Sie sorgten sich um den Ruf des Blattes. Wahrscheinlich war aber auch Augsteins eigene Unentschlossenheit für die Fristvorgabe mitverantwortlich. Schließlich dauerte es nicht sechs Wochen, sondern über sechs Monate, bis er sich als Parteimitglied einschrieb. In der Öffentlichkeit wurde davon wenig bekannt. Augstein war weder ein Volkstribun, den es ständig aufs Rednerpult trieb, noch ein besessener Parteiarbeiter, den es in Ausschüsse und Arbeitskreise drängte. Er war eher der Typ der grauen Eminenz, der es vorzog, um Rat gefragt zu werden, oder der ungefragt anderen seinen Rat antrug. Sein Äußerungstrieb war vor allem von Kritik motiviert, die sich in Briefen und Papieren oder eben in Spiegel-Kommentaren vortragen ließ.

Stürmisch war das Verhältnis des neuen Jungliberalen zu seinen Parteifreunden nicht. Nur zu Thomas Dehler und dem Landesgeschäftsführer der FDP in Nordrhein-Westfalen, Wolfgang Döring, fühlte er sich hingezogen. Mit beiden verband ihn der Hass auf Konrad Adenauer, den er für einen Separatisten und klerikalen katholischen Machtpolitiker hielt. Dehler wurde schnell zum väterlichen Freund. Zwischen ihm und seiner Frau Irma entstand ein freundschaftlicher Kontakt zu Augstein und dessen damaliger Frau Katharina. Beide Ehepaare trafen sich auch privat. Ganz geheuer war der impulsive und eigenwillige Dehler dem Jüngeren aber nie. Und umgekehrt litt Dehler unter der Unberechenbarkeit Augsteins und dessen Unverständnis für das oft taktisch bedingte Handeln von Politikern. Umso mehr, als er ihn nicht als »Parteifreund«, sondern als persönlichen Freund betrachtete. Er gehörte einer Generation an, die – wie später Wehner – darunter noch Loyalität verstand und nicht den ständigen Wechsel vom »Freund«- in den »Feind«-Modus und umgekehrt.

In dem vier Jahre älteren Wolfgang Döring entdeckte Augstein dagegen einen zuverlässigen Kampfgefährten. Döring war alles andere als der Typ des liberalen bürgerlichen Honoratioren. In Leipzig geboren, war er sofort nach dem Abitur Berufsoffizier geworden, hatte den Krieg, zuletzt als Panzerhauptmann, an der Front mitgemacht und sich nach dem Krieg zunächst als Automechaniker durchgeschlagen. Er opponierte von Anfang an gegen den sich in der FDP breit machenden Konservativismus, gegen die zunehmende bürgerliche Mittelmäßigkeit; er sah die Rolle der Partei nicht an der Seite der CDU, sondern wollte sie zu einer großen dritten Partei, zu einer »Volkspartei« neben CDU und SPD, umgestalten. Dazu gehörte es, ihre Basis nach rechts und nach links zu verbreitern. Er trat bald auf Kameradentreffen auf und hatte keine Scheu vor Kontakten mit der SPD oder mit ehemaligen Nationalsozialisten wie dem Kreis um den ehemaligen Goebbels-Staatssekretär Werner Naumann. Mit ihnen verband ihn die Abneigung gegen das konservative katholische Bürgertum und die Hoffnung auf eine Wiederherstellung des untergegangenen Deutschen Reiches, weshalb er auch Kontakte zur LDPD, den von der SED geduldeten Liberalen, in seiner sächsischen Heimat unterhielt. Döring war die Hoffnung vieler junger Liberaler, zu denen damals auch Walter Scheel und Willi Weyer gehörten. Auch Augstein gefielen die Politik und die Tatkraft Dörings, der allerdings schnell die Mehrheit der Partei gegen sich aufbrachte. Deren Hoffnungsträger war der den konservativen Flügel der Partei repräsentierende ehemalige Ritterkreuzträger Erich Mende, der gerade Fraktionsvorsitzender im Bundestag geworden war. Augstein verachtete und hasste Mende, weil er ihn für die Inkarnation der Mittelmäßigkeit hielt und ihn verdächtigte, sich jederzeit von Adenauer oder später der CDU »kaufen« zu lassen.

Beifällig verfolgte Augstein 1956 den von Döring, Scheel und Weyer geführten Putsch der »Jungtürken« gegen die CDU/FDP-Landesregierung unter Karl Arnold. Der Sturz Arnolds und die Bildung einer Koalition mit der SPD unter Fritz Steinhoff war nicht als Lokalereignis geplant. Das Ziel war Bonn. Döring wollte der FDP-Bundesführung klar machen, dass sie sich nicht auf ewig an die CDU binden dürfe, dass sich die FDP vielmehr als eigenständige politische Kraft nur etablieren könne, wenn sie auch mit der SPD koaliere, und er wollte den Sturz Adenauers einleiten. Das erste Ziel gelang, das zweite nicht. Die Koalition in Bonn platzte zwar, das forsche Vorgehen der »Jungtürken« spaltete aber die Partei. Der so genannte »Ministerflügel« der FDP unter Vizekanzler Blücher hielt Adenauer die Treue und bildete mit einem kleinen Teil der Fraktion eine neue Partei, die

Freie Volkspartei (FVP), die allerdings zum baldigen Untergang verurteilt war. Die Mehrheit der FDP entschied sich für die Opposition. Das war ganz nach dem Geschmack von Rudolf Augstein. Sogleich warnte er seinen neuen Freund Dehler, der wegen der Parteispaltung schon wenig später als Vorsitzender abgelöst wurde, an eine neue Koalition mit Adenauer zu denken.

Als Mahner und Warner hätte sich Augstein auch ohne Parteimitgliedschaft betätigen können. Er hat es auch über viele Jahrzehnte getan. Nicht nur in zahlreichen Briefen an die Parteioberen, sondern auch in noch häufigeren Spiegel-Kommentaren. Was waren seine Motive? War er wirklich mit Leidenschaft Politiker? Wäre er es gewesen, hätte er sich 1957 in den Kampf stürzen müssen – gegen Adenauer, für eine neue und andere Politik auch in Bonn. Sein Freund Döring hatte ihm angeboten, im Wahlkreis 82, Rheydt–Mönchengladbach–Viersen, für den Bundestag zu kandidieren. Augstein hatte schon halb zugesagt. Doch dann kamen ihm Bedenken. Am 27. Juni 1957 schrieb er an Döring:

> »Lieber Wolf,
>
> dieser Brief ist nur für Dich bestimmt. Ich habe den Eindruck, daß es wegen meiner Kandidatur zu Schwierigkeiten kommen könnte. In diesem Zusammenhang möchte ich Dich bitten, diese Frage rein sachlich zu behandeln und nicht etwa unter dem Gesichtspunkt, daß Ihr mir irgendwelche Zusagen gemacht habt. Ich selbst habe die Kandidatur ja auch nur unter sachlichen Gesichtspunkten angestrebt, für mich persönlich springt dabei vermutlich nur eine Menge Ärger heraus. Ich wollte zu meinem bescheidenen Teil eine Änderung des Bonner Regimes erreichen helfen, das ist, wie Du mir glauben kannst, zur Zeit mein einziger Beweggrund. Solange Chancen da sind, die entscheidende Änderung in der Kanzlerschaft herbeizuführen, solange halte ich meine

Kandidatur trotz aller damit verbundenen Einschränkungen und Unbequemlichkeiten für sinnvoll. Würde man hingegen diese Chance für praktisch nicht mehr gegeben halten, so wüßte ich wirklich nicht, warum ich mich von meiner ersprießlichen Arbeit in Hamburg entfernen sollte.

Solange Ihr eine ernsthafte Chance seht, dieses Ziel zu erreichen, bin ich gern mit dabei. Seht Ihr diese Chance aber guten Gewissens nicht mehr, so wäre es besser, von vornherein auf mein Mitwirken zu verzichten. Bitte, was immer Ihr beschließt, laßt Euch nicht von dem Gedanken leiten, die Kandidatur aus Gründen des Gesichts, für Euch oder für mich, aufrechtzuerhalten. Ein schmerzloser Rückzug wäre jederzeit zu bewerkstelligen. Stellt mich auf, wenn Ihr für unser gemeinsames Vorhaben noch Chancen seht, und laßt mich draußen, wenn Ihr diese Chancen ernsthaft nicht mehr seht.

Ich glaube, Dir mit diesem Brief die nötigen Vollmachten gegeben zu haben, in der entscheidenden Sitzung so zu verfahren, wie es Dir richtig erscheint. Im übrigen wirst Du den Brief wohl schwerlich anders lesen, als er gemeint ist.

Herzliche Grüße immer Dein Rudolf.«

Wie Döring den Brief gelesen hat, ist nicht bekannt. Es gibt im Döring-Nachlass keine Antwort darauf. Er konnte ihn aber schwerlich anders lesen, als er gemeint war. Ende Juni wusste Augstein, dass Adenauer auf die absolute Mehrheit zumarschierte. Die Chancen der FDP standen schlecht, insbesondere die der nordrhein-westfälischen, der die eigene Wähler-Klientel den Wechsel zur SPD übel nahm. Augstein hatte offensichtlich keine Lust, für eine verlorene Sache in den Kampf zu ziehen. Mit einem siegreichen Adenauer konnte es keine Koalition geben. Augstein hätte im Bundestag auf der Oppositionsbank Platz nehmen müssen, eine Vorstellung, die ihm nie gekommen ist, auch nicht, als er 1972 tatsächlich kandidierte. Der »schmerzlose Rückzug« war schnell bewerkstelligt. Wegen angeblicher Bedenken der Redaktion gegen die politischen Pläne des Herausgebers erklärte Augstein seinen Verzicht, nun auch öffentlich. Er war in Wahrheit zu erfolgreich und auch schon zu reich, um sich noch auf die Ochsentour eines Nachwuchspolitikers einzulassen. So konnte er sich auf die »ersprießliche Arbeit« zurückziehen, die nach der Wahl vor allem darin bestand, der erfolglosen FDP die Leviten zu lesen. Nachfolger Dehlers im Parteivorsitz war noch vor den Wahlen der baden-württembergische Ministerpräsident Reinhold Maier geworden. Er war zwar kein Freund Adenauers, aber auch kein Gegner seiner Außenpolitik. Deswegen mochten ihn Augstein und die Düsseldorfer »Jungtürken« nicht und betrachteten ihn als Übergangsfigur. Unter dem Pseudonym Moritz Pfeil bescheinigte Augstein seiner Partei flugs eine »Führungskrise«. Scharfsinnig erkannte er aber auch das Dilemma der Partei. Wenn sie den Alt-Liberalen Maier nicht wollte, von den Düsseldorfern »schwäbischer Papa« genannt, dann würde sie wohl an Erich Mende nicht vorbeikommen. Das, so Pfeil-Augstein Anfang 1958, wäre für die Partei der »Offenbarungseid«: »Dann kann man auch gleich zum Amtsrichter gehen.«

So begann seine zehnjährige Fehde gegen Mende, bei der oft nur schwer zu erkennen war, ob Augstein für oder gegen seine Partei kämpfte, deren Ende er regelmäßig gekommen sah.

1960 brach für Augstein beinahe die Welt zusammen. Der von ihm als Schaufenster-Dekoration verachtete Erich Mende war FDP-Vorsitzender geworden, und Herbert Wehner war auf Adenauers Westpolitik eingeschwenkt. Beide dachten an die Wahlen von 1961, und wutschnaubend ging Jens Daniel im November 1960 auf beide los:

»Die FDP wagt keineswegs das Versprechen, mit diesem außer Rand geratenen Rübezahl (Adenauer), dem sie die Spaltung dankt, nicht zusammenzugehen; wenn er Ministersitze anzubieten hat, wird sie, Peitsche hin, Peitsche her, koalieren. Und die SPD kennt keine minutiösere Pflicht, als der befeindeten Regierung nachzuäffen, wie sie sich räuspert und wie sie spuckt.«

Wehner schrieb er ein paar Absätze später ins Stammbuch: »Da nirgends sich Zweifel oder Widerspruch regt, da die gesamte Partei den Parolen Herbert Wehners wie in Trance, ja wie auf dem Bebelschen Exerzierplatz folgt, obliegt dem nicht so trunkenen Außenseiter die Feststellung, daß hier Hasard gespielt wird, und zwar unter dem Einsatz einer Partei, die sich zum Glücksspiel eignet wie ein Brauereipferd zum Trabrennen.« Auf die SPD werde man nun »in der außenpolitischen Diskussion für absehbare Zeit verzichten« müssen.

Enttäuscht schrieb ihm Freund Dehler: »Es ist soweit gekommen: Sie können sich gar nicht mehr vorstellen, daß eine Partei eine Sache vertritt. Sie sehen uns – oder sehen Sie wirklich nur noch Mende? – aus dem Blickwinkel des kleinen Mannes, als die käufliche Dirne, die auf den Meistbietenden wartet.« Mit »sehr herzlichen Grüßen« kam von Augstein ein kurzer Tadel zurück: »Es gibt ein Taktieren, aus dem man keinen Ausweg mehr findet.« Das galt nicht für Dehler. Mit seinem aufbrausenden Temperament verrannte er sich oft in eine Sackgasse, aber seine Fähigkeit, sein Handeln auch selbstkritisch zu reflektieren, half ihm, den Rückweg zu finden. Als Augstein ihn 1963 zu überreden versuchte, einen Beitrag für die Sondernummer zum Abschied Adenauers zu schreiben, lehnte Dehler kühl-vornehm ab: »Ich bin kein Historiker, sondern ein Politiker; er muß an die Zukunft denken. Die mir unterstellte Haßliebe zu dem alten Mann möchte ich nicht aufwärmen.«

In einer unfreundlichen Titelgeschichte über Erich Mende legte der Spiegel im Mai 1961 nach. Nun waren zwei andere Augstein wohlwollende Parteifreunde verärgert – der Bundesgeschäftsführer Karl-Hermann Flach und der Bundesschatzmeister Wolfgang Rubin. Die Geschichte sei »ausgesprochen hämisch und voller Ressentiments«, klagt Rubin in einem Brief an den Spiegel-Herausgeber: »Gerade weil Sie die Notwendigkeit einer dritten liberalen Partei bejahen, ist Ihre Darstellung der Person Mendes und der FDP ein unfreundlicher Akt.« Resigniert schließt Rubin: »Muß das so sein? Muß der Spiegel es seinen Freunden oft so schwer- und seinen Feinden so leichtmachen?« Augsteins Reaktion ist typisch; er reagiert wie meist in solchen Fällen: im Ton halb bedauernd, in der Sache aber unnachgiebig. Um nicht den Verdacht aufkommen zu lassen, irgendwelche Ressentiments von seiner Seite seien mit im Spiel, habe er die Redaktion ausdrücklich gebeten, »eine positive Geschichte erscheinen zu lassen, sofern ihr das möglich wäre«. Aber es war ihr wohl nicht möglich. Die Redaktion habe recht gehandelt, fand ihr Chef, »wenn man von einzelnen Überschärfungen absieht, von denen die meisten auf meinen Rat hin gestrichen oder gemildert worden sind«. Die Existenz der FDP als dritte Partei bejahe er nur, wenn sie »imstande wäre, den notwendigen Regierungswechsel in der Bundesrepublik mit zu tragen«. Solange sie bereit sei, mit Konrad Adenauer oder auch mit Franz Josef Strauß als Regierungschef eine Koalition einzugehen, werde sie »kein Faktor im politischen Leben der Bundesrepublik werden«. Auch Flach warnte er, sich wieder an die CDU zu binden, denn diesmal wäre es für immer. Sein Antwortbrief enthält den erstaunlichen Satz: »Glauben Sie etwa, Sie könnten den Düsseldorfer Zirkus wiederholen?« Der Düsseldorfer Zirkus, Dörings und der »Jungtürken« Wechsel zur SPD, hatte immerhin seine Unterstützung gefunden. Allerdings nicht die der Wähler, die der FDP bei den Landtagswahlen 1958 einen Denkzettel erteilt hatten. Die Parteiführung, die sich gerade von Dörings Parforceritt erholt hatte, sah in dem gescheiterten Düsseldorfer Experiment eine Lehre. Die FDP war für eine Koaliton mit der SPD nicht reif, und die SPD war es unter Wehners Führung auch nicht. Das war das kleine Einmaleins der Parteitaktik. Selbst

Döring sah das ein und stimmte 1961 widerwillig und gegen den Rat seines Freundes für die Koalition mit Adenauer. »Schicksal des Berufspolitikers«, kommentierte Augstein lakonisch. Aber Augstein wollte kein Berufspolitiker sein und war alles andere als ein Taktiker. Er war immer ein Agitator für seine eigenen Wunschvorstellungen und Interessen. Deshalb lag er mit seinen Kommentaren über die innenpolitische Entwicklung in der Bundesrepublik auch oft falsch. Die Frage, ob er in der richtigen Partei sei, wurde ihm von seinen FDP-Freunden aber nie gestellt. Für Augstein gab es keine richtige Partei. Er war seine eigene Partei. Für einen unabhängigen Journalisten kann es auch keine andere Partei geben. Augstein vergaß es nur immer wieder, wenn ihn sein Machthunger überfiel oder wenn er seines Magazins überdrüssig war.

Nur einmal schien er taktisch zu denken – 1965. Inzwischen hatte er die Spiegel-Affäre hinter sich. Erhard war Kanzler und Mende immer noch FDP-Vorsitzender. Er hatte sich nicht schlecht geschlagen. Trotz Augsteins Querschüssen hatte er 1961 für die FDP das beste Wahlergebnis (fast 13 Prozent) ihrer bisherigen Geschichte eingefahren. In die Koalition mit Adenauer konnte er die Partei geeint führen, weil er dem Alten die Zusage abtrotzte, 1963 zurückzutreten. Nach Ausbruch der Spiegel-Affäre waren die FDP-Minister aus der Regierung ausgezogen, aber, weil Adenauer schon mit der SPD redete und Bundespräsident Lübke eine Große Koalition oder eine Allparteienregierung favorisierte, Anfang 1963 ängstlich zurückgekehrt, nachdem der Bundeskanzler auf Strauß verzichtet und seine Rücktrittszusage bekräftigt hatte. Als sein Nachfolger stand bereits Ludwig Erhard fest, den auch die FDP unterstützte, aber der Vater des Wirtschaftswunders war, wie es Adenauer vorher gesagt hatte, ein schwacher Kanzler. Es schien unsicher, wie lange er nach den Wahlen 1965 im Amt überleben würde. In der CDU griff Rainer Barzel nach der Macht, ein Mann, den Augstein noch mehr verachtete als Mende. Schon war wieder von einer Großen Koalition die Rede und von einem neuen Wahlrecht, mit dem SPD und Union der FDP den Garaus machen würden.

Für einen Augenblick wenigstens schien es Augstein wichtig zu sein, die FDP, seine Partei, als dritte Partei zu erhalten. Warum also nicht Mende stärken? Augstein wünschte sich wieder eine »positive Geschichte« über Mende, aber diesmal schien er es ernst zu meinen. Er fragte mich, ob ich sie schreiben wolle, weil er wusste, dass ich Mende schätzte – aus einem ganz einfachen journalistischen Grund: Mende war in Bonn einer meiner besten Informanten. Ich hielt ihn für zuverlässig und ehrlich. Auch wenn es um Franz Josef Strauß ging, zu dessen Freunden er nicht gehörte. »Er hat auch ein gutes Gedächtnis«, fand Augstein nun plötzlich in dem Bemühen, eine gute Seite an seinem alten Gegner zu sehen. Da ich Augsteins politische Überlegungen teilte, sagte ich zu. Zu einem ersten Gespräch mit Mende gingen wir gemeinsam.

Die Titelgeschichte über Erich Mende erschien vier Wochen vor den Wahlen. Sie war keine Lobhudelei, aber fair. Dennoch erregte sie Aufsehen, weil sie einen Bruch mit der bisherigen Kampagne des Spiegel gegen Mende darzustellen schien. Am Sonntag nach dem Erscheinungstag in Höfers Frühschoppen nach den Gründen befragt, sagte Augstein ausweichend: »Die hat der Schröder geschrieben, der hat ja sowieso gekündigt.« Das stimmte zwar, hatte mit der Geschichte aber nichts zu tun. Nun wusste ich aber, warum er die Story von mir wollte. Als Spiegel-Reporter schrieb ich unter meinem Namen. Er konnte sich distanzieren. Aus einem doppelten Grund: Weil ich mich ja auch noch selbst aus dem Heiligen Gral der Spiegel-Gemeinschaft ausgeschlossen hatte. Zwar hatte er in der gleichen Ausgabe einen langen Kommentar zum Thema Dritte Partei geschrieben, es aber nicht über sich gebracht, ein gutes Haar an »Erich Mendes FDP« zu lassen. Wie einen Firmeninhaber erwähnt er Mendes Namen wenigstens dieses eine Mal. Er genierte sich vielmehr, »das Wenige an Substanz, das in der FDP steckt«, für unentbehrlich zu halten. Mit einem bombastischen Wortschwall entschuldigte er sich bei seinen Lesern: »Ich weiß, solch eine Unterstellung wird den Vorwurf des Zynismus, der Arroganz, der Blutleere, der Eierköpfigkeit und des diabolischen Negativismus notwendig provozieren. Aber ich habe nun einmal nicht gelernt, die Ist-ja-nicht-so-schlimm-Brille aufzusetzen, bin also, wenn man will, gelernter Nihilist.«

Dennoch: Für kurze Zeit entsteht eine Art Burgfriede. In einem Brief an den Vorsitzenden der FDP-Fraktion, Wolfgang Mischnick, bittet Augstein die Partei, bei den Koalitionsverhandlungen auf der Ernennung Mendes zum Gesamtdeutschen Minister zu bestehen. Das lag nahe, denn die Ostpolitik, das Verhältnis zur DDR, rückte immer stärker in sein eigenes Blickfeld. Warum er allerdings Mende für diesen Posten für geeignet hielt, blieb sein Geheimnis. Schon knapp zwei Jahre später führte der Streit über die Ostpolitik – Augstein plädierte praktisch für die Anerkennung der DDR – zum endgültigen Zerwürfnis mit Mende. Doch vorher war der Kampf um die Große Koalition zu bestehen. Erhard war im Oktober 1966 am Ende, nachdem er sich mit der FDP über die Sanierung des Haushaltes überworfen hatte. Theoretisch hätte die FDP nun auch mit der SPD zusammengehen können. Die Parteiführung war indes unentschlossen. Beide Fraktionen hätten zusammen nur eine Mehrheit von drei Stimmen gehabt – zu wenig zum erfolgreichen Regieren. Das fand auch Herbert Wehner, der mit den »Umfallern« der FDP – das Wort stammte von Augstein – nichts zu tun haben wollte und zielstrebig auf eine Große Koalition hinarbeitete.

Nicht so Rudolf Augstein. Er bombardierte den »verehrten, lieben Herrn Mischnick« mit Briefen und »Memos«, denselben Wolfgang Mischnick, dessen Posten als Fraktionsvorsitzender er 1972 gerne selbst übernommen hätte. Auch Erich Mende, Knut

Freiherr von Kühlmann-Stumm, Willi Weyer und Ewald Bucher erhalten Kopien. Augstein bietet sich für eine Aussprache im »kleinsten Kreis« und als »Auskunftsperson über den Stand der diversen Strauß-Angelegenheiten« an. Er hat zwei Ziele: Er will eine Rückkehr von Strauß in die Bundesregierung verhindern, die inzwischen alle drei Parteien für möglich halten. Auf keinen Fall will ihn Augstein als Außen- oder Finanzminister sehen. Und er will »Wehners Konzept durchkreuzen«. Im Gegensatz zu seinen Spiegel-Kommentaren sind seine Briefe und Papiere frei von stilistischen und inhaltlichen »Überschärfungen«. Sie lesen sich nüchtern und sachlich wie Analysen eines Kanzler-Referenten. Aber Augstein überschätzt seinen Einfluss. Als er merkt, dass die Große Koalition nicht aufzuhalten sein wird (und Strauß als ihr Finanzminister auch nicht), schickt er Mischnick ein letztes dringendes Telegramm: »Ich würde der SPD nicht das Argument lassen, man habe der FDP kein Angebot machen können, weil sie nicht manövrierfähig sei. Die Mini-Koalition soll, wenn sie scheitert, an der SPD scheitern. Das halte ich für wichtig.« Zu spät. Mischnick sieht schon weiter: »Eine innerhalb eines Jahres geplatzte schwarz-rote Koalition wäre für uns das Beste, was uns passieren kann. Ob meine Hoffnung zu sehr Wunschtraum ist, wird sich herausstellen. Ich glaube an eine gute Chance für die FDP für 1969 ...«

Mischnicks Hoffnungen haben ihn nicht getrogen. Wahrscheinlich ahnte er auch schon, dass vorher Erich Mende würde weichen müssen. Darum ging der Kampf in der Partei in den nächsten zwei Jahren. Es war der einzige, in dem Augsteins Macht und Einfluss Wirkung zeigte. In dem Richtungsstreit zwischen »Nationalen« und »Liberalen« über das Ende des Kalten Krieges, über eine neue Ostpolitik wie die Anerkennung der Oder-Neiße-Grenze und die Öffnung gegenüber der DDR, stand er auf der Seite der »Liberalen«. Sie repräsentierten eine starke Gruppe in der Partei. Augstein hatte nicht den Startschuss gegeben, aber er war auch kein Außenseiter mehr. Der Kopf der Fronde war Bundesschatzmeister Wolfgang Rubin, der im März 1967 in einem Artikel im Stern die »Stunde der Wahrheit« ausgerufen hatte, die Abkehr von der bisherigen westorientierten Bonner Politik als Voraussetzung der Wiedervereinigung. Augstein konnte sich beinahe des Beifalls sicher sein, als er wenig später bei einer seiner wenigen Auftritte im außenpolitischen Arbeitskreis der Partei die Anerkennung der Oder-Neiße-Grenze forderte und wenn nicht die »Anerkennung«, so doch die »Respektierung« der DDR. Wieder lag die Idee einer Konföderation zwischen den beiden Staaten in der Luft wie schon zehn Jahre zuvor, als Döring davon träumte und mit der LDPD in Leipzig redete. Augstein glaubte zwar nicht, dass sie ohne Änderungen auf beiden Seiten möglich sei, sagte aber, wie er sich die Voraussetzungen vorstelle: »Das mag so aussehen, daß die drüben sich zu zwei Dritteln ändern müssen und wir zu einem Drittel; aber daß wir ungerupft bleiben könnten, wie wir uns im Wildwuchs eines neokapitalistischen Systems entwickelt haben, das glaube ich nicht. Wir müssen uns also darüber klar werden: Wollen wir unter solchen Umständen überhaupt eine Wiedervereinigung? Es kann ja sein, daß wir sagen: nein, wir wollen sie nicht, und dann haben wir uns auf irgendeine Weise damit abzufinden. Nur, wenn man sie will, muß man sich klar sein: diese Preise wird man zahlen müssen.«

Mende wollte sie nicht zahlen und an der alten Politik festhalten. So kam es auf dem Parteitag im April 1967 zum Eklat. Der ungeliebte Vorsitzende wurde in die Defensive gedrängt. An der Spitze der Rebellen standen zwei Nichtdelegierte, Henri Nannen und Rudolf Augstein, die als Gäste am Parteitag teilnahmen. Mit einem Antrag, der nur eine knappe Mehrheit fand, konnte Mende zwar verhindern, dass Augstein als Redner auftrat, er konnte ihn aber nicht daran hindern, in der Pressekantine eine scharfe Erklärung zu tippen und verteilen zu lassen, in der

Partei-Rebellen bei der Arbeit: Auf dem FDP-Bundesparteitag 1967 in Hannover diktiert Augstein dem Stern-Herausgeber Henri Nannen eine Erklärung gegen Parteichef Mende.

er Mendes Rücktritt verlangte. Der Bruch war nun unheilbar. Ebenso die Führungskrise in der hoffnungslos zerstrittenen Partei. Während Willi Weyer für eine Wiederwahl Mendes auf dem nächsten Parteitag eintrat, warben Thomas Dehler und Hildegard Hamm-Brücher für einen Wechsel in der Parteispitze und schlugen Walter Scheel als Nachfolger vor. Scheel ließ sich bitten. Er weiß noch, dass einer der »Bittsteller« Rudolf Augstein war, der ihn Ende 1967 in Bad Wiessee besuchte, wo er sich gerade von einer Nierensteinoperation erholte. Offensichtlich hörte er – »wir saßen in der Sonne im Freien« – nicht ungern, was ihm der Parteifreund zu sagen hatte, dass er nämlich Erich Mende ablösen müsse. Er werde sich die Sache »mit Wohlwollen« überlegen, erinnert sich Scheel an seine Antwort. Als dann eine Pressekampagne zugunsten Scheels einsetzte und Hildegard

Hamm-Brücher in einem Interview mit der Welt die Wahl Scheels als das »Vermächtnis« des gerade gestorbenen Parteipatriarchen Thomas Dehler ausgab, erklärte Mende am 8. September 1967 genervt seinen Rücktritt.

Vorher nahmen er oder Weyer aber noch Rache an Augstein. Im Juli sollte Augstein die Wolfgang-Döring-Medaille im Rahmen des Landesparteitags in Düsseldorf verliehen werden. Die Laudatio sollte Hildegard Hamm-Brücher halten. Erfreut hatte Augstein die Annahme der Medaille zugesagt. Wenige Tage vor dem Termin wurde er von der Landesgeschäftsführung telegraphisch und per Eilbrief informiert, dass »die Organe der Wolfgang-Döring-Stiftung« die Verleihung aus technischen und organisatorischen Gründen ausgesetzt hätten. Willi Weyer habe es leider »im Drange der Geschäfte unterlassen«, im Namen der Stiftung den Absagebrief rechtzeitig persönlich abzuschicken. Augstein beklagte sich beim »lieben Herrn Mischnick« darüber, »wie man das Prestige einer Partei nahezu gewaltsam ruinieren kann«, und fragte, was die Medaille wohl wert sei.

Die sozialliberale Koalition unter Willy Brandt und Walter Scheel ist Augsteins Regierung. Aber kaum war sie im Amt, hörte er schon das »Sterbeglöcklein der FDP bimmeln«. War schon das Bundestagswahlergebnis 1969 nicht sehr gut gewesen, so verhießen die Landtagswahlen Anfang 1970 der FDP nicht viel Gutes. Der CDU/CSU-Vorsitzende Rainer Barzel arbeitete auf einen Sturz der Regierung und auf einen Koalitionswechsel der FDP hin. »Aber warum denn nur Barzel?«, fragte Augstein in dem Sterbeglöcklein-Kommentar. Die Frage muss ihn in Zorn und Resignation zugleich gestürzt haben. Nicht nur versucht er, auf zwei vollen Spiegel-Seiten Barzel fertig zu machen, auch der Ekel über die Demokratie und die Enttäuschung über die Frauen erfasst ihn. Dass die CDU nur Rainer Barzel, diese »personifizierte Banalität«, als Kanzler-Alternative zu bieten hat, reizt ihn zu Hohn und Spott: »Diese Zelluloid-Ente ohne Blei im Bürzel soll voranschwimmen, der Handlungsgehilfe will Kanzler werden.« Dass dies möglich ist, erklärt er sich so: »Die parlamentarische Demokratie, sicher eine Herrschaftsform des Bürgertums, hat uns, was Personal angeht, wahrhaftig nicht verwöhnt, hat uns so manche Unfaßlichkeit beschert; man denke nur, daß Erich Mende Vizekanzler dieser Republik, daß er acht Jahre lang Vorsitzender einer Partei und daß er auf Grund seiner Miß-Qualitäten, Miß nach beiderlei Richtung, in Bundestagswahlen erfolgreich war. Aber muß das denn noch überboten werden? Mende, fatal wie er war, bestimmte weder faktisch noch dem Amt nach die Richtlinien der Politik.

Wer aber bestimmt sie? In aller Welt zunehmend nicht mehr der Mann an der Spitze, heiße er Premierminister oder wie immer, heiße er Heath oder Wilson, Nixon oder Brandt. Die staatlich verfaßten Gemeinschaften ähneln bei zunehmender innerer wie äußerer Verflochtenheit immer mehr den Insektenstaaten, in denen viel ›Sinnvolles‹ geschehen mag, aber schwerlich etwas, was über Instinkt, Reflex und Reagieren hinausgeht. Den menschlichen Gesellschaften bleibt die Dialektik vorbehalten. das heißt, sie gehen immer drei Schritte vor und zweieinhalb zurück.«

Unter diesem Gesichtspunkt bieten dann auch die Konjunktur- und die Bildungspolitik der Regierung Brandt-Scheel »melancholische Aspekte«, und noch schlimmer, »kann es derzeit keinen Kanzler der CDU/CSU geben, der mehr wäre als ein das Stimmpotential ausbeutender Verspäter und Verzögerer, mehr als ein von der Unaufgeklärtheit der Frauen profitierender Glücksjäger«.

Einen Trost findet Augstein aber doch: »Man trägt wieder links. In Summierung aller unaufgeklärten Minderheiten dieses Landes Politik machen zu wollen (die obskurantische Mehrheit unter den Frauen als der schwerst aufklärbaren Mehrheit nicht ausgenommen), Politik gegen die legitimen Wünsche der Jugend und all unserer Nachbarn in Europa, dazu bedarf es denn doch einer anderen Schlittschuhkunst, als Rainer Candidus sie zu bieten hat.« (Barzel war begeisterter Schlittschuhläufer.)

Der Streit ging damals um den Moskauer Vertrag. Kernstück des Vertragswerkes war für den damaligen KPdSU-Generalsekretär Leonid Breschnew die Hinnahme des Status quo in Europa auf der Grundlage des Völkerrechtsprinzips der »Unverletzlichkeit der Grenzen«. Mit ihrer Unterschrift erkannten Brandt und Scheel indirekt die Oder-Neiße-Linie und damit die Westgrenze Polens sowie die Existenz der DDR an. Ohne den Vertrag wäre Brandts Ostpolitik zum Scheitern verurteilt gewesen. In den Augen des CDU-Vorsitzenden Barzel waren damit »Lebensrechte des deutschen Volkes« preisgegeben worden. Bei der knappen Mehrheit der sozialliberalen Koalition, die jederzeit durch »Überläufer« aus der FDP verloren gehen konnte, rechnete er sich eine Chance aus, Brandt durch ein »konstruktives Mißtrauensvotum« zu stürzen. Augstein riet Brandt, ein solches Misstrauensvotum »schadenfroh« zu riskieren und auf Neuwahlen zuzugehen, denn auch Barzel hatte nicht alle Unions-Abgeordneten hinter sich. Dass es, als es dann am 26. April 1972 zur Abstimmung im Bundestag kam, knapp zugunsten Brandts ausging, konnte Augstein vorher aber kaum wissen. Zwei CDU-Abgeordnete ließen Barzel im Stich. Sie waren bestochen worden – einer von Wehner, einer von der Stasi. Nach der Niederlage Barzels konnte sich Brandt Hoffnungen machen, in Neuwahlen eine größere Mehrheit für die Koalition zu erringen.

Rudolf Augstein war guter Laune. Mit Spiegel-Chefredakteur Günter Gaus reiste er Spitzenpolitikern in die Sommerfrische nach. »So kamen wir im Sommer 1972 auch zu Walter Scheel«, erinnerte sich Gaus, »nach Hinterthal im Salzburgischen.«

Scheel hatte sich dort ein Ferienhaus im Alpenstil gebaut.

Die Stimmung war fröhlich. »Walter, ich will für die FDP in den Bundestag, ich kandidiere«, sagte Augstein plötzlich bei Kaffee und Kuchen. Nach dem Bericht von Gaus war Scheel entzückt und ließ sich von Frau Mildred einen Obstler einschenken. Er wurde wieder ernst, als Augstein nachlegte. »Und ich will Fraktionsvorsitzender werden!« Das war immer noch Wolfgang Mischnick, aber für ihn hatte Rudolf Augstein schon eine andere Verwendung als Präsident der Hessischen Landesbank im Auge. Scheel bestätigt die Geschichte. Aber warum habe er Augstein Hoffnungen gemacht und dessen Wunsch nicht sofort als unrealistisch und unerfüllbar zurückgewiesen? Er habe sich, sagt er dreißig Jahre später, in diesem Augenblick an einen Besuch in der Spiegel-Redaktion erinnert und an seinen Eindruck: »Wer mit dieser Redaktion umgehen kann, der kann auch mit der FDP-Fraktion fertig werden.« Aber natürlich wollte Scheel das prominente Parteimitglied nicht verlieren. Die Aussicht auf die finanzielle Mitgift des reichen Verlegers mag ihn auch gereizt haben. Weniger Hoffnungen machte er sich auf eine Wahlkampfhilfe durch den Spiegel. Er hatte nicht vergessen, dass ihn Günter Gaus als »Totengräber der Ostpolitik« beschimpft hatte, weil er den Vertrag nicht ohne eine Berlin-Klausel und den Brief zur Wiedervereinigung unterschreiben wollte.

Nicht so groß wie bei Scheel war die Begeisterung in der Partei. »Die wußte, das ist ein schwieriger Knochen«, weiß er noch. Nicht mehr erinnern kann er sich, ob in Hinterthal bereits von einer Kandidatur Augsteins in einem pechschwarzen Wahlkreis, in Wiedenbrück-Paderborn, dem Wahlkreis von Barzel, die Rede war. Hans-Dietrich Genscher, mit Augstein später enger als Scheel befreundet, hat keinen Zweifel: »Augstein wollte Brandts Sieg sichern helfen, Barzel sollte nicht Bundeskanzler werden. Er wollte direkt gegen Barzel kandidieren und nicht gegen eine Null in der CDU. Er wollte in der Bundesliga spielen und nicht in der Kreisklasse. Er hatte vor nichts Angst.« Es wäre aber unwahrscheinlich gewesen, wenn der schlaue Spiegel-Chef diesmal keine Hintergedanken gehabt hätte. »Ich habe nichts zu verlieren«, sagte er zu Werner Funk, damals Leiter des Bonner Spiegel-Büros. In der Tat: Niemand erwartete, dass er Barzel den Wahlkreis abnehmen könnte. Wenn er aber das Ergebnis der FDP um ein paar Punkte verbesserte, war es immerhin ein Achtungserfolg. So kam es auch.

Die Kandidatur und der Wahlkampf waren dagegen beinahe eine Katastrophe.

Liberale sind zwar stolz darauf, Individualisten zu sein, aber der Kandidat Augstein übertrieb in gewohnter Manier den Individualismus doch ein bisschen, als er verlauten ließ, er könne sich auch vorstellen, einen guten SPD-Bundestagsabgeordneten abzugeben, stimme mit dem, was die FDP werden wolle, aber mehr überein als mit dem, was die SPD »werden will«. Die Jungdemokraten distanzierten sich von dem Kandidaten und teilten mit, dass er mit ihrer Wahlkampfunterstützung kaum rechnen könne. Ihre Vorsitzende Ingrid Matthäus, die später zur SPD wechselte, nannte es »einen Rückfall in überholte Vorstellungen, einen Star mit beträchtlichem Geld und publizistischen Mitteln« zu nominieren, der für die Parteiarbeit nicht viel gebracht habe, und ihm an der zuständigen Bundeswahlversammlung vorbei auch noch einen sicheren Platz auf der Landesliste zu garantieren. Ein zweites Mal trat Augstein ins Fettnäpfchen, als er wissen ließ, er wolle sich in Bonn besonders um Fragen der Mitbestimmung kümmern, und hinzufügte, auf diesem Gebiet verfüge er »über einige Erfahrungen aus dem eigenen Haus«. »Seine Vorstellungen sind nicht unsere Vorstellungen«, reagierte Ingrid Matthäus sauer und traf damit die Stimmung einiger Mitglieder, die sich in Briefen an die Landesleitung beschwerten. Einer schrieb: »Es ist ein Treppenwitz, daß Augstein sich ausgerechnet als Mitbestimmungsexperte andient. Die chaotischen Verhältnisse in seinem eigenen Hause sprechen für sich. Von Rudolf

Augstein, dem großkapitalistischen Monopolverleger, hätte ich zum Beispiel ein modernes Medienkonzept erwartet!!« Augstein, der der FDP schon einmal das Sterbeglöcklein geläutet habe, sei »ein unberechenbarer Risikofaktor ersten Ranges«.

Der Start ist nicht besonders gut gelungen. Aber Rudolf Augstein versucht nun doch, fast fünfzig Jahre alt, ernsthaft Politiker zu werden. Er kündigt an, dass er im Falle des Einzugs in den Bundestag seine Position als Spiegel-Herausgeber ruhen lassen werde. Er mietet ein großes Büro in Paderborn und lässt auf dem Maspernplatz in der Stadtmitte ein geräumiges Veranstaltungszelt aufbauen. Ein Berater-Kreis wird angeheuert, der sich aber bald als ziemlich dilettantisch herausstellt. Auch Geld ist genug vorhanden. Wie viel der Wahlkampf Rudolf Augstein kostete, ist nie offen gelegt, die geschätzte Summe von einer Million Mark aber auch nicht bestritten worden. »Augstein zahlte wirklich gut«, erinnerte sich einer seiner damaligen Wahlhelfer. Er hatte keine andere Wahl, er kämpfte, wie man im Englischen sagt, against the odds. Sein Wunsch-Gegner Barzel hielt den Wahlkreis mit rund zwei Dritteln der Stimmen. 1969 hatte er ihn mit 61,5 Prozent der Stimmen gewonnen, die FDP war 1969 auf 3,8 Prozent abgerutscht. Das erzkatholische Paderborn ist kein FDP-Pflaster. Die Zahl ihrer Mitglieder wird 1969 gerade mal auf 100 geschätzt. Die örtliche Parteichefin, die resolute Offizierswitwe Ellen Rost, nun seine Wahlkampfleiterin, neben der Augstein nach Berichten der Ortspresse »fast wie ein Sextaner« wirkt, erwartet von ihrem prominenten Kandidaten mindestens eine Verdoppelung der Erst- und Zweitstimmen. Auch Augstein gibt sich bei seinem ersten Auftritt siegessicher: »Ich habe das Gefühl, wir haben Aufwind. Gewinnen wir die Wahl!«

Augstein hätte wohl gerne ein Duell mit Barzel ausgefochten. Aber Wahlkampf ist nicht heroisch, sondern harter Alltag – Reden, Podiumsgespräche, Straßendiskussionen, Wahlparties, Firmenbesuche, Seelenmassage für die eigenen Anhänger. Das

Als Kandidat im Bundestagswahlkampf 1972.

ist nicht seine Welt. Immer steht er sich selber im Weg. Pflichtbewusst steht der Kandidat an einem regennassen Novembertag an einer Straßenkreuzung in Wiedenbrück und setzt sich über den Lautsprecher für eine Umgehungsstraße Paderborn–Rheda ein. Wie meist sind mehr Reporter als Einheimische anwesend. Sie finden den Auftritt des großen Verlegers traurig oder komisch. Auf Paderborns Westernstraße versucht der Autor des gerade erschienenen Buches »Jesus, Menschensohn« mit einigen Nonnen ins Gespräch zu kommen. Sie drehen sich um und fliehen ihn wie den leibhaftigen Gottseibeiuns.

Lorenz Kardinal Jaeger hatte ihn in seiner Allerheiligenpredigt in Paderborns Hohem Dom wegen des Buches mit dem

Rudolf Augstein F.D.P.
Bundestagskandidat für den Wahlkreis 106 Paderborn-Wiedenbrück

4790 Paderborn Heiersmauer 71 Telefon: (05251) 22 492

Rudolf Augsteins Briefkopf während des Bundestagswahlkampfes 1972.

Nazi-Weltanschauungspropagandisten Alfred Rosenberg verglichen. Wieder springt kein Funke zwischen dem Kandidaten und den Paderbornern über. In einem kirchlichen Kindergarten will Augstein seine Kinderliebe zeigen. Mit einem kleinen Buben versucht er, Roller zu fahren. Der aber glaubt, der fremde Onkel wolle ihm seinen Roller wegnehmen, und läuft schreiend davon. Der WDR zeigt die Szene in einem aktuellen Fernsehbericht. Mit dem Fernsehreporter Stefan Aust, den er erst später schätzen lernt, redet Augstein lange Zeit kein Wort. Am ehesten glaubt er die Jugend gewinnen zu können. Für viel Geld lässt er in Kaunitz, einem Nest zwischen Paderborn und Bielefeld, eine »FDP(ep)-Party« organisieren, bei der drei populäre Pop-Gruppen auftreten, die »Love Generation«, »The Windows« und die »Soulful Dynamics«. Mehr als tausend Jugendliche füllen die Halle, aber Rudolf Augstein, der für die Partei werben will, die »was für die jungen Leute tut«, will keiner zuhören. Er versucht, seine Unsicherheit zu überspielen. Jürgen Busche schreibt darüber in der FAZ: »Augstein bewegt sich hier sehr leutselig, wie ein Paderborner in Bad Tölz. Diskussionen gelingen dem Wahlkämpfer nicht. Es scheint, als ginge sofort eine Wand aus Panzerglas zwischen ihm und seinen Gesprächspartnern herunter. Die Intellektualität, die er zu verschleiern sucht, die ihn dabei hemmt, ihn verkrampft wirken läßt, verbittert ihn ...«

In Augsteins eigenem Blatt findet der Wahlkampf nicht statt. Nur Spiegel-Reporter Hermann Schreiber findet, »da muß man doch was machen«.

Um sich keine unnütze Mühe zu machen, fragt er Chefredakteur Günter Gaus. Einen Versuch sei die Sache wert, findet auch Gaus, behält sich aber die Entscheidung über eine Veröffentlichung vor. Schreiber trifft in Paderborn einen immer noch zuversichtlichen Augstein. »Warum tust du dir das nur an«, fragt er seinen Chef bei einem Waldspaziergang am Rande der Stadt. »Weil ich Fraktionsvorsitzender werden will«, bekommt er zur Antwort. Augstein sei sicher gewesen, dass er es werden würde. Nur unter dieser Bedingung mache die Sache Sinn. Schreiber verfasst eine einfühlsame Reportage, unterbricht aber nach ein paar Seiten, um die Entscheidung von Gaus über seinen Text zu erfragen. Ohne Begründung lehnt dieser die Veröffentlichung ab.

Schreibers Story ist der mühsame Lernprozess eines Mannes, der sich selbst verleugnen muss, um Politiker zu werden. Die Spiegel-Leser hätten daran wohl kaum Anstoß genommen:

> »Natürlich hat er sich das alles viel schöner gedacht, jedenfalls anders, so wie weiland zu Dutschkes Zeiten: Augstein kommt, Augstein trägt vor, Augstein diskutiert. Und wäh-

rend das Publikum noch stundenlang das Gehörte in Herzen und Hirnen bewegt, reist der Redner schon weiter, in die nächste Universitätsstadt, zum nächsten Podium.

Statt dessen (zum Beispiel vorletzten Samstag): Diskussion mit Lokalreportern und Passanten in Bergisch-Gladbach, erst in der Kneipe, dann auf dem Markt; drinnen zartbittere Anteilnahme der Zeilenhonorierten an den politischen Seitensprüngen des großen Kollegen, draußen Gedränge, Gaudi und Stammtisch-Getön. Dasselbe noch mal in Porz, allerdings ohne die (angekündigte) Pressekonferenz, da erst in Opladen wieder mit anderen Lokalreportern zu rechnen ist. Dort dann die erste öffentliche Versammlung; ein voller, gleichwohl steriler Festsaal, zwei Stunden Referat und Diskussion (wovon regelmäßig eine Viertelstunde für die allgegenwärtigen Versammlungspsychopathen draufgeht). Dasselbe nochmal abends in Solingen; vorher wie gehabt Bar-Geplauder mit Lokalreportern, die zum Beispiel wissen wollen, ob Herr Augstein auch einen Piloten habe in seinem Wahlkampfstab.

Verluste des Tages: zwei (mangels Vorbereitung) verpatzte Termine in Bensberg und Augsteins roter Peugeot (wegen Defekts an der Zündanlage).

Rudolf Augstein (laut Umfrage immerhin 34 Prozent aller Bundesdeutschen als solcher bekannt) macht Wahlkampf gerade so, als ob er nicht in jeder deutschen Großstadt beinah nach Belieben einen Saal voll bekäme, und das nicht bloß mit Laufkundschaft. Der ›Spitzentyp des westdeutschen Intellektuellen‹ (Günter Gaus) hat sich dieser Tage eine tragbare Lautsprecheranlage angeschafft und führt sie ständig im Kofferraum mit, weil man nicht an allen Straßenecken, an denen er zum Diskutieren eingeteilt ist, einen funktionierenden Lautsprecher erwarten darf. Der ›Sonntagsjunge‹ unter den Herren der öffentlichen Meinung erscheint mit dem Charter-Jet am Ende auch zu einem Schützenfest. Wenn schon falscher Dampfer, dann doch Luxuskabine.

Warum es so weit kommen konnte, ist mit unbewaffnetem Auge gar nicht mehr zu erkennen. Augsteins Terminplanung oszilliert zwischen seinem Büro in Hamburg, seinem Büro im Wahlkreis Paderborn, dem Repräsentationsbedürfnis der Paderborner FDP-Kommandeuse Ellen Rost (an der eine Margot Mende verlorengegangen ist), den kaum koordinierten Rede-Einsätzen des FDP-Landesverbandes Nordrhein-Westfalen und vielen gutgemeinten Präsenzwünschen diverser Wählerinitiativen.

Aus alledem eine richtige Augstein-Kampagne zu machen, ist offenbar nie ernstlich versucht worden, mindestens nicht professionell. Abgesehen von einem (beurlaubten) PR-Mann aus dem Spiegel-Verlag – für die Werbung – und einem (reichlich spät eingesetzten) Institut für Verbrauchs- und Einkaufsforschung – zwecks Analyse der Ausgangssituation im Wahlkreis Paderborn–Wiedenbrück – sind allenfalls Amateure an Augsteins Wahlstrategie beteiligt gewesen.

Zwei davon, die beiden jungen Soziologen, die gelegentlich als eierköpfiger Wahlkampfstab des (beurlaubten) Spiegel-Herausgebers apostrophiert worden sind, haben die Kampagne mittlerweile auch noch verlassen – wegen unüberbrückbarer Erwartungsdifferenz. Die beiden wollten, daß Augstein vor seinen Wahlreden eigens aufbereitete (oder auch nur zusammengesuchte) Positionspapiere zur Politik der FDP büffele; Augstein wollte, daß die beiden ihm publikumswirksame Debatten-Auftritte außerhalb seines Wahlkreises (die sogenannten Bundestermine) organisierten. Beides unterblieb, mehr oder weniger.

Jetzt begleitet den Wahlreisenden Augstein, außer Frau Gisela und einem Fahrer, ›mein Ein-Mann-Kennedy-Wahlkampfstab‹ in Gestalt des Bruders einer seiner Hamburger Sekretärinnen, ein sanfter Student der Philosophie.

Zu korrigieren ist an den Mißweisungen des Kampagnen-Kurses sowieso nichts mehr. Der Kapitän weiß das. Und da er längst nicht mehr daran glaubt, daß Wahlkampf noch Stimmen bringt, treibt ihn diese düstere Gewißheit gar nicht um. ›Wenn wir in einem halben Jahr wieder wählen würden‹, eröffnete er den unmerklich zusammenzuckenden Lokalreportern unterwegs, ›dann würde ich alles ganz anders machen. Es ist zuviel, was man macht, und es ist nicht gut, daß man zuviel macht.‹ Nur: ›Für diesmal ist es eben so, daß ich als Neuling das alles lernen muß. Ich füge mich willig.‹

Soll heißen, kann nur heißen: Dieser Wahlkampf ist für Rudolf Augstein so etwas wie die Ochsentour – freilich angelegt als Sprint-Strecke und ausgelegt mit Geld, viel Geld, viel mehr Geld als vergleichbare Bewerber normalerweise aufwenden können. Und ankommen muß der Renner Augstein erst mal in der eigenen Partei. Seine wahre Zielgruppe sind die Gewählten, weniger die Wähler. ›Das Honorar‹, auf das er bei allen seinen aufwendigen anstrengenden Bemühungen ›den Blick starr gerichtet‹ hält, sind Zweitstimmen, nicht Erststimmen. Was er braucht, ist ›ein FDP-Erfolg, nicht ein Augstein-Erfolg‹, jedenfalls noch nicht.

Die Motivation solchen Gestaltwandels vom Opinionleader zum Mandatsträger (und was politisch daran ist, was biographisch) kann hier noch kein Thema sein. Nicht nur, weil man über Rudolf Augstein – im Unterschied zu ›meinem Mitbewerber im Wahlkreis Paderborn–Wiedenbrück, Dr. Rainer Barzel‹ – viel besser weiß, was er ist, als was er werden will. Sondern weil dieser Wandel noch gar nicht vollzogen ist.

Er vollzieht sich gerade. Rudolf Augsteins öffentliches Erscheinungsbild floatet – halbwegs zwischen Dr. Jekyll und Mr. Hyde. Ob das nun der Zweck der Übung war oder nicht: Er erlebt sich selber neu, anders. Und also tritt er gelegentlich entschlossen neben sich und studiert diese neue Rolle, betrachtet sich darin. Der virtuose Troubadour des Leitartikels übt auf einmal wieder verbale Tonleitern, nur eben mit anderen Vorzeichen.

Das heißt, der Wahlkampf ist für Rudolf Augstein zuvörderst ein Lernprozeß. Er lernt zum Beispiel, daß er auch dem Fernsehen zuliebe nicht Nonnen ansprechen darf, bestimmt nicht in Paderborn auf der Straße; daß er nicht für ein Illustriertenphoto in ländlichem Milieu hinter Bauern auf dem Felde herlaufen darf (die sich dann doch nicht mit ihm photographieren lassen).

Und, was ihn tiefer beeindruckt, er lernt den Umgang mit der freien Rede, der ihm aufregend neu ist. Er wühlt manchmal geradezu darin, neugierig und nicht ohne Lustgewinn, er übertreibt und überzieht, er baut um, springt kreuz und quer durch seine Thematik, steuert steil die Gags an, spricht auf Drücker, schlafft ab, wenn sie nicht zünden wollen, und probiert alles noch mal von vorne.

Da wird denn desto deutlicher, daß er unterwegs ist vom Journalisten zum Politiker; daß er jetzt ›das Menü nehmen‹ muß, anstatt wie bisher genüßlich à la carte zu bestellen. ›Sie sind ja als Politiker gezwungen‹, daß weiß er längst, ›Ihre Meinung auf eine Weise in Stromlinienform zu bringen, die einer Verfälschung gleichkommt.‹ Und Politiker, die sich dieses Zwanges mit Könnerschaft entledigen, hat er, jenseits moralischer Kategorien, immer schon ein bißchen um diese Fähigkeit beneidet.

Jetzt übt er sich darin. Und manchmal – keineswegs nur in den Diskussionen, die er benutzt und beherrscht wie ein Trampolin – glaubt er wohl gar, er kann es schon: ›... und muß man uns Politikern zugute halten, daß wir uns manchmal in der Formulierung vergreifen.‹

Wer von dem werdenden Politiker Rudolf Augstein erwartet (und solche Menschen gibt es, laut Umfrage, zumindest im Wahlkreis Paderborn–Wiedenbrück), daß er ›als ganz normaler Abgeordneter das Geschäft von Grund auf lernt‹, dem fällt da wohl nichts auf.

Aber jene Beobachter des Augstein-Wahlkampfes, die gekommen sind, ein Idol zu besichtigen (und auch solche gibt es, besonders in seiner alten Zunft), die gehen so verdattert heim, als habe ihnen einer auf der Posaune von Jericho ein fröhliches ›When the saints go marching in‹ vorgeblasen. Und dann setzen sie sich hin und schreiben einen Verriß. Denn alles vergibt man dem Advocatus diaboli – nur nicht, daß er den Mandanten wechselt.

Sine fine – aber wird nicht fortgesetzt. H. S. Über den Wahlkämpfer Rudolf Augstein, 1972«

Hermann Schreiber schenkt das unveröffentlichte Manuskript dem Spiegel-Herausgeber zum 50. Geburtstag mit einer liebevollen Widmung: »Für Rudolf Augstein, um den es geht, hier und anderswo. Geschrieben vor einem Jahr, aber nie gedruckt und also ihm gewidmet, in Freundschaft und Verehrung. November 1973.« Augstein überfliegt den Text und brummt: »Schön, hätte man drucken können.« Aber da hatte er das letzte leidvolle Kapitel seiner Politiker-Karriere schon hinter sich.

Am Abend des Wahltages, des 19. November 1972, schien Augstein sein Ziel erreicht zu haben. Er war nun Politiker und Abgeordneter, dank des sicheren Listenplatzes. Im Wahlkreis hatte er 5,3 Prozent der Zweitstimmen geholt.

Doch wie sollte es in Bonn nun weitergehen? Fraktionsvorsitzender war immer noch der »verehrte, liebe Herr Mischnick«, der offensichtlich nicht die Absicht hatte, seinen Platz zu räumen. Augstein verließ sich auf Scheel und Genscher. »Er hat offensichtlich gedacht, wir beide können in der Fraktion erreichen, was wir wollen«, sagt Genscher über dreißig Jahre später. Sie konnten es aber nicht, und Genscher wusste es. Er versucht Augstein die Idee auszureden; schildert ihm in düsteren Farben die trostlose Arbeit eines Fraktionsvorsitzenden, der sich um Organisationsfragen, Absprachen und Tagesordnungen kümmern müsse, aber kaum die Politik bestimmen könne. Als freier Abgeordneter habe er doch viel größere Möglichkeiten. Genscher sah klar, dass Augstein in der Fraktion keine Mehrheit finden würde, sondern dass die Mehrheit sogar gegen ihn war: »Es war eine Verschwörung der Mittelmäßigkeit. Keiner wollte in Augsteins Schatten stehen. Die meisten hielten ihn für ganz links. Er wurde behandelt wie der Bäckermeister aus Hintertupfing. Er mußte sich um alles selber kümmern, auch um die Zimmerzuteilung.«

Scheel sieht das nach so langer Zeit ähnlich: »Augstein mußte nun erkennen, daß es sehr viel komplizierter ist, Fraktionsvorsitzender zu werden, als er gedacht hatte.« Er konnte seine Vergangenheit als Spiegel-Herausgeber nicht einfach abstreifen. Die Fraktion war skeptisch. Sie hatte nicht vergessen, dass sich der Spiegel kaum je freundlich über die FDP geäußert, Augstein ihr stattdessen oft das Sterbeglöcklein geläutet hatte. Der Parteivorsitzende hatte es sich in Hinterthal aber auch leichter vorgestellt. Vor der Wahl habe er Augsteins »Ehrgeiz nicht so klar gesehen«. Nun habe die Fraktion »Angst« davor empfunden. Er weiß noch, was er von den Kollegen hörte: »Als Spiegel-Herausgeber kann er mehr bewirken als wir mit der ganzen Partei; er hat mehr Geld als die Partei. Was hat er vor? Wofür will er die Partei benutzen? Tut er möglicherweise sogar etwas, was der Partei schaden kann? Was ist sein Konzept? Können wir ihn überhaupt kontrollieren?« Scheel hielt sich auf Distanz. So eng war die Freundschaft nun auch nicht. Hätte er überhaupt etwas für Augstein tun können? »Nein«, sagt Scheel, »hätte ich etwas getan, hätte ich der Fraktion etwas nahegelegt, wäre das negativ ausgegangen; die Fraktion hatte ihren eigenen Ehrenkodex; der starke Mann in der Fraktion war Mischnick.«

Wenn es Augstein bis dahin nicht hatte glauben wollen, nun führt Mischnick es ihm vor. In einem Gespräch unter vier Augen macht er ihm klar, dass man sich als Neuer in der Fraktion erst einmal einordnen und bewähren müsse. In vier Jahren sehe das dann schon anders aus.

Sei denn jemals über Augsteins Konzeption geredet worden? Darauf antwortet Genscher: Nein, darüber habe Augstein erst nach seiner Wahl zum Fraktionsvorsitzenden reden wollen. Er war in diesem Punkt auch im Wahlkampf eher wortkarg. In einem Fernseh-Interview mit seinem Chefredakteur Günter Gaus bestätigte er, dass er »tatsächlich etwas Neues anfangen möchte«, aber sein Ziel in der Politik sei es »im Moment, Abgeordneter des Deutschen Bundestages zu werden«. Gaus hakte nach: »Was ist denn Ihr Ziel, wenn Sie es geworden sind?« Die Antwort: »Bessere Politik zu machen. Bessere Zustände zu schaffen, Vernunft zu wecken, Vernunft durchzusetzen. Und für mich persönlich, Einsicht in das, was man nicht machen kann. Auch das ist wichtig, gerade für uns Journalisten.«

Die Einsicht kam schnell – in das, was man machen, und in das, was man nicht machen kann. Nach dem Protokoll gibt Mischnick in der ersten Fraktionssitzung nach dem Wahltag »eine kurze Würdigung des Wahlerfolges und führt dies auf die Leistungen der FDP im Kabinett und die Geschlossenheit der Partei zurück«. Das neue prominente Mitglied, der Abgeordnete aus Paderborn, wird nicht erwähnt. Dann trägt Mischnick die Terminplanung für die Fraktionsarbeit bis zu den Weihnachtsferien vor. Keiner der Beratungspunkte der nächsten Tage fällt unter das, was Augstein gerne machen würde, die Änderung der Rentengesetzgebung, der Koalitionsentwurf für den § 218, die Wertzuwachssteuer für unbebaute, baureife Grundstücke, Kompetenzabsprachen zwischen Ministerien, der EWG-Grenzausgleich in der Agrarpolitik, das Grundrecht auf gesunde Umwelt. Einiges davon dient der Vorbereitung der Regierungserklärung. Von der großen Politik ist nicht die Rede, die wird sowieso fortgeführt. Für den 12. Dezember 1972 ist die Wahl des Fraktionsvorstandes festgesetzt. Die Wahl findet wie üblich ohne Aussprache statt. Auch vorher wird hinter den Kulissen nicht viel diskutiert. Augstein hat ohnehin keine Chancen.

Außer ihm wäre gerne noch Karl-Hermann Flach, der langjährige erfolgreiche linksliberale Bundesgeschäftsführer der Partei und wie Augstein zum ersten Mal in den Bundestag gewählt, Vorsitzender geworden. Aber auch er hat keine Chancen. So geht es nur noch um die stellvertretenden Vorsitzenden. Da wäre der Partei-Offizier Flach nicht zu schlagen gewesen, auch wenn Augstein gegen ihn kandidiert hätte. Aber auch Flach erhält weniger Ja-Stimmen als die beiden anderen altgedienten Stellvertreter Kirst und Spitzmüller, die heute keiner mehr kennt. Augsteins wenige Freunde versuchen es mit einem zusätzlichen Stellvertreterposten. Doch dafür wird ein anderer Newcomer in der Fraktion gewählt: Graf Lambsdorff. Bei der Verteilung der Ausschusssitze nimmt die Fraktion ebenfalls an dem Spiegel-Chef Maß. Versteht er nicht etwas von Medien? Also erhält er einen Sitz im Medienausschuss des Bundestages.

Augstein erträgt das »Schicksal des Berufspolitikers«, für das er früher nur Spott übrig hatte, nur schwer. Nun ist er selber zur Zielscheibe des Gespötts geworden. Immer häufiger und tiefer vergräbt er sich in das Bonner Spiegel-Büro unweit des Bundestages, den er kaum noch betritt. Er wirkt niedergeschlagen und depressiv. Er konnte kaum der Frage ausweichen, die nun Freunde und Gegner stellten. Wie konnten einem Mann, der das politische Geschäft über zwanzig Jahre scharfsinnig beobachtet hatte, die Fehler eines blutigen Anfängers unterlaufen? Wie konnte er so naiv sein? Wie konnte er ein paar hinhaltenden Bemerkungen von Scheel vertrauen? Wie konnte er Mischnick so

Ich muß nach Hause

Zeichnung: Murschetz / Süddeutsche Zeitung

falsch einschätzen, den er doch lange genug kannte? Wie konnte er, ohne selbst etwas in der Hand zu haben, so sicher glauben, die Fraktion im Handstreich erobern zu können? Warum ließ er sich keinen Ausweg offen? Hätte er nicht auch Staatsminister im Auswärtigen Amt werden können? Auch wenn das weniger Macht bedeutet hätte, die Außenpolitik war sein Feld. Er hätte doch nur den Außenminister, seinen Freund Scheel, fragen müssen. Aber er fragte nicht, und Scheel bot ihm den Posten nicht an.

So blieb am Ende, vielleicht nicht für ihn, nur eine Erklärung: Der mächtige Verleger und Publizist, der sich in der Rolle des Praeceptor Germaniae gefallen hatte, war das Opfer eines starken Realitätsverlustes geworden. In den letzten Jahren war ihm alles, Macht und Reichtum, mit Leichtigkeit zugefallen. Der Schritt in die Selbstüberschätzung lag nahe. Überraschend bot sich ihm aber wenigstens ein Rückweg an. Bundeskanzler Brandt hatte zum Jahresende Günter Gaus das Amt eines Staatssekretärs und des Bevollmächtigten der Bundesrepublik in Ostberlin angetragen, ohne seinen Wahlhelfer Augstein überhaupt zu fragen. Der Spiegel-Herausgeber ist dennoch nicht unglücklich. Er hat nun einen Grund, den Bettel in Bonn hinzuwerfen und sich nach Hamburg zurückzuziehen. Ihn und Gaus könne der Spiegel nicht gleichzeitig entbehren. In einem Brief bittet er Scheel am 18. Januar 1973 um Verständnis dafür, dass er sein Bundestagsmandat niederlegen müsse. Scheel bedauert pflichtschuldigst, drückt aber auch die Befürchtung aus, dass nun »eine Entwicklung verstärkt werden könnte, nach der in den Parteien keine Persönlichkeiten als Kandidaten für das Parlament zum Zuge kommen, die nicht die übliche Parteikarriere hinter sich gebracht haben«.

Augsteins Karriere in Bonn war zu kurz, um das Bedauern und die Befürchtungen allzu stark werden zu lassen. Irgendwie schienen alle froh zu sein, dass Augsteins politisches Abenteuer ein glimpfliches Ende gefunden hatte.

KAPITEL 13

Der verhinderte Außenminister

Rudolf Augstein wäre gerne Außenminister geworden. Er verstand etwas von europäischer Geschichte, sein Blick auf die Welt war ausschließlich eurozentrisch, und er glaubte deshalb auch, die Außenpolitik einer europäischen Mittelmacht wie der Bundesrepublik formulieren und führen zu können. Es war ein Gedankenspiel, ein Tagtraum; seine Ausflüge in die Politik 1957 und 1972 führten ihn niemals auch nur in die Nähe des Außenministeriums. Der Versuch ist ihm erspart geblieben, und ohne ihm Unrecht zu tun, muss man wohl vermuten, dass er nicht gut gegangen wäre. Seine Stärke war seine Schwäche; sein großes angelerntes historisches Wissen stand ihm beim Verständnis und bei der Einschätzung der aktuellen Politik oft im Wege. Er dachte in den Kategorien des späten 19. Jahrhunderts, vor allem Bismarcks, und war, was deutsche Außenpolitik anging, irgendwo bei Stresemann stehen geblieben, der auch in den zwanziger Jahren das Reich nach dem Vorbild des Reichsgründers durch Verträge mit dem Westen und dem Osten abzusichern versuchte. Die nationale Grundierung in Augsteins Überzeugungen – er ließ sich ohne Widerspruch einen »Nationalliberalen« nennen – hinderte ihn an der Einsicht, dass diese Politik nach dem Zweiten Weltkrieg nicht wiederholbar war. Sie war schon unter Bismarcks Nachfolgern gescheitert, und auch Gustav Stresemann, der fähigste unter den Politikern der Weimarer Republik, konnte ihr keine Dauer verschaffen. Nach 1945 war die

Zeit für ein unabhängiges quasi-neutrales preußisch-deutsches Reich in der Mitte Europas zwischen West und Ost endgültig vorbei, innen- und außenpolitisch.

Konrad Adenauer, der Augsteins Großvater hätte sein können, hat nach dem Kriege die außenpolitischen Möglichkeiten Deutschlands weitaus realistischer eingeschätzt als sein jugendlicher Kritiker, dem er die größere Lebenserfahrung voraus hatte. Adenauer, kein Bewunderer Bismarcks und Preußens, hatte sich schon nach dem Ersten Weltkrieg für eine stärkere Bindung der Weimarer Republik an Frankreich eingesetzt und Stresemanns Politik abgelehnt. Obwohl von Augstein als Konservativer verschrieen, fehlte ihm etwas, was die alte Rechte und Halbrechte in Deutschland auszeichnete – die Hoffnung auf Russland, auf das mächtige und heilige Russland als Partner Deutschlands. Es lag im Interesse des Reiches, zu den Russen »nett zu sein«. Bis zu einem gewissen Grade begriff das auch Adenauer. Nach dem Tode Stalins fuhr er 1955 nach Moskau, um diplomatische Beziehungen mit der Sowjetunion aufzunehmen und die letzten Kriegsgefangenen heimzuholen. Er hatte aber nicht die Illusion, irgendetwas für die Wiedervereinigung erreichen zu können. Das war zu diesem Zeitpunkt schon zu spät. Er wollte etwas anderes. Die erste Entspannungsphase im Kalten Krieg beunruhigte ihn; er wollte den Westmächten klar machen, dass sie keine Entspannungspolitik ohne ihn oder hinter seinem Rücken betreiben können.

Als Kind rheinischer Eltern, das seine Jugendjahre in dem von Preußen annektierten Hannover verbrachte, war auch Augstein ein »Beute-Preuße«. Dennoch ging er in seinem Kampf gegen Adenauer von einem Rest-Preußen-Deutschland mit Berlin als Hauptstadt aus. Noch 1952 schwärmte er: »Nehmt Berlin nicht, wie es jetzt ist! Nehmt Berlin, wie es sein wird, wenn wir die deutsche Hauptstadt wieder von den Rebenhügeln weg in die Streusandbüchse des Reiches verlegt haben.« Im Wege standen dabei nach seiner Ansicht vor allem die Franzosen, die alten Feinde des Bismarck-Reiches, die sich vor einem wieder erstarkenden, bewaffneten Deutschland fürchteten. Furcht vor einem solchen Deutschland hielt er auch für ein starkes Motiv der russischen Politik, weshalb er Stalins Angebot von 1952 ernst nahm, der Vereinigung unter der Bedingung zuzustimmen, dass Deutschland neutral bleibt und auf die Integration in die europäisch-atlantische Gemeinschaft verzichtet. Ein Deutschland zwischen den Blöcken, das, wie Adenauer fürchtete, in Bismarcks »Schaukelpolitik« zurückfällt, jagte den Franzosen aber noch mehr Angst ein. Schließlich waren die Sowjets nur wenige Panzerstunden von der französischen Grenze entfernt. Eine in den Westen integrierte Bundesrepublik, deren Militärbeitrag von den Amerikanern kontrolliert wird, erschien ihnen dann doch erstrebenswerter.

Zu Stalins Lebzeiten schrieb Augstein voller Abscheu über das kommunistische System. Er glaubte allerdings, sicher richtig, dass die sowjetischen Führer nach dem Zweiten Weltkrieg das Ziel der kommunistischen Weltrevolution aufgegeben hätten. Er unterschätzte aber den russischen Machtwillen. Lange Zeit hatte er kaum eine Vorstellung von der Sowjetunion. Erst seit den sechziger Jahren begann er sich intensiver und regelmäßiger für Land und Leute zu interessieren. Auf vielen Reisen, meistens begleitet von Fritjof Meyer, dem Russland-Redakteur des Spiegel, versuchte er die Widersprüche und Geheimnisse des Zarenreiches zu ergründen. »Das heilige Rußland, die russische Seele, hat ihn jedes Mal überwältigt, kaum daß er gelandet war«, erzählt Meyer. Kein anderes Land der Welt glaubte er am Ende besser zu kennen. Er musste aber viele Illusionen loswerden. So hatte er Stalin wie anderen großen Gestalten der Weltgeschichte vieles nachgesehen. Hatte der Diktator die Industrialisierung Russlands doch in kurzer Zeit so weit vorangetrieben, dass Russland dem Angriff Hitlers widerstehen konnte. Doch immer

Rudolf Augstein und Chefredakteur Johannes K. Engel beim Spiegel-Gespräch mit Parteichef Leonid Breschnew 1981 im Kreml.

wieder erschütterte ihn der Anblick armer Menschen, die zu Tausenden auf den Bahnhöfen Moskaus und Leningrads nächtigten, nur mit einer »Prawda« unter dem Kopf. Manchmal fragte er eines der alten Mütterchen, die bettelnd an der Straße standen, warum sie hier stehe, ob sie keine Rente habe. Und war dann nicht kleinlich. Oft plagten den ehemaligen Landser auch Schuldgefühle, wenn er an Hitlers Überfall und seinen eigenen Marsch durch die Ukraine dachte. Er hatte einige Skrupel, nach der Einweihung einer Spiegel-Vertretung in Kiew einen Abstecher in das Dorf Gadjatsch zu unternehmen, in dem er mit seiner Einheit einige Zeit stationiert war. Er wurde aber freundlich empfangen, zumal er für die Dorfmühle einen neuen Elektromotor und für das Krankenhaus einen Röntgenapparat als Gastgeschenk mitgebracht hatte. »Prost, alter Feind«, trank er dem Dorfältesten zu, als dieser sich beim Abendessen als den letzten Überlebenden des faschistischen Angriffs zu erkennen gab. »Prost, alter Feind«, kam der Toast in dem gleichen scherzhaften Ton zurück, verbunden mit dem Wunsch nach Wiedergutmachung des alten Unrechts. Was es denn sein dürfe, fragte Augstein. Eine gute deutsche Brauerei. Das war dann doch zu viel.

Meyer zeigte Augstein bewusst die hässliche Seite des Sowjetreiches. Als Russland-Kenner beurteilte er das System viel nüchterner als sein Herausgeber, was ihm viele Auseinandersetzungen mit Augstein und in Moskau den Ruf eintrug, ein »Anti-Kommunist« zu sein. Augstein glaubte ihm auch nicht, als er 1984 in einem Buch den Niedergang und den Zerfall der Sowjetunion vorhersagte. Im Gespräch mit Dritten nannte er Meyer damals sogar einmal einen »Idioten«, reiste aber weiter mit ihm ins geliebte Russland. Als die Sowjetunion dann Ende 1991 wirklich auseinander fiel, erhob er sich in der Konferenz, reichte Meyer die Hand und sagte: »Du hast recht gehabt, Fritjof, das ist dein Werk!« Und fragte in die Runde: »Wieso hat Meyer das gewußt und wir nicht?«

Augsteins Überzeugung, dass man sich mit den Russen arrangieren müsse, wurde im Kreml honoriert. Der Spiegel war bald das Blatt, das auf Interviews mit sowjetischen Generalsekretären abonniert war. Die Gespräche mit Breschnew, Andropow und Gorbatschow führte Augstein selbst. Das Interview mit Breschnew 1981 während der Polen-Krise war allerdings mehr ein Fototermin. Der Generalsekretär war schon zu krank, um ein Gespräch führen zu können. Augstein reichte seine Fragen schriftlich ein und bekam die Antworten hinterher ebenfalls schriftlich von Breschnew-Berater Valentin Falin überreicht. Während des Wartens auf den Breschnew-Termin rollten Panzer am Hotel »National« vorbei. Einer blieb mit Motorschaden direkt unter dem Fenster des Salons liegen, in dem Augstein und seine Begleitung saßen. Augstein riss das Fenster auf und sang mit voller Stimme »Theo, wir fahren nach Lodz«. Falin ertrug das Schauspiel mit Fassung und sagte dann trocken: »Darauf muß man erst einmal kommen.« Immerhin enthielt das Interview

Ein guter Freund

eine passende Botschaft: Moskau werde in die Auseinandersetzungen in Polen zwischen der kommunistischen Regierung und der Gewerkschaftsbewegung »Solidarność nicht militärisch eingreifen.

Das Interview mit Andropow ist aus einem anderen Grund der Erinnerung wert.

Die Russen lehnten wie schon bei Breschnew Fritjof Meyer als einen der Begleiter Augsteins ab. Augstein wollte diesmal nicht bedingungslos nachgeben und verzichtete auf die Begleitung durch andere Spiegel-Redakteure. Er ging allein zu Andropow und nahm das Interview mit einem Tonband auf, womit der Generalsekretär und ehemalige KGB-Chef einverstanden war. Er schrieb dazu: »Er dürfte der erste kommunistische Spitzenmann seit Erfindung des Tonbands sein, der frei in ein aufgestelltes Tonband spricht …« Und der auch, relativ offen, gegenüber einem westlichen Journalisten wirtschaftliche Schwierigkeiten der Sowjetunion zugab. Unter Gorbatschow war dann schon alles anders. Die Perestroika führte auch dazu, dass Interviews mit dem Generalsekretär unbefangener, zwangloser und

Liebe zur russischen Seele

offener geführt wurden. Augstein und Gorbatschow nannten sich bald »Freunde«. Das Verhältnis überstand auch eine ernste Probe, als der Spiegel darüber berichtete, wie Gorbatschow, schon nicht mehr im Amt, auf Einladung eines vorbestraften Gauners einen Vortrag in Deutschland hielt und um sein Honorar betrogen wurde. Empört beschwerte sich der Kreml-Pensionär bei Augstein. Dessen Antwort versöhnte ihn aber. Der Spiegel, schrieb Augstein, könne eine solche Geschichte nicht unterdrücken. Er biete ihm aber an, in künftigen Fällen Nachforschungen über Veranstalter anzustellen, sollte er, Gorbatschow, Zweifel an deren Seriosität hegen. Gorbatschow zeigte den Brief in Moskau als Beweis dafür herum, dass auf »Freund« Augstein Verlass sei.

Für seine späteren Moskau-Flüge benutzte Augstein oft einen gemieteten Lear-Jet; er wurde fast wie ein Staatsgast empfangen. Bei den sowjetischen Spitzenfunktionären war das Image des Spiegel »unglaublich hoch«, wie sich Meyer erinnert. Sie waren am Spiegel erst wegen seiner Opposition zur CDU und dann wegen seiner Nähe zur SPD interessiert. Nach der Vereinigung Deutschlands hörte das alles schnell auf. Weder zu Jelzin noch zu

Putin gab es eine Sonderbeziehung. Putin lehnte jeden Interview-Wunsch ab. Moskaus außenpolitisches Koordinatensystem hatte sich verschoben. Mit dem Verschwinden der DDR gab es kein Sonderinteresse Moskaus an Deutschland mehr. Augstein setzte seine Besuche aber auch in den neunziger Jahren fort. »Er fühlte sich in Moskau sehr wohl«, erinnert sich Meyer. Auch an den letzten Abend in der Wohnküche des Schriftstellers Alexander Solschenizyn (»Archipel Gulag«), der inzwischen aus dem amerikanischen Exil nach Moskau zurückgekehrt war. Augstein biss sich an einem der harten Kekse von Frau Natalja einen Zahn aus. Solschenizyn verkörperte für Augstein wie kein anderer die »russische Seele«. Obwohl der nationalkonservative Russe, den er 1987 in Vermont interviewt hatte, einer anderen Welt angehörte, fühlte er sich ihm verbunden.

Unmittelbar nach dem Kriege und dann wieder mit dem Beginn der Entspannungspolitik spielte das russische Ost-Rom als zweitstärkstes Machtzentrum der Welt in Augsteins außenpolitischem Denken eine entscheidende Rolle, zumal es über das Schicksal Deutschlands mitbestimmte. Die Vereinigten Staaten von Amerika interessierten ihn weitaus weniger. Was er über Amerika wusste, lernte er von seinem »Freund« Henry Kissinger. Amerikanische Präsidenten machten in seiner Galerie der großen, weltbewegenden Gestalten keine herausragende Figur. Irgendwie fand er ihre Außenpolitik unbedeutend, weil sie nach seiner Meinung zu abhängig von innenpolitischen Stimmungen war. Als Jens Daniel hatte er es schon geschrieben: Erst war Washington zu nachsichtig mit Stalin, weil es ihn im Krieg brauchte, dann neigte es nach Kriegsende auf Kosten Deutschlands zur Überreaktion, weil er ihnen selber gefährlich zu werden schien. Amerika war offen und demokratisch und seine Politik weniger interessant als die dunklen Machtkämpfe hinter den undurchsichtigen Mauern des Kreml. Die Präsidenten in Washington brauchten, wenn sie der Welt etwas mitteilen wollten, nicht den Spiegel. Mit keinem von ihnen gab es bisher ein Interview. Unter dem französischen und britischen Führungspersonal machten nur Margaret Thatcher und Valéry Giscard d'Estaing eine Ausnahme.

Der Eurozentriker Rudolf Augstein interessierte sich wenig für die Europäer. Frankreich mochte er nicht. Das war sein nationalliberales Erbe aus der Bismarck-Zeit. Zwar respektierte er die geistigen Hervorbringungen der Grande Nation, zwar hielt er sich gerne in seinem Haus in St.Tropez auf, wo er allerdings mit Franzosen, weil er kein Französisch konnte, kaum redete, der französischen Politik traute er aber alles Böse zu, vor allem die Absicht, Deutschland niederzuhalten. General de Gaulle, der sich nach der Befreiung Frankreichs als Sieger und als Retter der Grande Nation aufspielte, hielt er für eine Operettenfigur. Auch über andere Europäer dachte er in alten Schablonen. Für die Engländer waren die Deutschen danach vor allem Handelsrivalen. Auch Churchill war für ihn nicht der ganz große Held. In einem Briefwechsel mit seinem Freund Michael Thomas, einem Churchill-Bewunderer, beharrte er noch 1988 und 1995 wieder auf seiner These, dass die Engländer »The Battle of Britain« auch ohne Churchill gewonnen hätten. Dem Einwand, dass die Engländer ohne die »charismatische Integrationskraft« Churchills nicht durchgehalten hätten, hielt er entgegen, man dürfe die »Bedeutung des Personals nicht überschätzen«. Vom Balkan hielt er so wenig wie Bismarck, und auch die Italiener nötigten ihm keine besondere Aufmerksamkeit ab. Bei Polen fielen ihm vor allem zwei Lieder ein, die er gerne sang, wenn er in lustiger Stimmung war: »Theo, wir fahren nach Lodz« und das alte Landserlied vom »schönen Polenmädchen«, dessen letzte, leicht pornographische Strophe er noch auswendig kannte. Zwar hatte er sich 1980 einen Tag lang mit Polens Parteichef Edward Gierek unterhalten, darüber aber keine Zeile geschrieben. Mit Giereks verfehlter Wirtschaftspolitik hatte das Ende des Kommunismus in Polen begonnen und bei deutschen Intellektuellen und Politikern, auch Helmut Schmidt, die Sorge, dass die oppositionelle Gewerkschaftsbewegung »Solidarność« den ganzen Ostblock destabilisieren könne.

Augsteins außenpolitisches Denken konzentrierte sich in den sechziger und siebziger Jahren vor allem auf die Ostpolitik. Aus diesem Grunde wollte er auch die sozialliberale Regierung. Als die Umrisse der neuen Ostpolitik von Brandt und Scheel sichtbar wurden, war er aber nicht zufrieden. Die Verknüpfung des Moskauer Vertrages mit einer befriedigenden Berlin-Regelung sei Moskau nicht zuzumuten, fand er. »Schwachheit, dein Name ist Scheel«, schrieb er im Sommer 1970. In einer Reihe von Kommentaren skizzierte er seine Ostpolitik: Völkerrechtliche Anerkennung der DDR und ihre Einbeziehung in Verhandlungen über die Zufahrts- und Zugangswege nach Westberlin. Nur um diesen Preis könne man von Moskau und Pankow vertragliche Sicherheiten erlangen. Schließlich führten diese Wege über das »Territorium der DDR«.Als militärische Garanten sollten die USA aber irgendwo präsent bleiben. Zugleich glaubte er, dass der für eine Annäherung der beiden deutschen Staaten notwendige Wandel in Ostdeutschland nur möglich sei, wenn sich auch die Bundesrepublik politisch und sozial verändere.

Mit derartigen ostpolitischen Vorstellungen hatte er praktisch die noch einige Jahre vorher vehement geforderte Wiedervereinigung aufgegeben. »Zwei Staaten deutscher Nation«, lautete jetzt sein Ziel. Offizielle Bonner Politik konnte das schwerlich sein. Auch für Brandt, Bahr und Scheel standen der Moskauer Vertrag, das Berlin-Abkommen und der Grundlagenvertrag mit der DDR immer unter dem Vorbehalt des Festhaltens an der deutschen Einheit. Etwas anderes wäre schon wegen des Status von Berlin nicht möglich gewesen und von den Westmächten nicht akzeptiert worden. Auch die Sowjets hätten ungern auf Sieger-Rechte verzichtet, die ihre Anwesenheit in Ost-

Wie es zum Rücktritt kam: Augstein mit Willy Brandt im September 1974 in Süd-Norwegen.

berlin und Ostdeutschland rechtfertigten. Entgegen Augsteins Befürchtungen einigten sie sich mit den anderen drei Besatzungsmächten, mit den USA, Großbritannien und Frankreich, relativ schnell auf das Berlin-Abkommen. Brandts und Scheels Ostpolitik war damit gerettet. Etwas kleinlaut schwenkte Augstein auf die Ostpolitik »seiner« Regierung wieder ein und konzentrierte sein Feuer auf die CDU/CSU, von der die Ostpolitik dennoch weiterhin abgelehnt wurde.

Westpolitik gab es damals kaum. Ihre Hauptaufgabe bestand darin, die misstrauischen und beunruhigten Alliierten über Brandts Absichten aufzuklären und zu beruhigen, allen voran Augsteins späteren Freund Henry Kissinger, der als Sicherheitsberater Nixons vor den Gefahren der Ostpolitik warnte. Auch die Franzosen waren besorgt. Staatspräsident Pompidou, sein Minister Jacques Chirac und Finanzminister Valéry Giscard d'Estaing waren Konservative, zu denen Brandt und Scheel keinen engen Kontakt hatten und die von Augstein kaum wahrgenommen wurden. Er glaubte nicht, was Helmut Schmidt für richtig hielt und kaum, dass er Bundeskanzler geworden war, mit Hilfe des in den Élysée-Palast eingerückten Giscard d'Estaing in die Tat umsetzte – an die Notwendigkeit einer engeren deutsch-französischen Zusammenarbeit und die Einführung des Europäischen Währungssystems EWS, dem Vorläufer des Euro.

Die Skepsis gegenüber Europa, die Abneigung gegen Frankreich und die Ablehnung des Euro hat Augstein bis an sein Lebensende nicht losgelassen. Für den »Eurozentriker« Augstein war Deutschland das Zentrum Europas, und dann kam außer Russland lange Zeit nichts. Selbst als seine »Freunde« Brandt und Scheel regierten, hüteten sie sich, den Außenpolitiker Augstein in ihre Nähe zu lassen. Scheel, der nach der Wahl von 1972 als Außenminister fest im Sattel saß, dachte gar nicht daran, dem neu gewählten Abgeordneten Augstein auch nur den Posten eines Staatsministers im Auswärtigen Amt anzubieten. Er hatte der »linken« nationalliberalen Gruppe in der Partei, zu der er auch Augstein zählte, die Kritik an seiner Ostpolitik nicht vergessen. Außerdem hatte er gerade seinen parlamentarischen Staatssekretär Ralf Dahrendorf abgeschoben, einen anderen unberechenbaren und schwierigen »Seiteneinsteiger«. Nicht einmal einen Sitz im außenpolitischen Ausschuss des Bundestages bot die FDP-Fraktion Augstein an.

KAPITEL 14

Nach Art des Sonnenkönigs

Den Wechsel von Günter Gaus aus dem Chefredakteursbüro in die Dienste der Bundesregierung empfand Rudolf Augstein schon bald als ein Geschenk des Himmels. Nicht nur hatte er einen Vorwand, dem Hinterbänkler-Dasein in Bonn zu entfliehen und den größten Fehler seines Lebens zu korrigieren, er konnte nun auch an der Brandstwiete nach dem Rechten schauen. Nach den Turbulenzen um Statut und Mitbestimmung, nach dem Einsatz des »Sturmgeschützes der Demokratie« als Flankenschutz für die Sozialliberalen war dort nicht alles so, wie es sein sollte. Die Rückkehr auf die Kommandobrücke des zwölften Stocks im neuen Verlagsgebäude hatte Augstein auch aus psychologischen Gründen bitter notwendig. Schon in seinen letzten Wochen in Bonn war er in tiefe Depressionen verfallen. Kollegen und Freunde hatten ihn noch nie so niedergeschlagen erlebt. Der Sturz von den Höhen der Macht in die Niederungen des Diätenempfängers und Listenplatzinhabers in den Hinterzimmern des Bundeshauses hatte auch seinen zweiten Traum endgültig zerstört, den des großen Politikers, der die Geschicke der Bundesrepublik mitbestimmt. Er wurde in Bonn nicht gebraucht, nicht einmal in der FDP; er brauchte einige Zeit, um sich von diesem Schock zu erholen. Damals, so glauben sich einige der ihm Nahestehenden zu erinnern, begann auch sein »Alkohol-Problem«.

Das Verhältnis zu Günter Gaus war nicht mehr das beste.

Politisch lag Gaus immer noch auf der gleichen Linie wie der Herausgeber, seine »langstielige Selbstdarstellung« wurde aber als schwierig empfunden. Der Chefredakteur hatte außerdem in den Auseinandersetzungen mit den Gremliza-Genossen nicht immer eine glückliche Rolle gespielt. Er hatte es auch schwer. Der Chefredakteur steht zwischen der Redaktion und dem Verleger. Er muss die Interessen der Redakteure wahrnehmen, ohne die Loyalität gegenüber dem Verleger zu verletzen. In den Anfängen der Auseinandersetzung war diese Mittlerrolle nicht immer leicht. Gaus hatte offensichtlich ein- oder zweimal auch geschwankt. Erst als die Sturmgeschütze der Revolution Augsteins Bastionen immer näher rückten und der Kampf gnadenloser wurde, stellte er sich eindeutig auf die Seite des Verlegers. Er war sich selber nicht sicher, ob der Chefredakteursposten wirklich die Erfüllung seines Lebens sei.

Die linken Redakteure hatten Augstein vorgeworfen, er beherrsche den Spiegel »nach Art des Sonnenkönigs«. Unwidersprochen wird dieses Urteil sogar in dem vom Spiegel-Buchverlag nach dem Tode Augsteins herausgegebenen Nachrufband »Schreiben, was ist« zitiert. Das war sicher übertrieben, aber in jedem Falle hatte er es nicht gerne, wenn sich seine Chefredakteure zwischen ihn und die Sonne zu schieben begannen. Der ehrgeizige Gaus war gerade in dem Augenblick ein aufgehender Stern in der Öffentlichkeit, als Augsteins Glanz zu verblassen begann. Mit seinen populären Fernseh-Interviews »Zur Person« hatte er nicht nur einen beträchtlichen Bekanntheitsgrad erreicht, sondern sich auch einen Ruf als scharfdenkender und -züngiger Intellektueller erworben. Zudem wurde er nun an der Gerüchtebörse als wichtiger Mann in der neuen Regierung Brandt gehandelt, als Pressesprecher der Regierung oder auch als Staatssekretär. Während Augstein die Nähe zu Scheel und Genscher wenig geholfen hatte, war bei Brandt offensichtlich noch das traditionelle sozialdemokratische Solidaritätsgefühl lebendig.

Gaus hatte den Spiegel, auch mit Billigung Augsteins, seit 1969 sehr stark auf sozialdemokratischen Kurs gebracht. Beide fanden nichts dabei: »Die sozialliberale Regierung ist die Regierung, die wir gewollt haben.« Sicher ist, dass die Regierung Brandt ihre komfortable Mehrheit bei den Wahlen vom Herbst 1972 auch dem Spiegel verdankte. Gaus habe, lästern böse Zungen beim Spiegel, den Lohn bei Brandt direkt eingefordert. Er habe Briefe an ihn geschrieben nach dem Motto: »Ich habe viel für Euch getan, jetzt müßt Ihr auch etwas für mich tun.« Gaus selber hielt es beinahe für ehrenrührig, ihn als Partei-Paladin hinzustellen. Als er Brandt einmal in einem Kommentar wegen seines innenpolitischen Desinteresses als »Teilkanzler« bezeichnet habe, sei der Kanzler gekränkt gewesen und habe sich brieflich über das »böse Wort« beschwert, das ihm »geschadet und weh getan« habe.

Der Spiegel war nun als SPD-Blatt nicht mehr notwendig. Es war Zeit, zur Regierung wieder auf Distanz zu gehen. Brandt und Scheel, denen Augstein auch durch seine Kandidatur zum Siege verhelfen wollte, saßen – scheinbar – fest im Sattel. Der Auflage hatte die Parteinahme eher leicht geschadet; sie stagnierte bei 900 000 Exemplaren. Die politischen Titel der Gaus-Ära waren nicht immer große Verkaufserfolge. Für ein Tiefdruckmagazin, das der Spiegel dank des Drucks bei Springer nun war, musste mehr zu erreichen sein. Augstein und Becker waren sich schnell einig, dass statt des »Merkers« Gaus neben dem zweiten Chefredakteur Johannes K. Engel ein weiterer »Macher« am Platze sein würde. Jacobi, der 1961 zusammen mit Engel die Chefredaktion übernommen hatte, bezeichnete ihn als den »professionellsten Profi, mit dem ich je zusammengearbeitet habe«. Er sei »unscheinbar und unschlagbar« gewesen. In jedem Fall hatte er keinen politischen Ehrgeiz und war Augstein loyal ergeben. Als weiterer »Macher«, wenn auch nicht mit der handwerklichen Sicherheit von Engel, bot sich Erich Böhme an, langjähriger

Chef des Bonner Büros. Das war Augstein nur recht. Der Chefredakteur war er ja eigentlich selbst; die beiden anderen waren in seinen Augen nur stellvertretende Chefredakteure. Mit Böhme hoffte er so etwas, sagt dieser heute selbst, wie eine »Normalisierung« einzuleiten: »Der Spiegel sollte politisch kritisch bleiben, aber nicht doktrinär.«

Damit begann die letzte, bis heute andauernde Phase in Augsteins Spiegel. Zwar gelangen dem Blatt in der Böhme-Ära noch einige große Enthüllungsgeschichten wie in der Barschel- und in der Parteispenden-Affäre, aber die Aggressivität war weg. Augstein war müde geworden. Erich Kuby schrieb Ende der siebziger Jahre: »Heute muß angenomen werden, daß wir es mit einem R.A. zu tun haben, dessen Machttrieb eingeschlafen ist, weil sich R.A. am Ende der Fahnenstange angekommen sieht, und das nicht erst seit gestern.« Die großen Meinungsschlachten der fünfziger und sechziger Jahre waren geschlagen; die großen Männer, an denen sich Augstein reiben konnte, waren abgetreten; die Politik hatte eine Eigendynamik angenommen, die er kaum verändern konnte. Für das, was er glaubte, konnte er nicht kämpfen, denn er glaubte wenig, und mit zunehmendem Alter immer weniger. »Augstein war nicht der Kopf eines doktrinären Kampfblattes«, sagt Böhme über den Mann, mit dem er den größten Teil seiner Lebens zusammengearbeitet hat. »Augstein arbeitete sich nicht an Ideen ab, sondern an Menschen; er wollte auch nicht mit einem Mann reden, sondern gegen ihn schreiben.« An Enthüllungsgeschichten war er interessiert, aber so richtig auch nur, wenn sie in sein augenblickliches »Feindbild« passten, wie die Skandalstorys über Strauß. Wenn es sie immer weniger gab, und heute fast gar nicht mehr, hängt das sicher auch damit zusammen, dass die Furcht vor dem *investigative journalism* die öffentlichen Akteure zu größerer Vorsicht anhält.

Man kann darüber streiten, ob und warum der Spiegel »seichter« geworden ist, wie Böhme findet, sicher ist nur, dass er mit dem Spiegel der fünfziger und sechziger Jahre nicht mehr viel zu tun hat.

Die Entwicklung des Spiegel entsprach in den ersten Jahrzehnten weitgehend der persönlichen Entwicklung Rudolf Augsteins. Wenn einer noch Einfluss darauf hatte, dann war es Hans Detlev Becker, sein Ko-Pilot seit den Pioniertagen in Hannover. Beide waren ungefähr gleich alt, beide gehörten noch zu der sich betrogen fühlenden Kriegsgeneration, beide wollten wissen, wie es zum Untergang Deutschlands gekommen war, und beide hatten sich geschworen »Nie wieder!«, was zunächst einer prinzipiellen Opposition gegen alles gleichkam, was sich als Autorität ausgab. Beide waren im Umgang mit anderen Menschen eher kühl, und beide hatten eine gemeinsame Vorstellung, wie ihr Magazin aussehen sollte – kritisch bis offensiv. Es war vor allem Becker, der in den fünfziger Jahren die Enthüllungsgeschichten aus und über Bonn vorantrieb. Damals schlugen Politiker und Beamte am Montagmorgen mit zitternden Händen als erstes den Spiegel auf, um nachzusehen, ob etwas Negatives über sie drinstand. »Der Spiegel hält nichts von blinder Ehrfurcht«, hieß es in dem Spiegel-Statut von 1949, das die Regeln, die »Masche« für die weitgehend normierte Spiegel-Geschichte festlegte. Über deren Einhaltung wachten beide sehr streng, gelegentlich auch, insbesondere Becker, mit einem Schuss Verachtung, etwa wenn er auf den Laufzettel einer misslungenen Geschichte schrieb: »Ist der Herr, der dieses schrieb, etwa immer noch bei uns beschäftigt?« Schon bald wurde der Spiegel von Redaktionsmitgliedern auch das »Strafbataillon des deutschen Journalismus« genannt. Der Ausdruck stammte ursprünglich von Gaus, der Jahre bevor er als Chefredakteuer zurückkam, dem Spiegel einige Zeit als einfacher Redakteur gedient hatte.

»HDB«, wie Hans Detlev Becker mit seinem Namenskürzel unterschrieb, war, wie Altgediente zugeben, »zu Anfang notwendig«. Er verkörperte die deutschen Sekundärtugenden, die ein erfolgreiches Unternehmen braucht: Ordnung, Pünktlichkeit, Leistung. Selbst der Kleiderordnung nahm er sich noch an. Nach der Formlosigkeit der Nachkriegszeit wurde erwartet, dass der Spiegel-Redakteur eine Art Ziviluniform im Hamburger Stil der Zeit trägt: dunkles Sakko, weißes, graues oder blaues Hemd und dezente Krawatte. Beckers Chauffeur musste, wenn er den Chef fuhr, immer die steife Dienstmütze tragen. Das war zwar nicht Augsteins Stil, aber er nahm es hin, auch wenn er gelegentlich darunter litt. Man fühlte sich einem streng hierarchisch geordneten Männerbund zugehörig, in dem man Konventionen einhielt, wenn sie für den eigenen Rang oder das eigene Ansehen notwendig waren, oder das Unkonventionelle zur Konvention erhob. Hierarchische Konventionen wurden streng eingehalten, wenn es bei Konferenzen um die Sitzordnung ging, um die Frage, wer überhaupt sitzen durfte und wer auf welchem Stuhl. Auf den Sesseln von Augstein und Becker durfte niemand Platz nehmen, auch wenn sie nicht anwesend waren. Alles Persönliche, Anreden und Höflichkeitsfloskeln, war verpönt. Aber Peter Brügge alias Ernst Hess, wegen seiner Ironie geschätzter Kolumnist, durfte sich im Blatt darüber lustig machen. Man war so souverän, seine Glosse über die »Innenansichten eines deutschen Nachrichtenmagazins« als »Narrenposse« zur Faschingswoche abzudrucken. Er schrieb zum Beispiel über die Nutzung des Sofas in Engels Büro (dort fanden kleine Konferenzen statt):

> »Die Stellvertreter Conrad Ahlers, Leo Brawand und Georg Wolff gehören dieser Sofa-Hierarchie an, während der Stellvertreter Walter Busse es vorzieht, wachsam wie ein Theater-Inspizient hinter dem Stuhl zu harren, den man für seinen Herausgeber heranrollt und, einer Gedenkstätte gleich, unberührt läßt, falls der kleine König nicht erscheint.«

Oder über das Betriebsklima:

»Weihnachtsgaben werden der Redaktion kommentarlos überreicht und ohne Dank entgegengenommen. Nie habe ich einen so flehentlich erstaunten Blick hinter Augsteins goldgefaßter Brille wahrgenommen wie an dem Tag, an dem ich ihm versehentlich ein glückliches 1966 wünschte.«

Becker hatte 1962 nach dem Ausscheiden von John Jahr die Chefredaktion aufgegeben und war auf Wunsch von Jahr und Augstein auf den Sessel des Verlagsdirektors gerückt. Jahr hatte bis dahin den Spiegel von seinem Küchenkabinett im Constanze-Verlag aus mitregiert. Becker war im Schnellkurs in die Geheimnisse des Verlagsgeschäftes eingeweiht worden und stand auch beim Aufbau einer neuen Verlagsstruktur seinen Mann. Der Aufstieg vom »Managing Editor« zum »General Manager« schmeichelte zwar seinem Ehrgeiz, ließ den begabten Journalisten aber unbefriedigt. Zum großen Publizisten fehlte ihm indes die Leidenschaft für die Politik und die öffentlichen Dinge. Aus der SPD war er schon 1950 ausgetreten, und wo er nun politisch stand, war niemand so recht klar. Mit der kapitalistischen Gesellschaft hatte er offensichtlich längst Frieden geschlossen. Auch Augstein hat sie nie in Frage gestellt. Wenn es um sein Unternehmen ging, hat er an den Eigentumsverhältnissen nicht rütteln lassen. In den letzten zwanzig Jahren seiner Tätigkeit für den Spiegel-Verlag bestand Beckers Aufgabe darin, »die kapitalistische Struktur des Unternehmens zu vollenden«: Wachstum und Gewinne zu sichern sowie die Händel und Verhandlungen mit alten und neuen Anteilseignern im Griff zu behalten.

Jacobis »Lunapark«, wie das politisch wenig engagierte Blatt nach der Spiegel-Affäre von der Redaktion spöttisch genannt wurde, entsprach zunächst Augsteins Interessen. Er kümmerte sich jetzt vor allem um seinen Nachruhm, den er durch akademische Vorträge, Interviews mit berühmten Philosophen und seine Bücher zu mehren versuchte. Der Spiegel reichte ihm als

Transportmittel für die gelben Einlagen mit seinen Texten. Außerdem stand ihm Jacobi nicht im Wege, wenn ihn politische Hassgefühle umtrieben. Es war die Zeit der Großen Koalition, gegen die er »wie toll wütete« (Böhme) und des Kampfes für eine neue Deutschlandpolitik der FDP, für die der von Augstein wie ein räudiger Hund gejagte Parteivorsitzende Erich Mende geopfert werden musste. Es ging ihm vor allem um seine eigenen Artikel. Was in der Redaktion vorging oder sonst noch im Blatt stand, interessierte ihn erst in zweiter Linie. Es konnte ihm auch nur recht sein, dass die Auflage sich in Jacobis Zeit fast verdoppelte und knapp die Millionengrenze erreichte. Damit war auch die Reichweite für seine eigenen Artikel gestiegen. Und der zusätzliche Gewinn war ein nicht unerwünschter Nebeneffekt.

Verglichen mit Augstein war Jacobi ein beinahe unpolitischer Mensch. Ahlers nannte ihn zwar einen »richtigen Tory«, aber das bezog sich mehr auf seinen Snobismus, seinen Lebensstil und seine Vorliebe für Adelige, Reiche und Schöne. Das Schlimmste, was ihm die Linken nachsagen konnten, war der Vorwurf, dass er während des Vietnam-Krieges ihren Anti-Amerikanismus nicht teilte. Seine Zuneigung zu den USA hatte sich in Washington entwickelt, wo er einige Jahre Korrespondent des Blattes war, bevor er die Chefredaktion übernahm. Seine Liebe für die Amis teilte auch Augstein nicht, der sie für »mächtig und dumm« (Jacobi) hielt und deshalb glaubte, sie bekämpfen zu sollen. Es ist oft gefragt worden, was Augstein wohl an Jacobi gefallen habe. Augstein war oft unsicher und pessimistisch; Jacobi immer sehr selbstsicher und optimistisch. Vielleicht liegt darin die Erklärung. Böhme erinnert sich, dass ihm Augstein einmal gesagt habe: »Jaco hatte immer so ein nettes Lächeln; wenn er in mein Büro kam, hat er mich fröhlich gestimmt.«

Nicht alle konnte Jacobi allerdings fröhlich stimmen. Zwar war er kein Pedant und Redaktionsbürokrat wie Becker, aber das »System« konnte auch er nicht ändern und wollte es wohl auch nicht. Er konnte es nicht ändern, denn Augstein betrachtete sich und seine beiden Chefredakteure als eine Art Triumvirat, gegen das Widerspruch der Insubordination gleichkam. So deckte er seine Chefredakteure fast immer, auch wenn er Beschwerden für berechtigt hielt, was er dann aber für sich behielt. Von ganz wenigen Ausnahmen abgesehen rügte er seine Chefredakteure auch nicht vor versammelter Mannschaft in der Konferenz. Und Jacobi hatte wenig Grund, das System zu ändern, denn es kam seiner Neigung entgegen, allein zu regieren und Texte der Autoren nach Gutdünken zu verändern oder auch abzulehnen. Darüber konnte auch seine Bonhomie nicht hinwegtäuschen oder -trösten. Die länger dienenden Galeerensklaven der Redaktion hatten sich an dieses Klima gewöhnt – scheinbar, denn wie tief die Missstimmung saß, zeigte sich wenig später bei der Meuterei über die Mitbestimmung. Die in größerer Freiheit und Unabhängigkeit aufgewachsenen Spiegel-Reporter wie Peter Brügge und Hermann Schreiber taten sich trotz ihres privilegierten Status dagegen schwer. Der Oberbayer Brügge flüchtete sich in Ironie, die ihm als Narrenfreiheit zugestanden wurde, der etwas schwerblütigere Schwabe Schreiber, dessen glanzvolle Politiker-Psychogramme eine besondere Sensibilität verrieten, versuchte das System etwas aufzulockern. Seine Klage über den Mangel an »Nestwärme« kam aber oben nicht an. Becker hielt sich nicht für zuständig, weil er, wie er selber sagt, kein »Nestwärmer« ist. Augstein hörte sich Schreibers Anliegen wenigstens an. »Er nahm es aber nicht ernst und verstand es auch nicht«, erinnert sich Schreiber. Der große Boss sah darin kein allgemeines Problem, sondern mehr das persönliche Gefühl eines Bediensteten, der sich vielleicht nicht wohl und nicht sicher fühlt. Großzügig bot er ihm mehr Geld und später einen langfristigen Vertrag.

Für Augstein war Jacobi auch der richtige Mann zur richtigen Zeit. Umfang, Auflage und Anzeigengeschäft des Blattes erforderten in den sechziger Jahren ein anderes Magazin, inhaltlich und technisch. Man könne auf 200 Seiten nicht immer »NEIN« sagen, erklärte Engel die Politik der neuen Chefredaktion. Und Jacobi sagte: »Es gibt für mich keinen wichtigeren politischen Auftrag, als den deutschen Wählern zu sagen, was ist. Hier liegt die Stärke des Spiegel und zugleich der Schlüssel zu seinem Erfolg. Der Spiegel war früher in weiten Passagen ein polemisches Blatt mit negativen Akzenten. Seit Herr Engel und ich im Frühjahr 1961 die Chefredaktion übernahmen, hat er sich zu einem echten Nachrichtenmagazin entwickelt und seine Auflage weit mehr als verdoppelt. Wenn der Spiegel heute als politisch einflußreichste Publikation der Bundesrepublik angesehen wird, dann ist dies auf die Qualität seiner Berichterstattung und nicht auf die politischen Ansichten seiner Redakteure zurückzuführen.«

Für viele dieser Redakteure waren dies nur schönfärberische Floskeln für eine Kursänderung. Sie waren aber mehr als das; sie enthielten auch das Rezept für den Erfolg in der Zeit nach der Spiegel-Affäre. Politische Attacken auf bestimmte Politiker mit dem Ziel, Wahlen zu beeinflussen und Regierungswechsel herbeizuführen, wie es ein Teil der Redaktion wünschte, hatten nie Erfolg. Das lag auch nicht in der Macht des Spiegel. Selbst die Attacken auf Adenauer und Strauß wären ohne Folgen geblieben, hätten die beiden nicht die Nerven verloren.

Das Problem waren nicht Jacobi und Engel, das Problem war Augstein. Er sah dem »Disengagement« von der Politik zu und hatte oft an den Details politischer Vorgänge nur wenig Interesse. In seiner Auseinandersetzung mit Mende und den Konservativen in der FDP und auch in der SPD über die »Anerkennung« der DDR und die Notwendigkeit, mit Ulbricht ins Gespräch zu kommen, lebte er von seinen alten Argumenten aus der Wiedervereinigungsdebatte der fünfziger Jahre. Ihm ging es darum, dass die Ostdeutschen nicht die alleinigen Verlierer des Krieges sein dürften und die Leidtragenden des Kalten Krieges. Er war der Mann für das Große. Die Feinheiten und Winkelzüge, den Kleinkram der deutsch-deutschen Beziehungen wie die damals laufenden Verhandlungen über Passierschein-Abkommen, um die Mauer durchlässiger zu machen, oder Mendes (damals Gesamtdeutscher Minister) Kontakte mit der DDR, den Interzonenhandel durch gesamtdeutsche Kommissionen zu erleichtern, schienen ihm ebenso fern zu liegen wie die Auseinandersetzungen in der SED-Führung über die Kontakte zur Bundesrepublik.

Der auch für die DDR zuständige Berliner Korrespondent Hans Dieter Jaene berichtete zwar regelmäßig darüber, aber nur ein Teil seiner Berichte erschien im Blatt. Ausführliche Informationsbriefe Jaenes an den Herausgeber über seine Gespräche mit hohen SED- und Sowjetfunktionären blieben in der Regel ohne Reaktion. Jaenes Ostkontakte waren nicht mehr gefragt. Für Jaene gab es keinen Zweifel mehr daran, als er vor Weihnachten 1965 von Hans Detlev Becker einen Kündigungsbrief erhielt. Sachliche Gründe wurden nicht erwähnt. Es ging nur um eine Formalie: Jaene, seit Januar 1947 dabei und lange für das Deutschland-Ressort zuständig, könne nicht mehr den aus alten Hamburger Tagen stammenden Titel eines stellvertretenden Chefredakteurs tragen. Für den lang gedienten Fahrensmann ist das kein Kündigungsgrund. Er schreibt an den Herausgeber: »Niemand wird doch wohl behaupten wollen, meine Arbeit hier sei nicht gut getan worden.« Augstein fertigt ihn kurz ab: »Doch, genau darum geht es: Die Chefredaktion ist der Ansicht, Ihre Arbeit in Berlin sei nicht gut. Wir wissen beide, darüber läßt sich streiten.« Aber: »Lassen Sie uns nicht elegisch zurück- und auch nicht allzu finster in die Zukunft sehen. Ich halte noch gar nicht für ausgemacht, daß unsere Wege endgültig auseinandergehen. Mit freundlichen Grüßen, Ihr Augstein.« Auf einen Konflikt hatte er sich, wie so oft, gar nicht erst eingelassen.

»Ein Lebewohl den Brüdern im Osten« – jetzt auch im Spiegel, verabschiedet sich Jaene ironisch. Aber das seien ja nun nicht mehr seine Sorgen: »Ich bin sicher, es bleiben Ihre.« Es sind auch nicht mehr Augsteins Sorgen. Etwas später lehnt er den von Redakteuren an ihn herangetragenen Wunsch ab, eine DDR-Redaktion einzurichten.

Einer seiner damals leitenden Redakteure sagt heute dazu: »Sensible Themen hat er oft nicht begriffen oder nicht begreifen wollen. Das Tragische an ihm war, daß er schon lange nichts mehr dazulernte, daß er geistig in den fünfziger und sechziger Jahren stehengeblieben war. Er wollte auch nie genau beschreiben; er war ein Meister des affektiven Schreibens.«

Die eigene Legende hat Augstein davor bewahrt, dass ihm die Klagen über den »unpolitischer« oder »schlechter« gewordenen Spiegel persönlich zur Last gelegt wurden. Es ihm direkt zu sagen, war ohnehin unmöglich, weil er Beschwerden immer mit der Bemerkung aus dem Wege ging, er habe den Artikel oder auch das betreffende Heft nicht gelesen. Dagegen sah er genau so deutlich wie Becker, dass der Spiegel, bedrängt von Anzeigenkunden, die sich um Plätze für ihre Farbanzeigen rangelten, nicht mehr länger im Zeitungsdruck hergestellt werden konnte. Die Herstellung im Tiefdruckverfahren war unumgänglich. Gruner, noch Teilhaber, blockierte dies zunächst, weil seine Druckerei die Spiegel-Auflage nicht drucken konnte, und beharrte darauf, den Textteil weiter im Zeitungsdruck zu produzieren und ihn mit einem Tiefdruckmantel einschließlich Sonderseiten für Farbdruckanzeigen zu umgeben. Becker hielt dies für »einen absolut widersinnigen Vorschlag«. Es gelang ihm schließlich durch seine Freundschaft mit Christian Kracht, dem Generalbevollmächtigten von Springer, mit dem ihn auch die Golf-Leidenschaft verband, die neuen Druckereien des Springer-Verlages »zu kapern«. Um eine Million Spiegel-Exemplare zu drucken, waren sogar zwei ASV-Druckereien notwendig, eine in Ahrensburg bei Hamburg und eine in Darmstadt. Becker hielt den Vertrag mit dem ASV für den größten Dienst, den er dem Spiegel je erwiesen hatte; und er war stets ein bisschen traurig, dass ihm die Anerkennung dafür versagt blieb. Die ging aber in dem politischen Imageschaden unter, den das Abkommen mit Springer damals für den Spiegel heraufbeschwor.

Augstein und Becker hatten dies offensichtlich nicht so deutlich vorhergesehen. Springer war besser beraten – unter anderem von Horst Mahnke, der aus den Diensten Augsteins in die Springers übergewechselt war und Axel »Cäsar« regelmäßig mit vertraulichen Berichten aus dem Spiegel-Verlag versah. In einem dieser Berichte – vom 8. August 1965 – heißt es:

> »Ich könnte mir vorstellen, daß Becker ein Abkommen zwischen dem ASV und dem Spiegel-Verlag als einen persönlichen Triumph über die Gruner-Leute ansehen würde.
> Verlagspolitisch – was ich einmal von den verlegerisch-wirtschaftlichen Aspekten abheben möchte – wäre ein solcher Vertrag wohl ein großer Treffer, selbst wenn Augstein seine publizistische Kritik an unserem Hause fortsetzen sollte. Ein solcher Vertrag wäre:
> - eine Art moralischer Entlastung für alle Firmen, denen wir Druckaufträge geben und denen vorgeworfen wird, daß sie damit in Abhängigkeit zum ASV geraten sind. Man könnte dann solche Argumentation leicht damit kontern, daß wir dann nach derselben Logik wohl vom Spiegel-Verlag abhängig sein müßten;
> - und ein Schlag gegen die linksintellektuelle Leserschaft des Spiegel.
>
> Aber: Man muß wohl voraussetzen, daß alles dies auch Augstein weiß.«

Augstein wusste und ahnte es wohl, war aber doch von der Heftigkeit der Reaktion unter den Linken überrascht, als der Druckvertrag bekannt wurde. Nach ihrer Logik war er nun von Springer abhängig. Er setzte zwar seine Kritik an Springer fort und ließ sie im Blatt durch den Medienredakteur Otto Köhler verstärken. Anfang 1966 schrieb er: »Kein einzelner Mann in Deutschland hat vor Hitler und seit Hitler so viel Macht kumuliert. Bismarck und die beiden Kaiser ausgenommen. Kein westliches Land ist bekannt, in dem ein einzelner Mann 40 Prozent der gedruckten Nachrichten kontrolliert ...« Als Verleger konnte er aber schlecht in die »Enteignet Springer«-Kampagne einstimmen. Er konnte nur darauf hinweisen, dass Springers publizistische Macht ein politisches Problem darstelle und sich denen anschließen, die – vergeblich – eine gesetzliche Kontrolle des Marktanteils von Großverlegern bei Zeitungen und Zeitschriften forderten, um deren politische Macht einzuschränken. Die Barrikadenkämpfer vor Springers Verlagshäusern reagierten darauf nur mit Verachtung.

Augstein brauchte ein Bauernopfer, und das konnte in diesem Augenblick nur der »Tory« Jacobi sein, der lieber seinen Verleger als seinen Kurs wechselte. Obwohl Augstein Jacobis Vertrag gerade um weitere fünf Jahre verlängert hatte, trennte er sich nach einigen heftigen Auseinandersetzungen von seinem Chefredakteur und engagierte Günter Gaus. Das politische Einvernehmen mit Gaus war eng, das menschliche nicht immer einfach. Beide konnten ihre intellektuelle Eitelkeit nur schwer unterdrücken. Und dann gelang es Gaus nicht, die Redaktion während des Mitbestimmungsbürgerkrieges zu beruhigen. Als er ging, war die Stimmung immer noch schlecht. Obwohl als linker politischer Kopf zunächst begrüßt, hatte er Prügel einstecken müssen, die eigentlich dem »Sonnenkönig« galten. Aber Augstein war nicht dankbar. Zwar sicherte er dem neuen Vertreter der Bundesrepublik in der DDR vertraglich zu, nach dem Ende seiner Aufgabe als Kolumnist und Autor in die Dienste des Spiegel zurückkehren zu können, aber als der Rückkehrer Gaus dann vor der Tür stand, hatte er sich die Sache anders überlegt, sicher nicht ganz ohne das Zutun von Böhme. Beide versicherten Gaus, dass der Vertrag obsolet sei. Das hieß: »Wir wollen dich nicht.« Den Rest besorgten die Anwälte. Nach der apokryphen Überlieferung sagte Augstein damals zu Gaus: »Du kannst das schönste Zimmer und die beste Sekretärin haben, Günter, du kannst auch schreiben, was du willst, du mußt nur wissen, daß keine Zeile davon veröffentlicht werden wird.« Aber wenn Spiegel-Leute über Spiegel-Leute reden, muss man immer nach dem Motiv fragen. Es muss nicht stimmen, Hauptsache, es klingt boshaft und interessant.

Zwar hatte Augstein richtig erkannt, dass die von Dutschke und Genossen ausgerufene große Revulotion nicht stattfinden werde, er hatte aber die kleine Revolution im eigenen Hause nicht vorgesehen. Auch sie brach am Ende zusammen, aber er hatte dafür die Hälfte seines Unternehmensanteils geopfert. Zugleich war sein Griff nach politischer Macht kläglich gescheitert. Das Jahr 1973 bedeutete eine Zäsur im Leben Rudolf Augsteins und auch in der Entwicklung des Spiegel. Es folgten einige ruhige Jahre. Erich Böhme als Gaus-Nachfolger auf dem Sessel des ersten Chefredakteurs stand zunächst für eine Phase der Konsolidierung. Augstein hatte wieder mehr Zeit für sein Privatleben.

Mit seinem leutseligen hessischen Landmann-Charme gelang es Erich Böhme schnell, die Redaktion für sich zu gewinnen. Er hatte lange im Bonner Büro gedient, er hatte sich hochgedient, er war einer der ihren, mehr Kumpel als Chef und ohne arrogante Allüren. Er sollte zwar der zweite »Macher« neben Engel sein, er verströmte aber noch genug sozialdemokratischen Stallgeruch. Seine Devise »politisch kritisch, aber nicht doktrinär« wirkte überzeugend. Er lockerte das »System« Spiegel, sta-

Kampf um die Pfunde im Kampf um die Auflage: von Augstein gewünschte »weiche« Titelgeschichte.

bilisierte es aber auch. Augstein konnte die redaktionellen Geschäfte nun weitgehend Böhme überlassen. Er war immer öfter längere Zeit abwesend und zog sich in seine Häuser nach St. Tropez oder auf Sylt zurück. Dennoch ging nichts an ihm vorbei oder gegen ihn. Ob er da war oder nicht, spielte keine so große Rolle. Das System funktionierte wie eine geschlossene Gesellschaft. Er rief oft an und griff auch über das Telefon korrigierend ein. Böhme konnte damit leben: »Er hat viel geschehen lassen, er war kein autoritärer Herrscher«, sagt er heute.

Das Interesse am Blattmachen hatte er schon früh verloren, eigentlich schon zu Jacobis Zeiten. Als er das Blatt noch mit Becker machte, hatte er mehr reingeredet, aber damals fühlte er sich auch noch als verantwortlicher Chefredakteur. Jetzt interessierte er sich kaum noch für den Inhalt des Blattes, aber immer für die Titelseite und das Titelbild. Man musste sie ihm bringen, wenn er zu Hause war, oder faxen, wenn er sich in einem seiner Häuser aufhielt. Die Entscheidung über die Titelseite lag bei ihm. Genau verfolgte er auch die Entwicklung der Auflage, den wöchentlichen Wettkampf mit dem Stern um das Überschreiten der Millionengrenze, bei dem mal der Spiegel und mal Nannens Blatt mit ein paar zehntausend Exemplaren vorn lag. Wenn er sah, dass es an der Auflage haperte, gab er »weichen« populären Themen den Vorzug vor politischen. Böhme erinnert sich an einen Fall, in dem er eine weiche Titelgeschichte sogar gegen den Willen der Chefredaktion durchdrückte. Irgendwie hatte ihn im Sommer 1975 das Thema Fettleibigkeit angemacht. So erschien der Spiegel mit einer Titelseite, auf der eine nackte, dicke Frau auf der Waage zu sehen war und die Schlagzeile »Kampf um die Pfunde – Schlankheitswahn oder Gesundheitsgebot?«

Mit Vorschlägen für neue Themen, mit ungewöhnlichen Einfällen überraschte er die Redaktion auch in diesen Jahren noch oft. »Er war gut«, geben selbst Redakteure zu, die sonst nicht so gut auf ihn zu sprechen waren. Ende der siebziger, Anfang der achtziger Jahre fällt aber denen, die eng mit ihm zu tun hatten, ein Nachlassen des Intellekts als Folge des Alkoholismus auf. »Er hatte früher schärfer, pointierter, verletzender geschrieben«, erinnert sich Böhme, »nun begann sein Stil flusiger und ungenauer zu werden.« Er reagierte auch ungeduldiger und ungehaltener auf Einwände. Auch seine Texte wurden von der Hausdokumentation überprüft, auch er war nicht davor gefeit, dass ihm ein Dokumentar sagte, dieses oder jenes Detail könne nicht stimmen. War er früher darauf eingegangen, so konnte es nun vorkommen, dass er die Einreden beiseite wischte. Oder schlicht sagte: »Das verstehen Sie nicht.« Böhme, der Augsteins Texte gegenlesen musste, bevor sie ins Blatt gehoben wurden, verständigte sich mit seinem Herausgeber über eine diplomatische Formel. »Das ist nicht pulitzerpreisreif«, pflegte er zu sagen, wenn er fand, dass ein Artikel des Chefs nicht druckreif war. Wenn es sich um kleinere Korrekturen handelte, war Augstein zu Änderungen bereit. Er war jedoch zu stolz, Texte völlig umzuschreiben. Dann schmiss er sie lieber weg. Das kam nach Böhmes Erinnerung mehrmals im Jahr vor. Umgekehrt monierte der

Otto Graf Lambsdorff muss zurücktreten: die Flick-Affäre.

Herausgeber Texte seines Chefredakteurs, wenn sie ihm nicht gefielen, mit der gleichen Formel.

In den ersten Jahren der Amtszeit von Böhme war Augstein noch relativ zugänglich. Er sei zu Unrecht gefürchtet worden; er sei nicht »unnahbar« gewesen, er habe sich auch nicht in die Angelegenheiten der Redaktion eingemischt, erinnert sich Böhme. Und: »Unnachgiebig war er nur in Macht- und Geldfragen; Geld hat bei ihm nicht gestunken.« Der Chefredakteur, lange Jahre in Bonn Wirtschaftskorrespondent, versuchte immer wieder mal, mit dem Herausgeber über Geld zu reden – nicht für sich, sondern für den Verlag. Er wollte aus den hohen Gewinnen Kapital für Investitionen »thesaurieren«. Dem Spiegel-Verlag gehörte nichts – weder das Bürogebäude noch eine Druckmaschine oder auch nur eine Lagerhalle. Der damalige Geschäftsführer Adolf Theobald verglich den Spiegel immer mit einer Musikkapelle: »Die Einnahmen werden nach der Vorstellung sofort aufgeteilt und versoffen.« Augstein wehrte Kapitalbildung des Unternehmens aber immer entsetzt ab: »Um Gottes willen, wo soll das herkommen, es ist kein Geld da.« Dass er von seinen Redakteuren auch als »Herausnehmer« verspottet wurde, störte ihn nicht. »Auf Gewinne hat er nie gespuckt«, sagt Böhme. Dass er die relativ geringen Verluste für die Reportage-Zeitschrift Transatlantik – eine Million Mark im Jahr – nicht weiter tragen wollte, ging allerdings nicht allein auf sein Konto. Die Redakteure waren ja nun als Teilhaber »Klein-Kapitalisten« und wollten das Geld ebenfalls lieber in die eigene Tasche stecken. Transatlantik ist auch an der Mitarbeiter-KG gescheitert.

Augsteins Temperament flammte jedoch immer wieder auf, wenn er sich persönlich betroffen fühlte. So auch in der so genannten Parteispenden-Affäre, die der Spiegel Ende 1981 durch eine Reihe von Veröffentlichungen publik gemacht hatte. Im Mittelpunkt standen verdeckte Spenden von mehr als 25 Millionen Mark, die der Flick-Konzern an CDU- und FDP-Politiker wie Helmut Kohl und Otto Graf Lambsdorff geleitet hatte. Die Bonner Staatsanwaltschaft ermittelte wegen Steuerhinterziehung. Sozusagen als Fußnote in dieser Affäre tauchten plötzlich – in anderen Medien, nicht im Spiegel – auch Rudolf Augstein und seine Spenden an die FDP auf. In der Süddeutschen Zeitung wurde er als Pharisäer und Heuchler abgemalt, als »Abraham a Santa Augstein«, der selber unter die Spendensünder gefallen war. Der WDR berichtete unter Bezug auf die Staatsanwaltschaft, dass auch Augstein Geld an Institutionen überwiesen habe, »die als Geldwaschanlagen der Partei fungierten«. In der Regel waren das Gesellschaften oder Vereinigungen, die als »gemeinnützig« anerkannt waren, damit die Spenden steuerfrei bleiben konnten. Auf krummen Wegen leiteten sie das Geld, wiederum steuerfrei, an die Parteien weiter. In diesem Verdacht standen auch die Gesellschaft für europäische Wirtschaftspolitik und die Internationale Wirtschaftspolitische Vereinigung, an die Augstein und der Spiegel-Verlag zwischen Januar 1973 und Januar 1981 vergleichsweise bescheidene Beträge gezahlt haben sollen – mal 50 000 Mark, mal 5000 oder auch nur monatlich regelmäßig 700.

Augstein reagierte in einer »Hausmitteilung in eigener Sache« gereizt auf den Spott der Süddeutschen Zeitung. Nicht so sehr die Spendenpraxis der Parteien sei ein Skandal, sondern der Versuch, sie »nachträglich durch eine Amnestie zu sanktionieren«. Es sei keine Schande, Parteien und politisch gemeinnützigen Vereinigungen Spenden zukommen zu lassen. Dies betrachte er sogar als edle Bürgerpflicht, ja, er habe Geld überwiesen, aber »legal«. Er habe es nicht für möglich gehalten, »daß solche Gelder auf teilweise skandalöse Weise im Ausland ›gewaschen‹ wurden«. Dies zu überwachen, sei Sache der Finanzämter sowie der Staatsanwaltschaften. »Wer des guten Glaubens sein darf, sich legal verhalten zu haben, kann sehr wohl demjenigen etwas vorwerfen, dem er den guten Glauben nachträglich absprechen muß.« Damit meinte er seinen »Parteifreund« Otto Graf Lambsdorff, dessen Rücktritt vom Amt des Wirtschaftsministers er forderte. Als ehemaliger Schatzmeister der FDP in Nordrhein-Westfalen war Lambsdorff tief in die Parteispenden-Affäre verstrickt. Einen »Minister-Rücktritt aus ehrenwerten Gründen« könne die Partei überleben, ermunterte er Lambsdorff, der nach einigem Zögern seinem Rat folgte. Auch Augstein schien aus der Affäre etwas gelernt zu haben. 1982 spendete er wieder 50 000 Mark für die FDP, diesmal aber unbestritten legal. Wie das Gesetz es vorschrieb, führte die Partei die Spende in ihrem öffentlichen Rechenschaftsbericht auf.

Als der Spiegel Anfang September 1987 mit der ersten Geschichte »Barschels schmutzige Tricks« herauskam, geriet nicht nur der schleswig-holsteinische Ministerpräsident Uwe Barschel in die Schlagzeilen, sondern auch das Magazin selber. Nicht das sofortige Dementi Barschels und seine Ankündigung rechtlicher Schritte brachte den Spiegel in Verlegenheit, sondern die Tatsache, dass sich die Vorwürfe allein auf die eidesstattliche Erklärung Reiner Pfeiffers, eines dubiosen ehemaligen Barschel-Mitarbeiters, stützten. Auf Geheiß seines Chefs gab Pfeiffer zu Protokoll, habe er Björn Engholm, SPD-Gegenkandidat bei der bevorstehenden Landtagswahl, in Verruf bringen sollen, unter anderem durch Informationen über angebliche Steuerhinterziehungen und über eine auf Engholms Betreiben im Büro Barschels heimlich installierte Telefonabhöranlage, die er in Wahrheit im Auftrag Barschels selber beschafft habe. Erich Böhme als der verantwortliche Chefredakteur hatte alle Hände voll zu tun, Zweifel an der Zuverlässigkeit seines Informanten und an der Seriosität des Spiegel auszuräumen, nicht nur in der eigenen Redaktion, wo er seinen Kopf für die Richtigkeit der Pfeiffer-Erzählungen verpfändete, sondern auch in zahlreichen Interviews mit kritischen Medien. Für ihn war die Sache »sonnenklar«, nicht aber für Rudolf Augstein, der im fernen St. Tropez saß und kalte Füße bekam. »Er wollte nicht hineingezogen werden, falls es schiefgehen sollte«, sagt Böhme heute. Nach seiner Erinnerung ließ Augstein auf eigene Kosten den Chefredakteur der Zeit, Theo Sommer, einfliegen, um den Spiegel in einem langen Interview rauszuhauen, aber vor allem um sich von Böhme vorsichtig zu distanzieren. Auf die Frage, ob er »ordentlich austeilen« werde, wenn sich herausstellen solle, dass der Spiegel geirrt habe, antwortete er kryptisch: »Das mit dem Austeilen ist so eine Sache. Entweder ist es schwerwiegend, dann müssen personelle Konsequenzen gezogen werden, wie wir das bei Politikern ja auch fordern, manchmal erfolgreich, manchmal vergeblich. Ist es ein Irrtum, den man nachvollziehen kann, dann nützt es natürlich nichts, einem beinahe Gleichaltrigen zu sagen: ›Mach das nicht noch mal!‹« Wenige Tage später nach Hamburg zurückgekehrt, wurde er in einem Interview mit der Schweizer Weltwoche noch deutlicher. Eigentlich hätte er sofort zurückkehren müssen. Sei die Rückkehr denn ein Eingeständnis, dass Fehler passiert seien?

Augstein: »Ich sagte mir, wenn du schon einen tüchtigen Mann hast, der für dich diese Arbeit macht, die dir dann gutgeschrieben wird, und er hat nun mal die Gelegenheit, sich zu bewähren ...«

Weltwoche: »Sie meinen Chefredaktor Erich Böhme, der in den letzten Tagen in bedrängter Lage 21 Interviews geben mußte ...«

Augstein: »Ja, da sagte ich mir, du mußt ihn sich bewähren lassen ...«

Weltwoche: »Und hat er sich bewährt?«

Augstein: »Im großen und ganzen ja.«

Nach dem Rücktritt Barschels war Böhme glänzend rehabilitiert. Die Redaktion konnte es ihrem Herausgeber nicht so schnell verzeihen, dass er ihr in den Rücken gefallen war. In der Montagskonferenz musste er zum ersten Mal Spießruten laufen. Nur durch einen Rückzieher konnte er ihren Zorn besänftigen, er hätte an Stelle Böhmes genauso gehandelt. Dem Chefredakteur half das aber wenig. Die Frage nach dem Hintergrund der Interview-Querschüsse war damit nicht geklärt. Es war bekannt, dass Augstein ängstlich war. Er hatte auch schon Titel-Zeilen geändert, zum Beispiel für einen Lambsdorff-Titel während der Parteispenden-Affäre. Die Zeile sollte lauten »Er wird angeklagt«. Die der Redaktion inhaltlich bekannte Anklageschrift sollte aber erst nach Erscheinen des Heftes öffentlich vorgelegt werden. Aus rechtlichen Erwägungen änderte Augstein in letzter Minute die Titelzeile. Sie hieß nun: »Es wird angeklagt«. Aber das war ein interner Vorgang. Der öffentliche Wink mit dem Zeigefinger legte eine Frage nahe, die Böhme nicht stellte, jedenfalls nicht öffentlich, dafür aber andere. Wollte Augstein seinem zu mächtig gewordenen Chefredakteur einen Dämpfer verpassen, zumal er in dem Interview mit der Weltwoche auch noch mitgeteilt hatte, er selber sei »im Augenblick nicht zu ersetzen«?

Böhmes fürstlich dotierter Vertrag (Jahresgehalt 1,08 Millionen Mark) lief am 30. Juni 1988 aus. G+J-Chef Gerd Schulte-Hillen hatte ihm angeboten, Herausgeber des Stern zu werden. Das spielte später in dem nun anhebenden Machtkampf eine Rolle. In einem Brief hatte Böhme seinem Verleger mitgeteilt, dass er seinen Vertrag verlängern wolle, aber zu anderen Bedingungen. Wollte er seinen Anspruch auf die Herausgeber-Rolle nach einem Ausscheiden Augsteins sichern? Der Spiegel-Gründer war zwar erst 64 Jahre alt, zeigte aber Ermüdungserscheinungen, die derartige Vermutungen immer wieder aufkommen ließen. Böhme bezeichnet diese Behauptungen heute als »Quatsch«. Er habe weder Herausgeber noch Geschäftsführer werden wollen: »Ich wollte alleiniger Chefredakteur werden.« Augstein sagte ihm: »Du, das mache ich nie, das geht nicht!« Er ersparte sich eine Begründung, aber die war ohnehin klar; er herrschte gnadenlos nach dem Motto *divide et impera*. Er trickste seinen Chefredakteur mit dem Vorschlag aus, ihn und den zweiten Chefredakteur Werner Funk zu Geschäftsführern zu ernennen, die gleichberechtigt mit ihm und dem amtierenden Geschäftsführer Adolf Theobald sein sollten. Sein Lebenswerk könne nicht einer allein fortsetzen, ließ er wissen.

Damit geriet er aber bei der Redaktion und bei der Mitarbeiter-KG an die Falschen. Selbst die Ressortleiter machten gegen ihn Front. Die Redakteure wären zwar bereit gewesen, die Beförderung Böhmes zu billigen, nicht aber die des unbeliebten Funk. Außerdem hätten sie sich in der »Altherrenriege« wenigstens einen Jüngeren gewünscht. Die Mitarbeiter-Gesellschaft lehnte den Vorschlag ab. Obwohl Augstein damit drohte, die Mitarbeiter-Anteile »zurückzukaufen«, blieben deren Vertreter stur. Der Herausgeber hatte wieder einmal die Kräfteverhältnisse in seinem Hause falsch eingeschätzt und die Grenzen seiner Macht erfahren. Funk und Theobald blieben, was sie waren, Böhmes Vertrag wurde um drei Jahre bis 1991 verlängert. Weil

Augstein wie immer in solchen Fällen zu »feige« war, selber mit dem Betroffenen zu reden, bat er Theobald, Böhme den neuen Vertrag zu übergeben und ihm klar zu machen, dass dies dann das Ende sei, auch im Amt des Chefredakteurs.

Die Führungskrise hatte nichts gelöst, sie hatte die Nachfolgefrage nur um einige Jahre verschoben, aber damit war Augstein »zufrieden«. Mehr hatte er ohnehin nicht gewollt.

KAPITEL 15

Multiple Persönlichkeit

»Er versuchte, Menschen zu beugen oder zu brechen«, sagt einer seiner ehemaligen Chefredakteure über ihn.

»Er war lustig, witzig, rührend und sympathisch«, sagt einer seiner ältesten Freunde über ihn.

»Konnte man mit ihm befreundet sein?«, fragt einer seiner früheren Anwälte.

»Privat war er ein völlig anderer Rudolf; wir hatten ein angenehmes Verhältnis, aber wir hatten auch von dem schrecklichen Rudolf gehört; wir wußten, er war eine multiple Persönlichkeit«, sagt eine langjährige (platonische) Freundin über ihn.

Der Ausdruck »multiple Persönlichkeit« ist offensichtlich nicht klinisch im Sinne der Psychiatrie gemeint. Er soll nur andeuten, dass Rudolf Augstein ein Mann mit vielen Gesichtern war, der von verschiedenen Menschen auch sehr unterschiedlich wahrgenommen, der geliebt und gehasst wurde. Für die einen war er der gefürchtete Medienzar, für die anderen der angenehme, unterhaltsame Gesellschafter. Es machte offensichtlich einen Unterschied, ob man abhängig oder ob man unabhängig von ihm war. Er konnte auch Redakteuren ein »Du« und Freundschaft anbieten, aber das Verhältnis war dann eher wie bei Brecht zwischen dem braven Knecht Matti und dem Herrn Puntila; er war der Herr Puntila, darauf bestand er schon. In den späteren Jahren kam das allerdings kaum noch vor, weil er die meisten Redakteure nicht kannte. Er regierte mit einem Küchenkabinett aus Geschäftsführern, Chefredakteuren und dem einen oder anderen Ressortchef. Enger befreundet war er mit keinem von ihnen. Er war stets misstrauisch und achtete darauf, dass keiner zu mächtig wurde. Lange Zeit hielt er sich deshalb zwei Chefredakteure, um sie gegeneinander ausspielen zu können. Werner Funk, einer der beiden Chefredakteure von 1987 bis 1991, behauptet sogar, dass er Mobbing betrieb, dass er Gerüchte hinter dem Rücken seiner Spitzenleute ausstreute, um Misstrauen zu säen und sie gegeneinander aufzuhetzen. So trieb er es auch mit Funk und dem damaligen Geschäftsführer Adolf Theobald. Beide beschlossen, dem Spiel ein Ende zu setzen. Sie erzählten sich gegenseitig, was ihnen Augstein über den jeweils anderen gesagt hatte. Dann gingen sie zu ihm, berichteten ihm von ihrer Abmachung und baten ihn, derartige Nachreden zu unterlassen. Augstein war bass erstaunt und nannte ihr Verhalten, wie beide sagen, »widernatürlich«.

Funk, ein hochbegabter Journalist und Zeitungsmacher, erfreute sich einige Zeit der Gunst Augsteins. Schroff und oft von verletzender Ironie, konnte er aber nicht die Zuneigung der Redaktion gewinnen. So konnte ihn Augstein auch nicht mit Böhme zusammen zu einem der Geschäftsführer ernennen. Funk, der angeblich zu viel von ihm wollte, wurde ihm lästig. Die Entlassung von Funk ist vielen noch in denkwürdiger Erinnerung. Augstein kam in die Montagskonferenz und sagte kurz: »Ich habe Funk entlassen.« Funk sagte noch kürzer »ja, stimmt« und wollte als amtierender Chefredakteur mit den üblichen Worten »die Lage« die Themenabfrage für das kommende Heft beginnen. Mit dem Einwurf »Halt, das geht mir zu schnell!« versuchte der stellvertretende Chefredakteur Joachim Preuß von Augstein eine Erklärung zu bekommen. Dessen Antwort: »Darüber reden wir später.« Damit war der Fall erledigt.

Wenn sie fair sind, erinnern sich seine Chefredakteure an die guten und an die schlechten Seiten des »Menschen« Augstein; wenn sie tief verletzt sind, fallen ihnen vor allem die negativen ein. Er war, sagt Jacobi, dessen Erinnerungen freundschaftlich sind, »ein ruchloser Verfechter seiner Interessen«; »er entschied selber, was gut und was böse, was falsch und was richtig ist«; »das bürgerliche Koordinatenkreuz herkömmlicher Wertvorstellungen von gut und schlecht hat er deshalb nie in toto akzeptiert«; »das Undemokratische ist erst hinterher (nach der Spiegel-Affäre) zum Tragen gekommen, er bestand darauf ›ich bin der Boß‹, ›es ist mein Geld‹«. Erich Böhme, der außer Johannes K. Engel am längsten mit Rudolf Augstein auskam und dessen Unfreundlichkeiten während der Barschel-Affäre und des Streits um seinen letzten Vertrag weggesteckt hat, erzählt von einer anderen Seite seines Herausgebers: »Er hat immer andere vorgeschoben. Er wollte keinen Ärger haben und war ein Feind von verbalen Auseinandersetzungen.« Daran erinnert sich auch Hans Werner Kilz: »Man mußte immer vor ihm auf der Hut sein. Er war absolut unberechenbar; er spielte immer über die Bande, er war nie direkt.« In seinem Nachruf in der Süddeutschen Zeitung schrieb er: »Rudolf Augstein machte es auch jenen, die ihm nahestanden, ziemlich schwer, ihn zu lieben ..., seine scharfzüngigen Bemerkungen ließen es Redakteuren nie ratsam erscheinen, sich mit dem Herausgeber anzulegen ..., selbst wenn Augstein falsch lag, wagte in den Konferenzen kaum einer, darauf zu pochen, im Recht zu sein.« Werner Funk drückt sich sehr viel direkter aus: »Er war der größte Egozentriker, den ich je erlebt habe.«

Der Drang, immer Recht haben zu wollen, war keine Späterscheinung. Er zeichnete schon den jungen Rudolf Augstein aus. In den Konferenzen liebte er keine Diskussionen, duldete er keine anderen Argumente und Meinungen als seine eigenen, auch nicht bei denen, die er wegen ihrer Bildung und Intelligenz schätzte wie Georg Wolff. Als dieser einmal in einer Montagskonferenz einen Einwand zweimal vorbringen wollte, brachte ihn Augstein schnell mit der Belehrung zum Schweigen: »Davon verstehe ich mehr als du.« Dagegen war kein Einspruch möglich; er wäre einer Majestätsbeleidigung gleichgekommen. Sein Überlegenheitsgefühl äußerte sich oft in schnell hingeworfenen verächtlichen Bemerkungen. Über einen Kommentar Erich Böhmes sagte er einmal in der Konferenz: »Wenn er nicht erschienen wäre, wäre die Welt auch nicht untergegangen.« Bei Kommentaren anderer war er besonders kritisch. Kilz schrieb dazu: »Wer sich im Blatt kommentierend zu Wort meldete, mußte am Montag darauf gefaßt sein, daß Augstein, seinen Schal lässig über die Schulter geworfen, in den Konferenzraum kam und den Autor exekutierte. Seine schneidenden Repliken konnten so verletzend sein, daß Ressortleiter verstört ihre Demission anboten. Das regelte der Herausgeber hinterher beim Bier: der Ressortleiter blieb, schrieb aber keine Kommentare mehr.«

Seine intellektuelle Ungeduld und Unbeherrschtheit taten Augstein hinterher manchmal Leid. Er war sensibel genug, um selber zu merken, wenn er zu weit gegangen war. Oft handelte es sich ja bei den Heruntergeputzten nicht um unerfahrene Jungredakteure, sondern um Gleichaltrige oder Ältere, die in der Öffentlichkeit als Spiegel-Redakteure und -Autoren hoch angesehen waren. Er entschuldigte sich dann schnell, schickte ein Buch oder bemühte sich sonst um eine Geste der Versöhnung.

Augstein war ein sehr ungeduldiger Mensch. Er dachte schnell, er reagierte schnell und wollte alles immer sofort haben oder machen. Das erklärt zum Teil auch sein Interesse an einer Tageszeitung. Der Produktionsprozess des Spiegel erschien ihm endlos langsam und »ging ihm fast auf den Wecker«, erinnert sich Rolf Poppe, den er 1962 als Verlagsleiter für die geplante Deutsche Allgemeine Zeitung angeheuert hatte und später in der Spiegel-Verlagsleitung beschäftigte. Augsteins unruhiger Geist, sein Mangel an Ausdauer und seine Sprunghaftigkeit hinderten ihn auch an langfristigem Denken und Planen. Er konnte sich schnell für eine Sache begeistern und sie ebenso schnell wieder fallen lassen. So ging es ihm auch mit dem Zeitungsprojekt. Als ihm vorgerechnet worden war, dass sein Anteil am damaligen Jahresgewinn nicht viel mehr als eine Million Mark betrug und ohne Hilfe bei weitem nicht zur Neugründung einer Zeitung reichte, war das Projekt gestorben. John Jahr war der klügere Rechner, aber da war die Trennung schon vollzogen. Augsteins Sprunghaftigkeit konnte zu unvorhersehbaren Konsequenzen führen. Nach der Trennung von Gruner war er Alleinbesitzer. Im Hochgefühl darüber sagte er der unter dem Einfluss des Zeitgeistes unruhig gewordenen Redaktion fünfzig Prozent des Gewinns zu. Nach dem Motto »Geld statt Macht«. Am Ende des Prozesses waren daraus aber fünfzig Prozent der Geschäftsanteile geworden, und Augstein hatte, »ohne es zunächst richtig zu kapieren«, wie Böhme sagt, »doch ein Stück Macht aus der Hand gegeben«.

Der langfristige Denker war Hans Detlev Becker. Deutlicher als andere sah er Stärken und Schwächen seines Freundes sowie die Vor- und Nachteile, die sich daraus für den Spiegel ergaben. Ohne dessen publizistisches Genie hätte das Blatt nie seine Bedeutung gewonnen; seine Neigung zu abrupten Entscheidungen und zur Traumtänzerei sowie seine »Flucht«-Gedanken konnten aber auch große Risiken heraufbeschwören. Deshalb hielt Becker zu seiner Zeit und mit seinem Markenverständnis nicht viel von »Byproducts«. Verlag und Objekt mussten nach seiner Meinung glaubhaft bleiben, am Ende auch ohne Augstein. Er dachte über die aktiven Zeiten Augsteins hinaus, das heißt, er begann auch über die Frage nachzudenken, ob die einmalige Gleichung »Augstein ist der Spiegel, der Spiegel ist Augstein« auf die Dauer gut sein würde. Darin unterschied er sich von seinem Freund, der sich fast bis zum Schluss nicht vorstellen konnte, dass es auch ohne ihn gehen könne, und der sich wie alle großen

Männer keine Gedanken über seine Nachfolge machte, wenngleich er, von Stimmungen übermannt und unter dem Eindruck, krank zu sein, seit dem Ende der siebziger Jahre auch öfter darüber nachdachte, sich zurückzuziehen. Augstein liebte es aber, als »Mr. Spiegel« zu gelten, und wollte sich das Label nicht nehmen lassen.

Wie sich das auf das Verhältnis der beiden Männer ausgewirkt hätte, wäre Becker länger in seiner Position geblieben, ist heute eine müßige Frage. Becker erlitt im Januar 1980 eine Herzattacke und beschloss, aus Rücksicht auf seine Gesundheit mit 62 Jahren aufzuhören. 1982 verließ er das Hochhaus an der Brandstwiete ohne Gruß und ohne Abschied durch die Tiefgarage und betrat es seitdem nur ein einziges Mal. Zur Verwunderung von Augstein erschien er, obwohl eingeladen, auch nicht auf der Party zu dessen siebzigstem Geburtstag.

Beckers abrupter Abgang gab lange Zeit Rätsel auf. Erst später stellte sich heraus, dass sich hinter dem ungenauen Begriff Herzattacke ein sehr viel komplizierterer Sachverhalt verbarg. Schon die Deutsche Klinik für Diagnose hatte herausgefunden, dass Becker keinen Herzinfarkt erlitten hatte, vielmehr schon seit Jahren an »konversionsneurotischen Symptomen« krankte, auf gut deutsch, er wandelte seelische Konflikte in körperliche Symptome um. Wenn es verdrängte Probleme gab, die ihm zu schaffen machten, mussten sie auch mit dem Spiegel zu tun haben, der damals sein Leben war. Viele Jahre später hat er selber die seelische Ursache für seine »phobische Herzattacke« angedeutet, die im Endeffekt zu seinem relativ frühen Ausscheiden führte. Sie wurde in der Tatsache erkannt, dass Augstein ihm von sich aus Heilung vom Alkohol bis zu einem bestimmten Termin oder Verzicht auf die Herausgeberstellung versprochen, die Zusage aber nicht eingehalten hatte.

Die Nachricht von Beckers Herzattacke war von Augstein und der Redaktion mit Entsetzen aufgenommen worden. Aug-

Eine zerbrochene »Freundschaft«: Augstein mit SPD-Fraktionschef Herbert Wehner 1974 in Bonn.

stein fand sich jedoch schnell mit der neuen Lage ab. Ihm war Becker ohnehin zu mächtig geworden, und nichts lag ihm ferner, als seinen Platz zu räumen. Es war wohl auch kein Zufall, dass er als Nachfolger für Becker den 34-jährigen Mathias Ginsberg bestellte, der ihn als Wahlkampfmanager in Paderborn und als Geschäftsführer des Filmverlags der Autoren verpflichtet, der Aufgabe als Spiegel-Geschäftsführer aber nicht gewachsen war. Lange Zeit erkannte Augstein auch die wahre Ursache für

Beckers Ausscheiden nicht. Die beiden blieben freundschaftlich verbunden, wenigstens im Briefkontakt, direkten Einfluss hatte Becker aber nicht mehr. Augstein beteiligte ihn auch, sozusagen als Altersversorgung, bis 1993 mit einer Einlage von fünf Prozent als Kommanditist ohne Stimmrecht an der Rudolf Augstein GmbH. Es war ein Geschenk Augsteins an den Mann, der den Spiegel-Journalismus stärker geprägt hatte als er selber. Hans Detlev Becker war wahrscheinlich der Einzige, dem Augstein trotz allem je wirklich dankbar war.

Diese coole Männerfreundschaft war typisch für Augstein und typisch für den Spiegel, der zumindest in den ersten Jahrzehnten ein verschworener Männerbund mit puerilen Zügen war, in dem man sich stritt und wieder zusammenraufte. Machtkämpfe waren an der Tagesordnung. Augstein fühlte sich umgeben von »Kerlen«, die etwas wollten und die von ihm etwas wollten. Das Ganze war nur erträglich, weil Augstein nicht nachtragend war. Er mochte es auch nicht, wenn man ihm kritische oder verletzende Äußerungen nachtrug. Er nahm es Günter Grass übel, dass dieser ihm jahrelang Kritik und Widerspruch übel nahm, zum Beispiel an seinen Büchern und in der Wiedervereinigungsdiskussion. Er hat es auch nicht verstanden, dass ihm Herbert Wehner im Frühjahr 1974 den Kommentar »Wort an einen Freund« nicht verzieh. »Onkel Herbert« wollte Augstein nicht mehr sehen. Sarkastisch erzählte er, dass seine Frau eines Donnerstags einen »gewaltigen Blumenstrauß« von Augstein bekommen habe, da habe er sich gesagt: Pass auf, dann kommt am nächsten Montag ein schlimmer Artikel. Und so war es. Das sei doch kein »schlimmer« Artikel gewesen, fand Augstein hinterher, er habe doch Frau Wehner öfter mal Blumen geschickt und nur »respektvoll auf den Knien« darauf hingewiesen, dass Brandt und Wehner nicht mehr miteinander könnten, sowie Wehner aufgefordert, sich zurückzuziehen.

Er schätze bei seinen Freunden am meisten, »daß es wenige

sind«, sagte Augstein im FAZ-Fragebogen. Es waren sehr wenige. Die vielen anderen, die er Freunde nannte, waren Nenn-Freunde, mit denen ihn im Grunde nicht viel verband, außer dass er sie im Moment interessant fand oder sich mit ihren Namen schmückte. Oft war das Wort auch nur distanzierend ironisch gemeint, etwa wenn er Bucerius »seinen Freund« nannte. Es gab Ausnahmen wie Hans-Dietrich Genscher, der bis zum Schluss der einzige Politiker blieb, mit dem er ständig Kontakt hielt, oder Henry Kissinger, auf dessen Urteil und Sympathie er Wert legte. Als Kissinger ihm eine heftige Kritik an seinen Memoiren verargte und sich lange Zeit nicht meldete, war er betroffen. Das war ungewöhnlich, denn sonst scherte er sich wenig um das, was andere über ihn dachten. Es tat ihm auch selten etwas Leid. In der Regel wollte er gar nicht, dass Menschen ihm zu nahe kamen. In der Distanz fühlte er sich sicherer; er musste sich nicht zu erkennen geben oder etwas von sich hergeben, wenn er nicht wollte. Sonst konnte es gefährlich werden. Man musste ihn näher kennen, um zu wissen, wie schnell seine Gefühle wechseln konnten. Einer, der ihn durchschaute, war ein bekannter Publizist, der es trotz Augsteins Werben ablehnte, als leitender Redakteur in seine Dienste zu treten: »Er konnte Menschen vernichten. Ich hatte es selber erlebt. Das wollte ich mir nicht antun.« In der gegenseitigen Distanz blieb das Verhältnis ungetrübt.

»Der langsame Tod eines Journalisten«, nannte die Szene-Zeitschrift Tempo 1987 ihre Geschichte über den Tod des Spiegel-Redakteurs Christian Schultz-Gerstein und im Vorspann »eine Geschichte über das Scheitern einer Männerfreundschaft, der Freundschaft zwischen Christian Schultz-Gerstein und Rudolf Augstein«. Ob Schultz-Gerstein elendiglich in seinem Zimmer verhungert ist oder Selbstmord begangen hat, ist nie erwiesen worden. Klar ist nur, dass Augstein keine Schuld daran traf. Klar ist auch, dass er nicht vorhersehen konnte, wie die Geschichte ausgehen würde, die so harmlos anfing – mit dem Angebot eines »Du«, mit Tennisunterricht bei dem neuen Redakteur, der ein Tennis-Fan war, und mit gelegentlichen Kneipenbesuchen. Schultz-Gerstein war ein brillanter, boshafter Literaturkritiker, der Ende der siebziger, Anfang der achtziger Jahre mit seinen bissigen Kritiken die Literaturszene aufmischte und auch vor ihren Ikonen wie Günter Grass und Marcel Reich-Ranicki nicht Halt machte. Augstein gefiel der ungewöhnliche Typ und auch dessen Gesellschaft. Vielleicht wäre es dabei geblieben, wenn da nicht noch eine Frau gewesen wäre, Schultz-Gersteins Frau, die früher beim Spiegel gearbeitet hatte. Und ein Kind, von dem Schultz-Gerstein nicht wusste, ob er der Vater war. Der Zweifel trieb ihn fast in den Wahnsinn, zerstörte seine Ehe, seine Freundschaft zu Augstein und seinen Job. Sein Tod war ein Schock für die Hamburger Medienwelt, wo fast jeder die Geschichte kannte. Der ehemalige Feuilletonredakteur des Spiegel, Michael Fischer, vearbeitete sie zu einem Medienthriller mit dem Titel »Skorpion«, und Hellmuth Karasek, damals als Feuilleton-Ressortleiter Chef von Schultz-Gerstein, widmete ihr in seinem Schlüsselroman über den Spiegel, »Das Magazin«, breiten Raum. Wahrscheinlich wäre die Geschichte längst vergessen, wenn Schultz-Gerstein nicht einen Abschiedsbrief geschrieben hätte, in dem er Augstein als zynischen »Herrenmenschen und Mencheneigentümer« anklagt. Der Brief, erst Jahre später in der taz veröffentlicht, taucht immer wieder als Anklage gegen Augstein auf.

Augsteins Zynismus hatte vor allem eine Schutzfunktion. Dahinter konnte er verbergen, was er wirklich fühlte und dachte. In Wahrheit war er gar nicht der eiskalte Zyniker, als den er sich gerne ausgab. Er hatte aber eine Scheu, Gefühle zu zeigen. Die beiden anderen Presselords der Hansestadt, Henri Nannen und Axel »Cäsar« Springer, waren ihm da weit überlegen. Der massige Nannen konnte wie ein leutseliger Volkstribun wirken und Springer mit seinem messianischen Christus-Komplex wie ein Missionar. Augstein hätte sicher gerne selbst etwas von den beiden gehabt. Aber er war weder extrovertiert noch ein begnadeter Redner, und schon gar nicht hatte er etwas von der heiligen Einfalt Springers. Er konnte sich der Kontrolle seines kritischen Verstandes nicht entziehen. Der Zynismus war ihm aber auch sonst nützlich. Er konnte damit von seinen Absichten ablenken oder sie verhüllen. Der Aufklärer und Wahrheitssucher Augstein liebte das Spiel mit der Verstellung: »Wer mich Zyniker nennt, der ehrt mich, ich bin gern Zyniker.«

Sich in der Rolle anderer zu sehen, nicht hinter ihnen zurückstehen zu wollen, war ein auffallender Zug an Augstein, der wohl mit seinem unverkennbaren Geltungstrieb zusammenhing, insbesondere wenn es um Frauen ging. Hermann Schreiber beschreibt in seiner 1999 erschienenen Nannen-Biographie eine Szene, die sich 1955 zutrug, Augstein aber auch 45 Jahre später noch nicht ruhen ließ. Er und Nannen gehörten zu den Ehrengästen des Eröffnungsfluges der wiedererstandenen Deutschen Lufthansa nach New York. Henri Nannen, der Schauspielerin Hildegard Knef schon länger herzlich zugetan, besuchte fast jeden Abend das Cole-Porter-Musical »Silk Stockings«, in dem die Knef die Rolle der Ninotschka spielte, und holte sie nach der Vorstellung hinter der Bühne ab. Augstein war offensichtlich eifersüchtig. Einige der Lufthansa-Ehrengäste kamen auf die Idee, »Rudolf Augstein einen Streich zu spielen (Nannen war es wohl nicht allein)«. Schreiber weiter: »Jedenfalls wurde dem Spiegel-Herausgeber diskret mitgeteilt, die Knef sei ganz außerordentlich interessiert an ihm und würde gern mal mit ihm allein sein. Als Augstein eine solche Gelegenheit mit einiger Raffinesse herbeiführen konnte, hatte Hilde Knef das kaum zu lösende Problem, den Irrtum halbwegs schonend aufzuklären.«

Bei der Arbeit an dem Buch bat Schreiber seinen ehemaligen Chef und alten Duz-Freund Augstein um einen Recherche-Termin. Er bekam keine Antwort, auch auf eine zweite Anfrage nicht. Schließlich schickte er ihm die Seiten mit der entsprechenden Passage. Wiederum kam zunächst keine Reaktion, dann ein Anruf von Augstein, in dem er Schreiber beschimpfte: »Du hast meine Ehre beleidigt, schäm' dich, schäm' dich!« Auch eine Besprechung des Buches erschien im Spiegel nicht, was vielen auffiel. Erst nach Monaten kam Augstein mit Geschäftsführer Karl Dietrich Seikel in die Konferenz und erklärte, die Chefredaktion habe ihn beauftragen wollen, das Schreiber-Buch zu besprechen, er habe sich aber für befangen erklärt, weil er mit Nannen befreundet gewesen sei. Dann bat er Seikel, die Knef-Passage vorzulesen, und stellte sie danach richtig: Die stimme so nicht, er sei auch mit der Knef befreundet gewesen.

Augstein gab zwar oft vor, den Spiegel nicht zu lesen, er las aber vieles von dem, was über den Spiegel und über ihn geschrieben wurde. Nach der Trennung von Hellmuth Karasek bemerkte Josef Joffe in der Süddeutschen Zeitung, der Spiegel habe seinen »bekanntesten« Journalisten gehen lassen. Wenige Stunden später war Rudolf Augstein am Telefon: Nicht Karasek sei der bekannteste, er sei es.

Humor galt nicht als Rudolf Augsteins starke Seite. Wie seine Einlassungen zur eigenen Person zu bewerten waren, war nicht immer ganz klar, aber wenn die Ironie fehlte, waren sie wohl ernst gemeint. Viele, die ihm nahe waren, glaubten die »Triebfeder« seines Verhaltens zu kennen: sein Körpermaß von 1,69 Meter. Er gab auch selber immer wieder Anlass, darüber zu reden. Dass er in der Konferenz einmal sagte – es ging um eine Geschichte über den kleingeratenen Schauspieler Charles Bronson –, 1,68 sei doch nicht klein, sondern »Normalmaß«, wissen Spiegel-Redakteure bis heute. Wenn er guter Laune war, ließ er sich selbst auf das Thema ein – dann mit einem Schuss Selbstironie. »Aber ich bin doch gut gewachsen«, sagte er, oder »ich war immer der Erste«, weil der Name mit dem Buchstaben A anfing.

Aber oft erweckte er den Eindruck, als ob es nicht nur der Buchstabe war, als ob er vielmehr von dem Trieb besessen war, sich vor allen anderen beweisen zu müssen. Er liebte Widerspruch, wenn auch nur, um am Ende Recht zu behalten; er ließ sich eine einmal getroffene Entscheidung kaum ausreden, auch nicht mit besseren Argumenten; er genoss seine Macht und hatte wenig Mitleid mit Verlierern; er rieb sich an den Großen und Mächtigen, um selber als groß und mächtig zu erscheinen. So wurde schon zu seinen Lebzeiten die Welt der Mythen bemüht, um ihn zu beschreiben. Sein Freund Martin Walser verglich ihn mit Siegfried, dem Drachentöter; sein Freund Peter Neugebauer, der Stern-Karikaturist, zeichnete ihn als Napoleon hoch zu Ross, über dessen Hinterteil er selber als sein eigener kleiner Glücksengel schwebt, mit dem Text einer seiner Lieblingsschnulzen im Mund: »Mit 'nem kleen bißchen Glück …« Das Glück zeichnete Neugebauer auch noch ein, eine Spiegel-Titelseite mit diesem Wort, die Napoleon-Augstein wie eine siegreiche Fahne hochhält.

Mit dem Normalmaß war er offensichtlich nur schwer zu messen. Claus Jacobi, der ihn gut kannte, schrieb über ihn: »Gegensätze stapeln sich in ihm: bescheiden und hochmütig, sparsam und generös, tolerant und aggressiv, bürgerlich und bohemien, liebenswert und tiefgekühlt, vornehm und verletzend. Nur zwei Seelen würden sich in seiner Brust wohl einsam fühlen.« Und sein ewiger Freund-Feind Erich Kuby schloss sein letztes Buch über ihn mit dem Satz: »Die Zeitgeschichte, die Soziologen und vor allem auch die Psychologen werden sich eines Tages an ihm die Zähne ausbeißen.« Das hatte Kuby schon zur Genüge selbst getan, und seine Kollegen, Freunde und auch seine Frauen taten es mehr oder weniger jeden Tag. Augstein war nicht nur ein Mann mit vielen Gesichtern, sondern auch ein Mann mit vielen Problemen, mit skurrilen, liebenswerten und befremdlichen Zügen, und später, unter dem Einfluss des Alkohols, auch mit einigen Schwächen.

Boxchampion Muhammad Ali (»Ich bin der Größte«) 1975 im Gespräch mit Rudolf Augstein.

Zu seinen skurrilen Angewohnheiten gehörte seine Neigung, auf den Tellern seiner Tischgenossen herumzustochern, wenn er mit ihnen im Restaurant beim Essen saß, und, falls ihm deren Gericht mehr zusagte, auch einen Tausch vorzuschlagen. Sicher war man davor nur, wenn man das Gleiche bestellte wie er oder, wenn das nicht ging, ihm ein Gericht empfahl, das man selber gerne essen wollte, zum Beispiel Rahmgulasch. Ging er darauf ein, orderte man etwas anderes, zum Beispiel Grillhähnchen, und konnte dann sicher sein, den Gulasch zu bekommen. Das hing damit zusammen, dass ihm Essen nicht viel bedeutete und er auch wenig brauchte. Er war kein Gourmet, und für die Nahrungsaufnahme reichte ihm ein Teller Erbsensuppe oder ein Käsebrot. Es war aber wohl auch Teil eines in der Psychologie bekannten kompensatorischen Komplexes: Was die sind, möchte ich auch sein; was die haben, will ich auch haben; was die können, kann ich auch, und zwar besser. Er musste seine angeborene Scheu überwinden, um öffentlich zu reden; er wusste es auch, aber gerade deshalb stürzte er sich in die politische Arena, hielt Parteitags- und Wahlkampfreden, obwohl er, wie die Zuhörer und vor allem die boshaften Reporter schnell feststellten, eben doch kein begnadeter Volks- und Versammlungsredner wurde.

Er war gerne in Gesellschaft. Seine dritte Frau Maria Carlsson versuchte, einen »Salon« zu etablieren, in den sie Schriftsteller, Maler und Künstler einlud, um ihn aus den sterilen Hamburger Redaktionsstuben herauszuholen. Er ging auch oft hin, langweilte sich aber sehr schnell, wenn er nicht im Mittelpunkt stand oder ihn die Gäste nicht interessierten. Er konnte sie dann auch schlecht behandeln. Er fühlte sich wohler im kleinen Kreis seiner engeren Freunde, um deren Anerkennung und Freundschaft er sich nicht erst bemühen musste, die seine Schwächen kannten und hinnahmen, zum Beispiel seine Unselbstständigkeit in Fragen des praktischen Lebens. Das war ein Erbe seiner Kindheit. Von der rigiden Mutter und den fünf Schwestern, die mit einer Ausnahme alle älter waren als er, war er stets bemuttert, bevormundet und »eingekluckt« worden, wie er es nannte. Er konnte sich kaum selber anziehen. Am liebsten ließ er sich Schuhe, Anzüge und Schlipse von anderen kaufen, von Freunden, Freundinnen oder seinen Frauen. Auch Koffer konnte er nicht packen. In einem Artikel zum 75. Geburtstag von Claus Jacobi rühmte er über viele Absätze die Verdienste seines ehemaligen Chefredakteurs um sein Gepäck während einer gemeinsamen Nahost-Reise. Ebenso wenig lag es ihm, allein zu verreisen. »Er wußte nicht wohin«, erzählt sein Freund Peter Neugebauer, »man mußte ihn mitnehmen und ihm die Koffer packen.« Das Gleiche galt für Spaziergänge. Er ging gerne spazieren, aber nie allein; man musste ihn von seinen Büchern losreißen und mitnehmen. Am liebsten las er von früh bis spät und speicherte das Gelesene in seinem fotografischen Gedächtnis. Später, als er reich geworden war, ließ er sich auch Häuser kaufen und einrichten. Er besaß einige, in Hamburg, auf Sylt und in St. Tropez, aber er nutzte sie wenig. Der Alltag war ihm total fremd; er konnte sich auch nicht vorstellen, wie normale Menschen leben. Als er es sich leisten konnte, ließ er sich von Personal umsorgen, auch vom Herausgeber-Büro, das sich um alles kümmern musste – »auch um seine Häuser und um seine Weiber«, wie es eine Freundin formulierte. Unpraktisch war er auch im Umgang mit Geld. Jacobi unterscheidet »drei Stufen«. Mit kleinem Geld war er sparsam, er hatte es auch selten dabei, zwischen 1000 und 10 000 Mark war er großzügig und mit großem Geld vorsichtig.

»Er war ein Narr, ein Weiser und ein Spieler«, sagt eine Frau, die ihn liebte. Er spielte auch gegenüber Politikern den Narren. Er war kein Politiker, obwohl er es gerne gewesen wäre. Er verstand ihre Welt nicht. Für sie war Politik die Kunst des Möglichen, der kleinen Schritte, die er verachtete, für ihn war sie die Kunst des Unmöglichen. Damit forderte er sie heraus, deshalb konnten sie ihm nie genügen. In seiner geschichtsmächtigen Vorstellungswelt regierte eine Weisheit, die sich nicht in Tagespolitik übertragen ließ, sondern von Utopien getragen war. Seine intellektuelle Idealwelt stand aber in einem auffälligen Kontrast zu seinem Verhalten im real existierenden Kapitalismus. Wenn es um die Besitzverhältnisse ging, war er ein Konservativer. Ein Spieler war er immer. Er spielte mit Menschen nach der Maxime *divide et impera;* er spielte um Macht wie im Kampf gegen Adenauer und Strauß, er spielte mit Frauen ebenso unberechenbar wie mit allen anderen, und er spielte um seiner selbst willen, erfüllt von der unstillbaren Sehnsucht nach Anerkennung, Freundschaft und Erkenntnis über den Sinn des Lebens. Nichts genügte ihm, Politiker nicht, der Spiegel nicht, Freunde nicht, Frauen nicht und er sich selber auch nicht.

»Er wirkte wie ein Troll, wie ein erfrischend boshafter Kobold«, sagt Peter Neugebauer. Das Koboldhafte kam oft zum Vorschein, wenn er sich in Gesellschaft engster Freunde befand. Es war seine Art, aus sich herauszugehen, sich wenigstens für eine kurze Zeit zu öffnen, was ihm sonst schwer fiel. Er spielte dann eine Rolle, er konnte ein glänzender Entertainer sein: jungenhaft, unbekümmert, mit dem Schalk im Nacken, voller Späße und Witzchen, vor allem über andere. Noch lieber sang er. Er hatte eine schöne Tenorstimme und ein großes Repertoire an Schlagern, Volksliedern, Opern- und Operettentexten, die alle in seinem phänomenalen Gedächtnis gespeichert waren, darunter Schmachtfetzen wie »Gern hab' ich die Frau'n geküsst« oder »La Paloma«. Ebenso gerne tanzte er, obwohl er es nicht konnte. Es machte ihm Spaß, sein Publikum zu schockieren. Wenn er vergnügt war, konnte er einen Freund auch einen »elenden Schubiack« nennen. Das war anerkennend gemeint; er bewunderte Menschen, die er für Originale hielt, halb gut, halb böse, das Abgründige faszinierte ihn. Und er bedauerte, dass sie aussterben.

Er hielt sich wohl selbst für einen Schubiak, der, wenn er zu bösen Späßen aufgelegt war, auch die Genzen des Anstands und guten Geschmacks überschritt. In der Regel sind solche Geschichten hinter vorgehaltener Hand weiter erzählt und kaum je veröffentlicht worden. Eine trug sich im Frühjahr 1977 auf der Geburtstagsfeier Hans-Dietrich Genschers zu. Der Spiegel hatte gerade die Abhör-Affäre Traube enthüllt. Ihre politische Brisanz bestand in dem Vorwurf, dass Innenminister Werner Maihofer (FDP) die rechtswidrige Installation von Abhörgeräten in der Wohnung des angeblich zur Terroristenszene gehörenden Atomwissenschaftlers Traube geduldet habe. Die Frage, ob Maihofer deshalb, wie von Augstein gefordert, zurücktreten müsse, stand bei Genschers Feier sozusagen im Raum. Bonns politisches Personal war prominent vertreten. Auch Werner Maihofer, Helmut Schmidt und Walter Scheel waren anwesend. Plötzlich fragte Augstein Scheel. »Walter, du singst doch auch gerne, wollen wir nicht ein Lied singen?« Scheel, damals Bundespräsident, erwiderte arglos: »Warum nicht, fang' du an!« Augstein intonierte eines seiner Lieblingslieder aus der Kindheit: »Auf der Mauer, auf der Lauer sitzt 'ne kleine Wanze ...« Scheel brummte verlegen einige Zeilen mit. Bundeskanzler Helmut Schmidt lief, wie sich eine neben ihm sitzende Teilnehmerin erinnern kann, »im Gesicht grün an vor Wut«. Er empfand, wie die meisten anderen auch, Augsteins Verhalten als eine unglaubliche Provokation. Die Feststimmung war ruiniert. Der Vorfall galt als besonders peinlich, weil alle Anwesenden wussten, dass Augstein vor der Wahl von 1972 zu Maihofers linksliberaler Gruppe in der FDP gehört hatte, die oft im Bonner Spiegel-Büro tagte. Das Verhältnis war aber abgekühlt, als Maihofer nach der Wahl Minister wurde und Augstein leer ausging.

Aber es gab auch den anderen Augstein, den Einsamen, den Pessimistischen, den »berüchtigten Angsthasen«, wie er selber sagte. Der Pessimismus und die Angst waren wahrscheinlich ein

Erbe seiner strengen katholischen Erziehung, in der ihm auch mit der Hölle gedroht wurde. Der Mensch war sündhaft und die Welt verloren, aber an die Rettung, an Gott und den Messias, konnte er bald nicht mehr glauben. Und das Beten hatte er schon als Katechet verlernt. Die Befreiung von dem einst sehr starken Kinderglauben und die Suche nach einer Ersatzreligion – er nannte sich einmal einen »Wunsch-Religiösen« – beschäftigte ihn ein Leben lang. Die bis an ihr Lebensende streng katholischen Eltern haben ihn nie verstanden. Die Mutter starb 1968, der Vater 1960. Sie hatten den Erfolg des Sohnes noch erlebt. Öffentlich ist von ihnen aber keine Äußerung der Anerkennung oder des Stolzes überliefert. Vater und Mutter waren unglücklich über den anti-katholischen Spiegel, den ihr Sohn machte. Auch über die Spiegel-Affäre soll die Mutter nicht glücklich gewesen sein. Der Vater hatte nur einmal einen Leserbrief an den Spiegel geschrieben, ganz zu Anfang, im Februar 1947, als das Blatt berichtet hatte, der Münchner Weihbischof Anton Scharnagl werde beschuldigt, ein Gestapo-Spitzel gewesen zu sein. Der Brief wurde in voller Länge mit Bild veröffentlicht, obwohl er geharnischt war:

> »Ihr Artikel erinnert mich an selige Nazi-Zeiten. Damals bemühte man sich, möglichst viel Schmutz gegen die Kirche zu mobilisieren, deren Einfluß man ausschalten wollte. Ich halte den von Ihnen geschilderten Vorgang für ausgeschlossen. Darüber hinaus glaube ich nicht, daß Sie der Rückbesinnung des deutschen Volkes durch Veröffentlichung solcher Skandal-Affären einen Dienst erweisen. Die katholische Kirche war einer der Eckpfeiler im Kampf gegen Hitler – in einer Zeit, die dem Nazismus noch nicht abgeschworen hat, sollte man nichts tun, was das Ansehen der Kirche schädigen könnte. Das Gegenteil würde ich durchaus empfehlen. Friedrich Augstein«

Der Sohn, der sich in der Nazi-Zeit mit seinem Vater oft einig war, hat die Empfehlung nicht beherzigt. In den späteren Jahren war von den Eltern im Hause Augstein nur noch selten die Rede.

Der größte Schock seines Lebens war aber offensichtlich das unerwartet abrupte Ende seiner Politiker-Karriere. Seine Spiegel-Vertrauten, seine Freunde nahmen Veränderungen wahr, die sie später als den Anfang eines »Selbstzerstörungsprozesses« deuteten. Er begann zu trinken; er zog sich in sich zurück; statt ins Büro zu gehen, konnte er einen Tag lang mit einem Kasten Bier zu Hause sitzen; er war oft wochenlang abwesend, häufig in seinem Haus in St. Tropez. Den Spiegel regierte er per Telefon. Wenn er in Hamburg war, saß er oft allein in seiner Stammkneipe am Ende des Leinpfads, nicht weit von seiner Villa entfernt. Nach seinen Trinkgewohnheiten befragt, antwortete er 1978 dem Playboy in einen Interview: »mäßig, aber regelmäßig, etwa sechs Flaschen Bier pro Tag«. Die Folgen des Bierkonsums machten sich jedoch nur langsam bemerkbar. Bier ist unter den Alkoholgetränken eine weiche Droge, die nicht sofort zu den typischen Symptomen des Alkoholismus führt. Zunächst ist es mehr eine Art Beruhigungsmittel, das es für Augstein offensichtlich auch war. »Er war unglücklich, ohne daß er es so genau wußte«, vermutet sein Freund Neugebauer. Entziehungskuren, oft in einem Sanatorium in Innsbruck, unterbrachen den Prozess immer wieder, konnten ihn aber nicht aufhalten. Der Zeit sagte er in einem Interview zu seinem siebzigsten Geburtstag: »Irgendwann haben alle getrunken«, Goethe sei als der »trinkfesteste Mann im ganzen Ländchen bekannt« gewesen, und Bismarck wäre wegen seiner Liebe zum Champagner 1883 beinahe gestorben. Erst nach langer Zeit, zu Beginn der neunziger Jahre, machten sich auch gesundheitliche Folgen bemerkbar. Gicht und Rheuma erschwerten das Gehen, Gefäßveränderungen in den Augen beeinträchtigten das Sehen und führten in den letzten fünf Lebensjahren fast zu völliger Erblindung.

Augstein hatte früh alles erreicht, aber die glücklichen Perioden in seinem Leben waren immer nur kurz. Das galt auch für seine vier gescheiterten Ehen und seine ungezählten Affären. Sein zeitweiliger Anwalt und Freund Heinrich Senfft schrieb ihm zum siebzigsten Geburtstag ziemlich unverblümt ins Gratulationsbuch: »Mit anderen stand ich Jahr um Jahr an Deinem Damenkarussell. Wir fingen Dich auf, wenn Du bei schneller Fahrt abgeworfen wurdest oder bei gemächlichem Tempo selber abstiegst, um gleich wieder hinaufzuklettern. Aus Angst vor Verletzungen trenntest Du Dich von Damen lieber, als daß Du Dich bandest und etwas von Dir hergabst. Aber bei all den vielen Auf- und Absprüngen, bei den vielen Verwicklungen, Gleichzeitigkeiten, den Szenen und Auftritten – und den reichlichen Zahlungen – hast Du Dich am Ende selber mehr verletzt, als es andere vermocht hätten, wärest Du der Auslieferung fähig gewesen.« Augstein litt unter der selbst eingestandenen Bindungsschwäche. Er suchte etwas, was er in der Jugend offensichtlich vermisst hatte: Liebe. Und was er, wenn er es gefunden hatte, längere Zeit nicht festhalten konnte, weil er selber nie gelernt hatte, was das ist. Um Liebe zu geben, hätte er nicht immer nur an sich denken dürfen. Aber er konnte nicht anders. Wenn es um ihn ging, um seine persönlichen Bedürfnisse und Interessen, konnte er brutal sein, ein brutaler Macho. Und er scheute sich nicht, das auch brutal zu sagen, ohne jeden zynischen Witz und ohne jeden Charme. Zu seinem siebzigsten Geburtstag, als nicht nur alle seine großen Verdienste und Stärken bilanziert wurden, sondern auch seine großen menschlichen Schwächen, antwortete er dem Zeit-Interviewer auf die Frage, ob er sich ein Leben ohne Partnerin vorstellen könne: »Sie fragen mich, warum ich ohne Frauen nicht leben kann? Ich kann doch nicht sagen, daß ich gerne ficken möchte, oder wollen Sie das jetzt hören?« Oder war es nur sein »tiefsitzendes katholisches Schuld- und Schamgefühl«, das ihn, wie eine seiner ehemaligen Ehefrauen vermutet, daran hinderte, über sein Verhältnis zu Frauen frei und offen zu reden? War er selber daran schuld, dass sein Ehe- und Sexleben aus der oft in mysteriöses Dunkel getauchten Schmuddelszene nicht herauskam?

Dabei machten es ihm die Frauen nicht schwer. Sie liebten ihn, nicht nur weil er intelligent war, mächtig und reich, sondern weil er auch jungenhaft charmant sein konnte, unterhaltsam, witzig und großzügig. Wenn er allerdings zu großzügig wurde und seinen Gespielinnen ein gut dotiertes Konto einrichtete, war Vorsicht geboten. Es war das Zeichen, dass Schluss war. »Es traf ja keinen ganz Armen«, pflegte er dazu zu sagen. Es spricht für die Frauen, mit denen er verheiratet war, und sogar auch für ihn, dass keine von ihnen sich hinterher in Szene gesetzt und sich in der Bild-Zeitung über ihn geäußert hat. Es gebe doch auch viel »Lichtes« über ihn zu erzählen, sagt eine und zweifelt sogar an, ob Bindungsschwäche das richtige Wort ist, um sein unstetes Verhalten zu bezeichnen. Die Ehen haben immerhin einige Jahre gehalten, und der Kontakt zwischen ihm und den geschiedenen Frauen ist nie abgerissen.

Augstein war alles andere als ein *family man*, aber er wäre gerne einer gewesen. Bei Freunden bewunderte er stabile, treue Ehen, »bis daß der Tod Euch scheidet«. Er liebte seine vier Kinder, und es hatte etwas Rührendes, ihn sagen zu hören, dass er auf nichts in seinem Leben so stolz sei wie auf seine Kinder. Zwei von ihnen aus der Ehe mit Maria Carlsson, Jakob und Franziska, haben auch sein journalistisches Talent geerbt und hätten sein Lebenswerk im Spiegel fortführen können. Aus Sorge um den Bestand des Unternehmens vererbte er den Kindern aber nur seinen Anteil ohne sein Veto-Prozent, das je zur Hälfte an die beiden anderen Gesellschafter, an Gruner + Jahr und an die Mitarbeiter-KG, fällt. Sie haben damit im Verlag nichts zu sagen. Er schwankte gelegentlich, ob er den Gesellschafter-Vertrag ändern sollte, hätte dafür aber keine Zustimmung bei den anderen Gesellschaftern gefunden. Bertelsmann-Chef Reinhard Mohn signalisierte ihm ein hartes Nein. Und dann war er sich nicht sicher, ob die Kinder wirklich in seine Fußstapfen treten konnten. Als Gründer und Herausgeber, als Mr. Spiegel, hatte er eine Autorität, die keines der Kinder würde einbringen können. Er fand es aber schwierig, ihnen diesen Gedanken zu vermitteln.

Auch nach seinem Tod schwankt sein Bild in der Gunst der Parteien. Ihm war alles zugefallen – Geld, Macht und Ruhm –, aber für die einen war er der »Menscheneigentümer«, den der frühe Erfolg ruiniert hatte, für die anderen war er der arme reiche Mann, den der Reichtum nicht glücklich machen konnte.

KAPITEL 16

Die letzten Jahre

Zu Beginn seines letzten Lebensjahrzehnts fühlt sich Rudolf Augstein noch einmal gefordert. Die Politik belebt und reizt ihn; die Wiedervereinigung, für die er vor Jahrzehnten so heftig gekämpft hatte, findet seine uneingeschränkte Zustimmung. Er lässt sich sogar dazu hinreißen, dem über viele Jahre geschmähten Helmut Kohl ein »Glückwunsch, Kanzler!« zuzurufen. Zugleich stört es aber seine nationalen oder, wie er jetzt lieber sagt, »patriotischen« Gefühle, dass Kohl seine Hand dazu reichen will, das vereinigte Deutschland stärker in die Gemeinschaft der europäischen Nationen einzubinden. Bald treibt ihn aber eine ganz andere Sorge um. Er sieht Anfang der neunziger Jahre den Spiegel, den er im Alter stärker denn früher als sein Lebenswerk empfindet, von einer Krise bedroht, die nur er abwenden zu können glaubt.

Schon seit 1947 hatte es immer wieder Versuche gegeben, ein Konkurrenzunternehmen zu gründen. Der Erfolg des Spiegel verlockte dazu, vereitelte aber zugleich die Herausgabe eines Gegen-Spiegel. Nur wenige dieser Blätter kamen überhaupt bis an den Kiosk, verschwanden aber gleich wieder. Fünfzig Jahre lang schien nur Platz für ein Nachrichtenmagazin auf dem deutschen Markt zu sein. Als der Münchner Verleger Hubert Burda und sein Intimus Helmut Markwort mit der Gründung des Nachrichtenmagazins Focus Ernst machten, glaubte in der Branche kaum einer an den Erfolg des Unternehmens, auch nicht

Rudolf Augstein. Kurz vor dem Start von Focus lud Augstein Burda und Markwort ins feine »Mühlenkamper Fährhaus« ein, um seinem »Duzfreund« Hubert, er kannte ihn vor allem aus St. Moritz und St. Tropez, von dem »Unsinn« abzuraten und ihm in schwärzesten Farben die Folgen des Ruins auszumalen, versprach ihm aber, sollte es dazu kommen, eine warme Mahlzeit.

Es kam aber anders. Focus begann mit einem für die Branche geradezu kometenhaften Aufstieg. Dazu mag auch Markworts vom Spiegel verlachtes Konzept beigetragen haben – kurze Geschichten, viel Farbe, nicht zu viel Politik, sondern mehr Lebenshilfe. Das neue Blatt nahm dem Spiegel zwar nur einige zehntausend Leser weg, es richtete sich doch an ein anderes Publikum, schnitt sich aber ein großes Stück von dessen Anzeigenkuchen ab. Im Geschäftsjahr 1993 musste der Spiegel einen Verlust von über 1000 Anzeigenseiten hinnehmen, und für 1994 waren die Aussichten noch düsterer. Von Rekordgewinnen wie in den Jahren zuvor war keine Rede mehr. Für die am Gewinn beteiligten Mitarbeiter ist das eine neue Situation. Bisher konnten sie mit hohen Gewinnanteilen rechnen, die je nach Alter und Zahl der Dienstjahre bis zu 70 000 Mark jährlich ausmachten. Nun müssen sie sich auf magere Jahre einstellen. In einem Bericht des Sprechers der Mitarbeiter-KG lesen sie Ende 1994: »Das Magazin Focus hat den Markt verändert ... Das heißt für die stillen Gesellschafter der Mitarbeiter-KG: Sie müssen sich auf eine verringerte Ausschüttung einstellen. Es wird im Mai nächsten Jahres nicht nur um ein paar Prozentpunkte weniger gehen. Der Gewinn, den die KG an die stillen Gesellschafter ausschüttet, wird gegenüber dem Vorjahr halbiert.«

Augstein muss zwar nicht den Ruin befürchten, beginnt sich aber um sein Lebenswerk Sorgen zu machen, zumal ihm die Unruhe in der Redaktion nicht entgehen kann. Von den Chefetagen abwärts herrscht Ratlosigkeit, wie der Attacke von Focus begegnet werden kann. Die letzte Führungskrise, ausgebrochen über den Vertrag von Erich Böhme, hatte Augstein nicht lösen, sondern nur vertagen können, weil er keine Macht abgeben wollte. Er versuchte es noch einmal nach bewährtem Muster mit einer jungen Zweier-Chefredaktion, die von ihm abhängig war. Zum Nachfolger Böhmes bestellte er, mit Zustimmung der Mitarbeiter-KG, den in der Redaktion außerordentlich beliebten Chef des Deutschland I-Ressorts Hans Werner Kilz. Da er sich gerne von Leuten trennte, die ihm zu mächtig zu werden drohten, stand Werner Funk schon auf seiner Abschussliste. Er musste anderthalb Jahre nach Böhme gehen. Sein Nachfolger wurde Wolfgang Kaden, der tüchtige Chef des Wirtschaftsressorts.

Mit dem neuen Chefredakteurspaar gerät er nun unversehens in eine neue Führungskrise. Die beiden sind der Herausforderung durch den Konkurrenten aus München nicht gewachsen. Der Versuch, Focus durch weichere und seichtere Themen das Wasser abzugraben, verfängt bei den traditionellen Spiegel-Lesern nicht. Die Auflage sackt weiter ab. Auch ein Teil der Redaktion ist mit der »Verflachung« und »Entpolitisierung« nicht zufrieden. Die Unruhe in der Spiegel-Burg an der Brandstwiete wächst. In einem »Hilferuf« wird der Herausgeber von einem zum linken Flügel zählenden Redakteur sogar gebeten, für eine neue, kompetente Chefredaktion zu sorgen. Augstein trennt sich zunächst von Kaden, den er als Chefredakteur zum Manager-Magazin weglobt. Er hofft, mit Kilz als alleinigem Chefredakteur flexibler und schneller auf die neue Situation reagieren zu können.

Augstein war, wann immer es brenzlig wurde, der »Fels in der Brandung«, wie es einer seiner engsten Mitarbeiter formulierte. Er blieb stets kühl und allen anderen überlegen; er verließ sich auf seine Erfahrung und seine Macht. Wenn er einmal eine Entscheidung getroffen hatte, ging er unbeirrt seinen Weg. Auch sein Alkohol-Handicap und die ersten Zeichen körperlicher Hinfälligkeit behinderten ihn dann wenig. Allerdings gab es, wie

Funk beobachtete, ein »Fenster der Ansprechbarkeit«. Wenn man von ihm zu einer Besprechung ins »Mühlenkamper Fährhaus« bestellt war, konnte man mit ihm am besten zwischen dem zweiten und dem vierten Pils reden. Davor sei er mürrisch gewesen, und danach sei er in dumpfes Schweigen verfallen. Der damalige Geschäftsführer Theobald hat das indes anders beobachtet: »Augstein war im betrunkenen Zustand viel nüchterner als viele deutsche Manager im nüchternen Zustand.«

Nach wie vor davon überzeugt, dass es ohne ihn nicht ging, entschloss er sich noch einmal, den »Herrn im Hause« hervorzukehren. Er hatte einen neuen Chefredakteur im Auge, von dem er wusste, dass ihn die Redaktion und die Mitarbeiter-KG nicht wollten – Stefan Aust. Zunächst musste er aber Kilz loswerden, dem er schon nach wenigen Monaten nicht mehr zutraute, es allein zu schaffen. Das war nicht einfach, denn Kilz besaß immer noch das Vertrauen eines großen Teiles der Redaktion. Wie immer in solchen Situationen ging der Spiegel-Gewaltige nicht zimperlich vor. Er behauptete, der Chefredakteur habe einen Bosnien-Kommentar des Bonner Bürochefs Olaf Ihlau ohne seine Zustimmung abgedruckt, obwohl ihm das Manuskript gefaxt worden war, und fragte Kilz dann: »Hat es noch Sinn …?« Das war das unmissverständliche Anzeichen der Kündigung.

Schwieriger war es, Aust als neuen Chefredakteur zu installieren. Zwar war er als Chef von Spiegel-TV erfolgreich, aber was über seinen Führungsstil kolportiert wurde, rief gelindes Entsetzen hervor. Alles andere, was gegen ihn vorgebracht wurde, waren wohl eher Vorwände. Er sei kein ausgewiesener Print-Journalist; er habe für die roten St. Pauli-Nachrichten und für das Apo-Blatt Konkret geschrieben und sei zu links, monierten die einen; er interessiere sich für Affären, Terroristen sowie Agenten und sei eigentlich zu unpolitisch, fanden die anderen. Auch Augstein hielt ihn nicht für einen großen politischen Kopf. Austs Konzept sei »Rot- und Blaulicht«, scherzte er einmal.

Augstein schätzte Leute, die etwas konnten, was er nicht konnte. Er war beeindruckt von Austs Fernseh-Kompetenz, von seiner Fähigkeit, Zeitgeist-Themen aufzuspüren und erfolgreich umzusetzen, von seiner Multimedia-Begabung. Außerdem überzeugten ihn seine Unabhängigkeit, seine Energie und seine Dynamik, Eigenschaften, die dem etwas träge gewordenen Spiegel gut tun würden. Die Zeit der zwei Chefredakteure sei vorbei, fand er plötzlich. Ein Mann an der Spitze mit der Begabung zum Chefredakteur und zum Manager sei nun genau der Richtige. Obwohl er von Aust nie als seinem möglichen Nachfolger sprach (dieses Thema blieb tabu), glaubte er in ihm doch ein Stück Geist von seinem Geist zu entdecken. Längst vergessen war der Ärger über Austs despektierlichen Paderborner Wahlkampffilm von 1972. Acht Jahre lang hatte er danach nicht mit ihm gesprochen. Für Aust nahm ihn nun ein, dass dieser sich ihm gegenüber loyal, bescheiden und respektvoll verhalten hatte.

Ohne die Zustimmung der Mitarbeiter-KG kann der Herausgeber aber weder Kilz entlassen noch Aust ernennen. Deren Sprecher geben ihre Bedenken indes nicht auf. Es ist ein Machtkampf, den sie nicht gewinnen können, den sie aber bis zum Letzten ausreizen. Die von einigen in der Redaktion gestellte umstürzlerische Frage, ob der Spiegel Augstein noch brauche, fällt in sich zusammen, als Augstein zu erkennen gibt, dass er den Spiegel nicht braucht und »in den Sack hauen« werde, »wenn sie den Aust nicht nehmen«. Das ist mehr als eine leere Drohung, er ist entschlossen, seinen Willen durchzusetzen. Kurz vor Weihnachten 1994 wird Aust Chefredakteur. Im Januar 1995 rechtfertigen die Geschäftsführer der Mitarbeiter-KG ihr Verhalten in einem Bericht: »Niemand konnte … mit Sicherheit sagen, ob Aust nun der geeignete Chefredakteur für den Spiegel ist oder nicht. Die KG hat deshalb das Entscheidungspaket (Entlassung von Kilz, Berufung von Aust) aufgeschnürt und zunächst mehrheitlich der Entlassung von Kilz zugestimmt. Begründung: Das

Vertrauensverhältnis zwischen dem Herausgeber und seinem Chefredakteur war offensichtlich so schwer gestört, daß eine weitere Zusammenarbeit keinem der beiden zumutbar gewesen wäre. (Die Begründung, die sich auf den Kommentar von Olaf Ihlau bezog, ist von der KG-Geschäftsführung nicht akzeptiert worden.)«

»Die Meinung im Hause war unklar; die Bedenken gegen Aust überwogen, aber einen ernsten Konflikt mit dem Herausgeber schien kaum einer wagen zu wollen ... Schließlich ergab sich eine Mehrheit für die Berufung von Aust – und zwar vor allem aus dem Wunsch heraus, weiteren Schaden für das Unternehmen zu vermeiden.«

Augstein hatte seine letzte Schlacht gewonnen, dabei aber doch einige Blessuren davongetragen. Die Frage, ob er noch gebraucht werde, war noch nie so deutlich gestellt worden, wenn auch die Aufmüpfigen am Ende Angst vor der eigenen Courage bekamen. Zunächst war er noch etwas unsicher, ob Aust es schaffen würde. Wie immer fragte Augstein noch jede Woche nach der geplanten Titelgeschichte, ließ sie aber laufen, auch wenn ihn die Themenwahl des neuen Chefredakteurs manchmal erstaunte. Der unverbesserliche Skeptiker war erst beruhigt, wenn ihm die Auflagenzahlen zeigten, dass das Heft gut gegangen war. Die Auflage stieg nun sehr schnell wieder. Mit Erleichterung verfolgte er, wie Aust den Spiegel und die Krise in den Griff bekam. Er hatte bald das Gefühl, sich zurücklehnen zu können. Das war auch nötig, denn die Krankheit zwang ihn immer öfter dazu. Auch sein Privatleben wird nun ruhiger. Im Oktober 2000 heiratet er zum fünften Mal, seine langjährige Lebensgefährtin, die Galeristin Anna Maria Hürtgen. Außerdem wollte er die verbleibende Kraft nutzen, um zu schreiben. Sein Äußerungstrieb war ungebrochen. Selbst Karl May und dem Fürsten Pückler widmete er größere Geschichten. Auch diese Arbeit wurde aber immer schwieriger, denn seine Sehkraft nahm in den neunziger Jahren sehr schnell ab. Längere Texte musste er sich vorlesen lassen, kürzere konnte er nur mit einer eigens für ihn konstruierten Lesemaschine mit starker Vergrößerung und Beleuchtung erkennen. In einer Rede zum 100. Todestag von Otto von Bismarck am 8. Juli 1998 sagte er, außer den Schlagzeilen der Bild-Zeitung, »die acht Zentimeter große Buchstaben hat«, könne er nichts mehr lesen.

Als Martin Walser seinen Freund Rudolf Augstein ein »Verehrungsverweigerungstalent« nannte, hatte er Bismarck übersehen. Der Eiserne Kanzler war die große Verehrungsperson im Leben Augsteins und blieb es bis zum Schluss. In der Rede zum Hundertsten sagte er, er sei doch nicht »unbeleckt, was Bismarck angeht, man sieht es daran, daß ich 1950 einen Titel, eine gute Geschichte über Bismarck geschrieben hatte«. Eine Titelgeschichte über Bismarck schrieb er nie wieder, aber er ließ es sich nicht nehmen, die großen Bismarck-Biographien der Historiker Lothar Gall und Ernst Engelberg ausführlich zu besprechen und zu würdigen, 1998 eine Titelgeschichte zum 100. Todestag der »epochalen Preußen Bismarck und Fontane« zu schreiben sowie rund um den Todestag jede Gelegenheit zu nutzen, sich dem verehrten Reichsgründer noch einmal zu nähern. Er nannte ihn zwar einen »kleinlichen, oft miesen Despoten«, aber »dennoch einen großen Mann«. Die Gründung des Deutschen Reichs ohne Österreich sei »konsequent und durchdacht« gewesen: »Waren die Mittel schurkisch? Ohne Zweifel ja. Aber welcher große Mann, man denke nur an den Kardinal Richelieu, wäre ohne Schurkereien ausgekommen?«

Warum hat Augstein dann nie eine Bismarck-Biographie geschrieben? Er habe Bismarck bewundert wie kaum einen anderen Machtpolitiker, erinnert sich sein Freund Neugebauer, die Freunde hätten sich häufiger gefragt, warum er das Buch nicht schreibe. Auch Erich Böhme diskutierte gelegentlich mit Augstein über Bismarck: »Wenn man ihn auf die miesen Seiten seines

Helden aufmerksam machte, zum Beispiel auf die Sozialistengesetze, sagte er, ja, aber er hat doch auch die Junker gezähmt. Es ging ihm nichts über Bismarck.« Möglicherweise, vermutet Böhme, habe er die Biographie nicht schreiben wollen, »weil er fürchtete, seine Anhänger vor den Kopf zu stoßen oder zu befremden«.

Ganz abwegig scheint die Vermutung nicht zu sein. Der Publizist und Historiker Joachim Fest erinnert sich an eines seiner letzten Gespräche mit Augstein, in dem es um Ernst Nolte und den »Historikerstreit« ging. Als Feuilleton-Chef und Herausgeber der FAZ hatte Fest 1986 die These Noltes veröffentlicht, der »Archipel Gulag«, der »Klassenmord« der Bolschewiki, sei das Vorbild für den »Rassenmord« der Nationalsozialisten an den Juden gewesen. Der Aufsatz war auf heftigen Widerspruch gestoßen. Augstein, ein Leben lang vom Thema Hitler, Nationalsozialismus und Auschwitz gefesselt, hatte mit dem umstrittenen, inzwischen weiter nach rechts abgedrifteten Historiker Nolte noch 1994 ein ausführliches Spiegel-Gespräch geführt. In der Unterhaltung mit Fest meinte er, der von Nolte angezettelte Streit sei ein politischer Streit, dem man sich nicht durch Selbstanklagen oder im »Büßergewand« zuwenden dürfe. Und dann: »In 50 Jahren wird jeder sagen, daß Nolte recht gehabt hat.« Auf die Frage Fests, warum er das nicht schreibe, antwortete Augstein: »Ich bin zu feige; ich schreibe kaum noch etwas und nichts gegen die öffentliche Meinung. Schreiben Sie es doch!« Dabei hatte er einen ähnlichen Gedanken, etwas vorsichtiger und ohne viel Widerspruch zu finden, schon 1993 in dem Interview mit der Zeit geäußert. Auf die Frage, ob die Toten von Auschwitz »durch die Geschichte relativiert würden«, antwortete er: »Natürlich, hier nähere ich mich ein bißchen Ernst Nolte … Der Holocaust war ein Verbrechen, der mit nichts zu vergleichen ist. Aber daß das in hundert Jahren noch so gesehen wird oder in zweihundert, glaube ich nicht.«

Auf die Meinung anderer hat er kaum je Rücksicht genommen, auf die political correctness schon gar nicht. Die Unabhängigkeit seines Denkens war ihm wichtiger, auch seine eigene historische Erkenntnis, die auf die Lehren der Schulhistoriker wenig gab. Das war Nolte nicht, und vielleicht war das ein Grund, warum er relativ unpolemisch mit ihm umging. Je älter er wurde, desto »historischer« begann er zu denken und dabei auch bewusst Kontroversen in Kauf zu nehmen. Seit der Wiedervereinigung redete er wieder und öfter von der »Nation« und ihren Interessen; und die Geschichte des Dritten Reiches rückte nun immer stärker in eine Vergangenheit, die er ohne »Büßergewand« betrachtete.

Einige Kollegen und Freunde hatte er schon nach dem Fall der Mauer vergrätzt. Seinem scheidenden Chefredakteur Erich Böhme, der im November 1989 in einem Kommentar geschrieben hatte, er wolle nicht wiedervereinigt werden, antwortete er, »ich will vereinigt oder neu vereinigt werden«, und Erich Kuby, der ihn deshalb einen »Nationalisten« genannt hatte, beschied er trotzig in demselben Artikel »... das bin ich auch, wie Mitterrand und Thatcher, um ganz hoch zu greifen.« Günter Grass, der den Deutschen wegen der Verbrechen von Auschwitz die moralische Berechtigung zur Wiedervereinigung bestritt und diese für gefährlich hielt, entgegnete er kurz und bündig: »Der Zug ist abgefahren.« Auschwitz sei in der »praktischen Politik nicht zu perpetuieren«; das könnten »unsere Kinder gar nicht nachvollziehen; Auschwitz werde »automatisch durch die Geschichte relativiert«.

»Die Vergangenheit vergeht«: Diese Formulierung kommt nun in seinen Kommentaren häufiger vor. Er wünscht sich die deutsche Nation frei von den Verpflichtungen der Vergangenheit und ungebunden in der Verfolgung ihrer Interessen. Was Franzosen und Engländern erlaubt sei, müsse auch uns erlaubt sein, heißt es immer wieder in seinen Kommentaren. Auch innenpolitisch wünscht er sich einen unbefangeneren Umgang mit der Nazi-Geschichte.

Wie er sich das vorstellt, lässt sich sehr gut seinem Kommentar »Wir sind alle verletzbar« vom Herbst 1998 entnehmen. Darin nimmt er seinen Freund Martin Walser in Schutz, der in seiner Rede zur Verleihung des Friedenspreises des Deutschen Buchhandels vom »Wegschauen« gesprochen hatte, von der auch von ihm empfundenen inneren Abkehr angesichts des Überangebotes an Darstellungen der Nazi-Verbrechen und der damit verbundenen routinierten Reuebekundungen, vor allem im Fernsehen. Augstein kennt diesen Abstumpfungseffekt aus den katholischen Beichtstühlen: Nach drei »Vaterunsern« und »Gegrüßet seist du, Maria«, fühle man sich frei von jeder Schuld. Was Walser gesagt habe, sei richtig. Dem damaligen Vorsitzenden des Zentralrates der Juden in Deutschland, Ignatz Bubis, der Walser »geistige Brandstiftung« vorwirft, hält er vor, sich ins »gesellschaftliche Abseits« zu stellen, wo er ja wohl zwanzig Jahre vorher schon einmal stand, denn wozu sonst nennt ihn Augstein den »früheren Frankfurter Baulöwen«, eine Beschimpfung aus der Apo-Zeit Ende der sechziger Jahre?

So klingt es nicht nach Gedankenlosigkeit, wenn er in den nächsten Sätzen einigen New Yorker Anwälten vorwirft, Auschwitz zu instrumentalisieren, und Helmut Kohl schilt, gegenüber den Forderungen der Israeli und des Zentralrates nach einer nationalen Gedenkstätte für den Mord an den Juden »eingeknickt« zu sein. Der Kommentar gipfelt in den Sätzen:

> »Nun soll in der Mitte der wiedergewonnenen Hauptstadt Berlin ein Mahnmal an unsere fortwährende Schande erinnern. Anderen Nationen wäre ein solcher Umgang mit ihrer Vergangenheit fremd. Man ahnt, daß dieses Schandmal gegen die Hauptstadt und gegen das in Berlin sich neu formierende Deutschland gerichtet ist. Man wird aber nicht wagen,

> sosehr die Muskeln auch schwellen, mit Rücksicht auf die New Yorker Presse und die Haifische im Anwaltsgewand, die Mitte Berlins freizuhalten von solch einer Monstrosität.«

Er fördert Missverständnisse sogar, wenn er an ein Wort Konrad Adenauers aus der Debatte über den Wiedergutmachungsvertrag mit Israel Anfang der fünfziger Jahre zitiert: »Das Weltjudentum ist eene jroße Macht.« Diese Mischung aus nationalen Tönen und Stammtischparolen verwundert alle jene, die den Wahrheitssucher und Aufklärer Augstein in anderer Erinnerung hatten, zumal es ähnlich missverständliche Auslassungen immer wieder gab, auch in seinen Kommentaren zu Israel. Von der angesehenen jüdischen Anti-Defamation League in New York handelte er sich eine öffentliche Zurechtweisung ein, nachdem er behauptet hatte, die Zionisten sähen sich selbst als »überlegene Rasse«, und vom israelischen Botschafter in Deutschland Schimon Stein einen Tadel für einen indirekten Vergleich Ariel Scharons mit Hitler. Die Frage, ob er ein Antisemit sei, wischte er aber mit einer Handbewegung weg. Er sei »allenfalls ein Anti-Zionist«, sagte er im kleinen Kreis.

Zugleich geriet Augstein in die öffentliche Diskussion, weil in einigen Veröffentlichungen an die Beschäftigung von SS-Offizieren in der Spiegel-Redaktion während der Anfangsjahre erinnert wurde. Mehr oder weniger zufällig kamen diese Zweifel an seiner eigenen Vergangenheit zu einem Zeitpunkt auf, als die Ludwig-Börne-Stiftung ihren Beschluss bekannt gab, Augstein den Luwig-Börne-Preis zu verleihen, weil er in der »aufklärerischen und freiheitlichen Tradition Börnes« stehe, jenes aus Frankfurt a. M. stammenden jüdischen Publizisten, der Napoleon sowie die europäische Reaktion nach dem Wiener Kongress bekämpft hatte. Den ersten Verleihungstermin sagte Augstein ab, nicht weil er die Kritik fürchtete, sondern weil er noch unter den Folgen einer Lebererkrankung litt. Bei der Preisverleihung am 13. Mai 2001 wies er den Antisemitismus-Vorwurf selber zurück: »Natürlich hatte ich als Kind antisemitische Sprüche gehört, sogar von meiner frommen Mutter. Mein Vater, der meiner Mutter sonst wenig verbot, untersagte ihr nach Hitlers Machtergreifung diesen, wie er es nannte, ›Unfug‹. In meiner Familie gab es keine ›jüdische Frage‹, kein ›Judenproblem‹ und schon gar keinen Antisemitismus.«

Die Diskussion darüber, ob Augstein ein »Antisemit« war, klang nach der Preisverleihung schnell wieder ab. Sie war oberflächlich geführt worden und an der Sache vorbei. Er hat weder den Holocaust geleugnet, noch wollte er die Vergangenheit, die »vergeht«, vergessen oder die Verbrechen Hitlers und der Nazis verharmlosen. Im Gegenteil. Wenn man ihm etwas hätte vorwerfen können, dann war es ein lockerer Umgang mit einer Sprache und mit Begriffen, die aus dem bürgerlichen Milieu der Vor-Nazi-Zeit stammten. Wolf Jobst Siedler hat diese Form des »Antisemitismus« als »Bäder-Antisemitismus« in seinen Lebenserinnerungen beschrieben. Für die bürgerlichen Berliner Familien, die ihre Ferien in den zwanziger und Anfang der dreißiger Jahre an der Ostsee verbrachten, gehörten die Juden nicht nach Ahlbeck, Misdroy oder Zinnowitz. Er zitiert den Vers »Juden raus aus Zinnowitz, Heringsdorf ist euer Sitz«. Das sei eigentlich nicht »bösartig« gemeint gewesen, sondern habe nur die »eigene soziale Topographie« jeder dieser Bäder beschrieben. Aber natürlich kam in dieser Sprache und ihren Witzen auch eine informelle Art der Apartheid in der Gesellschaft zum Ausdruck. Es gab sie schon seit dem letzten Drittel des 19. Jahrhunderts. Die assimilierten Juden wurden zwar akzeptiert, aber sie blieben auch für das liberale Bürgertum »Juden«. Diese Sprache hatte nichts mit Hitlers Vernichtungswahn zu tun, sie klingt aber heute nicht mehr harmlos.

Augstein gehörte einer Generation an, die davon nicht ganz frei war. Im Hannover seiner Kindheit wusste man, wer ein Jude war und wer nicht. Er fand nichts dabei, einen Juden einen Juden zu nennen. Sein Freund Kissinger war auch der »Jude Kissinger«. Das war nicht bösartig gemeint, sondern eher freundlich und sollte unbefangen klingen. Diese Unbefangenheit kann aber schnell in weniger freundlich klingende Stereotypen abgleiten, wenn man nicht sensibel auf die Sprache achtet. Und Sensibilität war nicht immer Augsteins starke Seite. Er lieferte dafür noch einmal ein Beispiel, als er in der Debatte über die deutsche »Leitkultur« behauptete, seine Leitkultur sei »jüdisch« gewesen, weil er gerne Lehár-Lieder wie »Gern hab' ich die Frauen geküßt« oder »Dein ist mein ganzes Herz« gesungen habe. Diese Lieder seien von einem »Juden«, dem Librettisten Fritz Löhner-Beda, geschrieben worden, der 1942 von den Nazis in Auschwitz ermordet wurde. Das Schicksal der jüdischen Unterhaltungskünstler bewege ihn bis heute. Es erfasse ihn »ein Gefühl der Beschämung ..., denn ich war Teil einer Gesellschaft, die solcher Verbrechen fähig war«. Das Stück mag ironisch oder polemisch gemeint gewesen sein, Augstein übersieht dabei aber, dass er sich selbst in der nationalsozialistischen Terminologie verfängt. Nichtreligiöse künstlerische Werke von Juden, die sich als Deutsche fühlten, als »jüdische Kultur« auszugeben, entsprach dem Rassenwahn der Nazis, den er verabscheute. Er macht die Sache noch schlimmer, wenn er schreibt: »Daß diese Lieder nicht zur Hochkultur zählen, versteht sich von selbst.«

Nach 1990 erlebt Augstein offensichtlich eine Art nationaler Wiedergeburt. Er lehnt den Vertrag von Maastricht und die Einführung des Euro vehement ab. Dabei leben auch seine alten Animositäten gegen Frankreich wieder auf. In einer ganzen Serie von Kommentaren wettert er gegen die europäische Gemeinschaftswährung, mit der Paris versuche, »Deutschland in der Hand zu behalten«, ermutigt von einem Kanzler Kohl, »der sich zweimal verbeugt, wenn er die Trikolore sieht ...« Ein Aufschrei einer verletzten nationalen deutschen Seele folgt dem anderen.

Der nationale Tonfall nimmt nun eine Schärfe an, die für einen Liberalen befremdlich ist und die zugleich Zweifel zulässt, ob Augstein die deutsche »Schuld« noch für ein verpflichtendes politisches Motiv hält.

Im Sommer 1993 schreibt er: »Die Zeit, in der Hitler und Auschwitz die einzigen Stützen europäischer Politik waren, nähert sich ihrem Ende. Was auch immer man gegen diesen Prozeß vorbringen mag, die Vergangenheit vergeht. Was bleibt also von den deutschen ›Dämonen‹? Sie müssen durch Urzeugung entstanden sein. Denn bis 1863 (Bismarck/Moltke) gab es sie nicht. Frankreich hingegen hatte seit Richelieu über Ludwig XIV. und Napoleon bis hin zu Clemenceau eine konsequent hegemoniale Politik gegen die Deutschen betrieben.«

Oder: »Um uns herum sind nur Staaten, die versuchen, ihre nationalen Interessen mit der Schimäre Europa, und sei es scheinbar, zu vereinbaren. Nur Deutschland als das wirtschaftlich stärkste und bevölkerungsreichste Staatengebilde der künftigen Union soll da stillhalten und sich nicht rühren.«

Oder: »Es ist eben dies, der Griff nach den deutschen Devisenreserven, was Frankreich anstrebt.«

Oder: »Unser Problem heißt nach wie vor Frankreich.«

Oder: »Anderen Ländern ist es erlaubt, ihre speziellen Interessen zu vertreten … Früher nannte man das ›sacro egoismo‹. England und Frankreich werden Sonderrechte für die Verklappung von radioaktivem Müll in der Nordsee eingeräumt. Wir aber sollen 47 Jahre nach dem Ende des Zweiten Weltkrieges unter Kuratel gehalten werden.«

Nicht die Ablehnung des Euro war das Auffallende an diesen Kommentaren – dafür hätte es viele sachliche Argumente gegeben –, sondern das Unverständnis und die Verachtung für die französische Politik sowie die herabsetzende Behandlung französischer Politiker, die von seiner ungebrochenen Lust an der persönlichen Schmähung zeugt. Dem französischen Präsidenten

Mitterrand wirft er die Abhaltung eines Referendums über Maastricht als »unnütz« vor, weil der Euro sowieso keine Chance habe und der »krebskranke François Mitterrand« seine restliche Amtszeit von zweieinhalb Jahren sicherlich noch im Vollbesitz seiner Kräfte abdienen könne: »Der Prostata-Krebs ist im allgemeinen eine sehr wenig beschwerliche und eine sehr langläufige Krankheit, zumal bei einem Herrn von 75 Jahren.« »Pulitzerpreisreif« war das nicht, aber niemand ist mehr da, der ihm das sagt.

Wie sehr der alternde Augstein zu seinen nationalen Anfängen zurückgekehrt war, zeigte sich 1993 auch an seinem Kommentar gegen den Gesetzentwurf für eine »Doppelte Staatsbürgerschaft«. Er will sie nicht für die Türken: »Sie gehören einem Kulturkreis an, der mit dem unseren vor und nach Prinz Eugen nichts gemein hat. Hier kann es nur eine Entscheidung geben. Entweder, sie wollen Deutsche werden, mit allen Rechten und Pflichten, oder Türken bleiben, was ihnen ja freisteht.« Ein »EG-Europa à la Maastricht, in dem Türken Dänen, Engländer, Franzosen oder Spanier werden könnten, ohne doch in den Kulturgärten dieser Länder zu wurzeln«, ist ihm offensichtlich zuwider. Sollen die Türken in die Europäische Union aufgenommen werden? Auch da sagt Augstein »Nein«: »Wir wollen sie in ihrem derzeitigen Zustand nicht dabeihaben, und welcher Staat ändert sich schon unter äußerem Druck binnen 20 oder 30 Jahren?«

Aber Ähnliches schreiben inzwischen auch andere. Augstein ist keine einmalige, polarisierende Stimme mehr. Er ist nun ein Denkmal seiner selbst. Das Alter ist auch die Zeit der Ehrungen. Wenn es Ehrendoktorhüte sind wie in Bath, Wuppertal oder Moskau nimmt er sie gerne; es sind die späten akademischen Weihen, die einmal sein Lebensziel waren. Als ihm die Stadt Hamburg Anfang 1994 die Ehrenbürgerwürde anträgt, regt sich noch einmal der alte Rebell. »Die nehme ich doch nicht an«, sagt er im Kreise seiner engsten Mitarbeiter. Aber er lässt sich dann

Der erste Ehrendoktortitel: 1983 in der britischen Universität Bath.

doch schnell zur Annahme überreden. Kein falscher Bürgerstolz muss ihn hindern, die Ehrung entgegenzunehmen. Auch das Große Bundesverdienstkreuz nimmt er 1997 an.

In seinem Alterswerk knüpft Augstein noch einmal an die nationalen Überzeugungen seiner Jugendzeit an. Aber was damals Leidenschaft und Feuer hatte, entbehrt nun des Glanzes, der gedanklichen Schärfe und der historischen Dimension. Unmittelbare politische Wirkung hat es nicht mehr. Auch sein frühes publizistisches Œuvre ist heute Geschichte, aber einer Geschichte, die er zumindest bis zur Spiegel-Affäre mitgestaltet hat. Dass sie ohne ihn kein »Fitzelchen« anders verlaufen wäre, wie er später einmal sagte, ist entweder Koketterie mit dem Understatement oder Resignation. Es stimmt auch nicht. Der Übergang von der Ära Adenauer zu einer liberaleren Demokratie wäre auch ohne ihn gekommen, aber sicher langsamer. Der Prozess wäre außerdem aufgehalten worden, wenn Franz Josef

Strauß Bundeskanzler geworden wäre, was er verhinderte. Auf die Ostpolitik hat er nur noch wenig Einfluss gehabt.

In Wahrheit war sie hinter seinen Forderungen und Erwartungen zurückgeblieben. Die übrige Außenpolitik interessierte ihn ohnehin kaum noch. An der Einbindung der Bundesrepublik in den Westen war gegen den Willen der großen Parteien nichts mehr zu ändern. Zwar war er gegen die Nachrüstung mit Mittelstreckenraketen, aber, wie Genscher meint, nicht mit voller Überzeugung, weil er ihre Notwendigkeit als Mittel zum Zweck der Abrüstung einsah. Und gegen Kohl war auch bei Augstein kein Kraut gewachsen.

Der Spiegel war nicht nur sein Werk, aber ohne ihn hätte es keinen Spiegel gegeben. In den Pionierjahren war er als Waffe der Abschreckung vor Machtmissbrauch und Korruption notwendig. Es spricht nicht gegen den Spiegel, sondern für die politische Entwicklung Deutschlands, dass Augsteins »Sturmgeschütz der Demokratie« heute im Pressemuseum steht. Gegen die politischen und wirtschaftlichen Probleme des Landes ist mit Geschützen nichts mehr auszurichten. Zwar muss am Montag niemand mehr vor ihm zittern, aber als eine Art Wachmann hat der Spiegel noch eine nützliche Funktion. Er ist schon lange kein politisches Kampf- oder Meinungsblatt mehr, sondern ein Allround-Magazin. Diese Entwicklung verlief nicht gegen den Willen Augsteins. Politik interessierte ihn nur, wenn es seine eigene war, sonst fand er: »Wir müssen den Lesern gute Geschichten liefern. Lesbar und informativ müssen sie sein, und vergnüglich dürfen sie auch sein.«

In den letzten drei Lebensjahren fiel es ihm immer schwerer, sich gegen die fortschreitende Krankheit zu wehren. Er arbeitete an seinen »Erinnerungen«, aber was er hinterlassen hat, reicht für eine Veröffentlichung nicht aus. Allmählich erlosch sein Interesse auch am Spiegel. Hatte er sein Haus bestellt? Der Gedanke daran schien ihn nicht zu beunruhigen. Ein so komplexes Haus könne man »gar nicht richtig bestellen«, hatte er in einem Interview zwei Jahre vor seinem Tod gesagt. Ohnehin hielt er es nicht für zwingend, dass es als Nachfolger für ihn einen neuen Herausgeber des Spiegel geben müsse. Und er hatte auch Zweifel, ob eines seiner beiden Kinder, die in seine journalistischen Fußstapfen getreten waren, diese Rolle ausfüllen könnte. Seine Position betrachtete er als nicht vererbbar: »Vererbbar sind meine Anteile, so daß meine Kinder dieses Erbe ausschlagen oder antreten können.« Anderthalb Jahre vor seinem Tode wurde er noch deutlicher: »Wenn ich weg bin, bin ich weg. Meine Nachfolger müssen selbst entscheiden. Das sind ja geschulte Leute, die brauchen den Rat eines Toten dann nicht mehr.«

Gesundheitlich bereits in schlechter Verfassung, kündigte er zu seinem 75. Geburtstag seinen Rückzug aus dem Spiegel an: »Mit 80 ist Schluß. Wenn nicht schon vorher Schluß ist.« Es war vorher Schluss. Am 7. November 2002 erlag er einer Lungenentzündung, zwei Tage nach seinem 79. Geburtstag.

Zeittafel

1923

Rudolf Augstein wird am 5. November in Hannover geboren. Das Elternhaus ist streng katholisch.

1929

Nach dem Besuch einer katholischen Zwergschule wird er in das Staatliche Kaiserin-Auguste-Viktoria-Gymnasium in Hannoversch-Linden eingeschult. Er ist einer der besten Schüler.

1941

Abitur, Volontariat beim Hannoverschen Anzeiger, Arbeitsdienst im besetzten Polen.

1942

Einberufung zu einer motorisierten Artillerieeinheit in die Ukraine. Dreimal verwundet, Beförderung zum Leutnant.

1945

Rückkehr nach Hannover. Hilfsredakteur beim Hannoverschen Nachrichtenblatt.

1946

Seit Oktober Deutschland-Ressortchef bei dem von britischen Presseoffizieren gegründeten Nachrichtenmagazin Diese Woche.

1947

Im Januar übergeben die Briten die Lizenz für Diese Woche

an Rudolf Augstein, Roman Stempka und Gerhard Barsch. Das Magazin wird als Der Spiegel fortführt. Augstein wird Chefredakteur. Sein Theaterstück »Die Zeit ist nahe« wird im November in Hannover uraufgeführt und nach Presseverissen vom Spielplan abgesetzt.

1948

Die ersten Jens-Daniel-Kolumnen erscheinen. Beginn der Auseinandersetzung mit Konrad Adenauer.

1950

Augstein zahlt die beiden anderen Lizenzträger Stempka und Barsch aus und beteiligt den Hamburger Zeitschriftenverleger John Jahr mit fünfzig Prozent am Spiegel.

1952

Umzug des Spiegel nach Hamburg.

1960

Augsteins Bemühungen um die Herausgabe einer Wochenzeitung mit dem Titel Deutsche Allgemeine Zeitung scheitern.

1962

Am 26. Oktober beginnt die so genannte Spiegel-Affäre. Wegen des Vorwurfs, mit dem Artikel »Bedingt abwehrbereit« über das Nato-Manöver Fallex 62 Staatsgeheimnisse verraten zu haben, wird das Spiegel-Büro von der Bundesanwaltschaft besetzt und Augstein mit leitenden Redakteuren des Magazins in Untersuchungshaft genommen.

1963

Augstein wird nach 103 Tagen aus der Haft entlassen.

1965

Der Bundesgerichtshof stellt die Strafverfahren gegen Augstein und den Autor des Fallex-Artikels Conrad Ahlers aus Mangel an Beweisen ein.

1967

Augstein mischt sich aktiv in die Politik der FDP ein, deren Mitglied er seit 1957 ist, und betreibt den Rücktritt des Parteivorsitzenden Erich Mende.

1968

Um jugendliche Leser nicht zu verlieren, entlässt Augstein seinen als konservativ geltenden Chefredakteur Claus Jacobi und ersetzt ihn durch Günter Gaus. Augsteins Buch »Preußens Friedrich und die Deutschen« erscheint.

1969

Augstein wird Alleineigentümer des Spiegel.

1971

Der Verlag Gruner + Jahr beteiligt sich mit 25 Prozent am Spiegel.

1972

Bei der Bundestagswahl kandidiert Augstein in Paderborn auf einem sicheren Listenplatz für die FDP gegen den CDU-Vorsitzenden Rainer Barzel. Augsteins Buch »Jesus Menschensohn« kommt heraus.

1973

Im Januar gibt Augstein sein Mandat zurück.

1974

Nach mehrjährigen Auseinandersetzungen mit einer Gruppe in der Redaktion, die mehr Mitbestimmung fordert, überträgt Augstein den Mitarbeitern des Unternehmens fünfzig Prozent der Gesellschaftsanteile.

1977

Augstein beteiligt sich mit 55 Prozent am Filmverlag der Autoren.

1981

In der vom Spiegel ausgelösten Parteispenden-Affäre muss sich Augstein selber gegen den Verdacht verteidigen, verdeckte Spenden an die FDP gezahlt zu haben.

1987

In der Barschel-Affäre, der Enthüllungsgeschichte über Wahlkampfmachenschaften des Kieler Ministerpräsidenten Uwe Barschel, distanziert sich Augstein zunächst vorsichtig von Chefredakteur Erich Böhme. Er zweifelt an der Zuverlässigkeit des Informanten.

1988

Böhmes Vertrag wird noch einmal um drei Jahre verlängert.

1989

Augstein widerspricht Erich Böhme, der Ende Oktober in einem Kommentar begründet, warum er »nicht wiedervereinigt werden« wolle. Böhme scheidet zum Jahresende auf eigenen Wunsch vorzeitig aus seinem Vertrag aus.

1993

Das erfolgreiche neue Magazin Focus bricht in das Anzeigengeschäft des Spiegel ein. Der Spiegel verliert über tausend Anzeigenseiten.

1994

Unter dem Eindruck der andauernden Anzeigenverluste betreibt Augstein die Entlassung der beiden Chefredakteure Wolfgang Kaden und Hans Werner Kilz und die Berufung von Stefan Aust zum neuen Chefredakteur. Nach einem Machtkampf mit der Redaktion, die Aust ablehnt, setzt er sich durch. Die Stadt Hamburg verleiht Augstein die Ehrenbürgerwürde.

2000

Anfang des Jahres wird Augstein von hundert namhaften Journalisten zum »Journalisten des Jahrhunderts« gewählt.

2001

Für sein publizistisches Lebenswerk wird Augstein mit dem Ludwig-Börne-Preis ausgezeichnet.

2002

Zwei Tage nach seinem 79. Geburtstag, am 7. November 2002, stirbt Rudolf Augstein in Hamburg an den Folgen einer Lungenentzündung.

Bibliographie

Literatur

Arendt, Hannah/Jaspers, Karl, Briefwechsel 1926–1969, München 1985

Adenauer, Rhöndorfer Ausgabe, Briefe 1957–1959, Paderborn 2000

Augstein, Rudolf (Jens Daniel), Deutschland – ein Rheinbund?, Darmstadt 1953

Augstein, Rudolf, Spiegelungen, München 1964

Augstein, Rudolf, Überlebensgroß Herr Strauß, Reinbek bei Hamburg 1980

Augstein, Rudolf, Preußens Friederich und die Deutschen, Frankfurt a. M. 1971

Augstein, Rudolf, Jesus Menschensohn, München 1999

Augstein, Rudolf, Schreiben, was ist, Hamburg 2003

Augstein, Rudolf, Begegnungen mit Konrad Adenauer, in: Kohl, Helmut (Hrsg.): Konrad Adenauer 1876/1976, Stuttgart/Zürich 1976

Brawand, Leo, Rudolf Augstein, Düsseldorf 1995

Brawand, Leo, Die Spiegel-Story, Düsseldorf 1987

Der Spiegel, Spiegel Spezial Rudolf Augstein, Hamburg 1993

Dahrendorf, Ralf, Liberal und unabhängig, Gerd Bucerius und seine Zeit, München 2000

Enzensberger, Hans Magnus, Einzelheiten I, Bewußtseins-Industrie, Frankfurt a. M. 1962

Fischer, Michael, Skorpion!, Ein Medienthriller, Zürich 1999

Gehlen, Reinhard, Der Dienst, Mainz 1973

Gehlen, Reinhard, Verschlußsache, Mainz 1980

Greiwe, Ulrich, Augstein, Ein gewisses Doppelleben, München 2003

Hachmeister, Lutz, Der Gegnerforscher, Die Karriere des SS-Führers Franz Alfred Six, München 1998

Hachmeister, Lutz/Siering, Friedemann, Die Herren Journalisten, Die Elite der deutschen Presse nach 1945, München 2002

Jacobi, Claus, Fremde, Freunde, Feinde, Berlin 1991

Jakobs, Hans-Jürgen/Müller, Uwe, Augstein, Springer & Co., Deutsche Mediendynastien, Zürich 1990

Jaene, Hans Dieter, Der Spiegel, Ein deutsches Nachrichtenmagazin, Frankfurt a. M. 1968

Jaspers, Karl, Wohin treibt die Bundesrepublik? München 1966

Jaspers, Karl, Antwort, Zur Kritik meiner Schrift Wohin treibt die Bundesrepublik, München 1967

Just, Dieter, Der Spiegel, Arbeitsweise – Inhalt – Wirkung, Hannover 1967

Karasek, Hellmuth, Das Magazin, Hamburg 1998

Köhler, Otto, Rudolf Augstein, Ein Leben für Deutschland, München 2002

Kuby, Erich, Der Spiegel im Spiegel, München 1987

Kuby, Erich, Facsimile Querschnitt durch den Spiegel, München 1967

Kuby, Erich, Deutsche Schattenspiele, München 1988

Mende, Erich, Die neue Freiheit, 1945–1961, München/Berlin 1984

Mende, Erich, Von Wende zu Wende: 1962–1982, München/Berlin 1986

Schreiber, Hermann, Henri Nannen – Drei Leben, München 1999

Siedler, Wolf Jobst, Ein Leben wird besichtigt. In der Welt der Eltern, Berlin 2000

Thomas, Michael, Deutschland, England über alles, Rückkehr als Besatzungsoffizier, Berlin 1984

Zeuner, Bodo, Veto gegen Augstein, Der Kampf in der Spiegel-Redaktion um Mitbestimmung, Hamburg 1972

Archive

Der Spiegel, Hausdokumentation

Süddeutsche Zeitung, Textarchiv

G + J, Zentrale Textdokumentation

Archiv des deutschen Liberalismus, Gummersbach

Namenverzeichnis

Kursivierte Seitenzahlen beziehen sich auf Bildunterschriften.

Bildnachweis

Associated Press, Frankfurt am Main: 113,

Bildarchiv Preußischer Kulturbesitz, Berlin: 203 (Foto Hilmar Pabel)

Frank + Marc Darchinger, Bonn: 125, 233, 265

Digne Meller-Marcovicz, Berlin: 130, 131, 270

Privatbesitz: 211

Der Spiegel, Hamburg: 14, 15, 27, 38, 39, 49, 95, 105, 111, 112, 117, 170, 210, 221, 228, 229, 250, 252, 296

TASS, Moskau: 226